本书获湖南省社科基金项目：思维和文化共同感与意象研究（15YBA401）资助

论英汉语言和翻译的理论与实践

李延林　钟　佳　刘亚梅◎著

陕西新华出版传媒集团
三　秦　出　版　社

图书在版编目（CIP）数据

论英汉语言和翻译的理论与实践 / 李延林，钟佳，刘亚梅著．—西安：三秦出版社，2020. 10

ISBN 978 - 7 - 5518 - 2297 - 8

Ⅰ．①论… Ⅱ．①李… ②钟… ③刘… Ⅲ．①英语 - 翻译 - 研究 Ⅳ．①H315. 9

中国版本图书馆 CIP 数据核字（2020）第 204745 号

论英汉语言和翻译的理论与实践

李延林　钟　佳　刘亚梅　著

出版发行　陕西新华出版传媒集团　三秦出版社
社　　址　西安市雁塔区曲江新区登高路 1388 号
电　　话　（029）81205236
邮政编码　710061
印　　刷　天津雅泽印刷有限公司
开　　本　710mm × 1000mm　1/16
印　　张　20. 25
字　　数　321 千字
版　　次　2021 年 1 月第 1 版
2021 年 1 月第 1 次印刷
标准书号　ISBN 978 - 7 - 5518 - 2297 - 8
定　　价　88. 00 元

网　　址　http://www. sqcbs. cn

编委会名单

前言 Preface

本书是把语言与翻译相结合，既讨论语言又讨论翻译，特别是依附于语言下的翻译理论研究。本书主要探讨了以下几个方面：关联与译文文本构建，翻译中“信”的动态理解，形象思维与神似论等的讨论；语境与翻译，语境是翻译中语义获取的根本；风格与翻译，风格对文学翻译而言是绝对不可小觑的，风格翻译的基础在于语言，传神翻译因其而成，其对文学翻译的影响与重要性已扩展到其他领域的语言翻译，只有译者对语言做出深层理解才能译出原文的风格；惯用语与翻译，多数语言表达是约定俗成的，这决定了其喻义或引申意义不可仅凭字面就能一锤定音，这其中还有文化差异的作用与影响，必须了解、记忆及区分；词句与翻译，作为英汉语研究特色的一个重要方面，词是词组与句子构建的基础，其出现在语言中的连珠妙语备受人青睐；术语与翻译，让行业翻译的特征不断显现，如杂谈琐义，杂谈琐义让语法与翻译好好地相拥了一回，把过去不那么被人热衷的诗歌翻译的讨论重新拾起，把联想法运用于语言中的词汇教学，运用者可喜地获得湖南省社科成果奖，该项成果曾在相关大学得到推广，广为师生关注；多元系统下的歇后语翻译研究，即为把歇后语的研究引向科学研究的开端；语言与语言应用，无疑激活了沉默中的语言；培养人才不是一次性、一帆到岸的举动，因为妨碍它的因素至少有三种，克服了它们就宛如拨云见日；感叹句、插入语实际应用中少不了，感叹句让感人的话不断打动你那个“心爱的人”，任何不清容我再述其衷。

总之，该书无论从何种程度上讲，对学习者、研究工作者都是必不可少的。所以若说该书适合他们来读、来看，一点也不假，也毫不夸张。希望越来越多的人因它而获益，因它而进步。

李延林

2018 年 6 月 16 日

于中南大学外国语学院

目 录 Contents

第一部分　语言与翻译理论研究

第二部分 语言与语言应用

>>> 第一部分

语言与翻译理论研究

第一章

翻译理论研究

关联理论与译文文本的构建

关联理论是近年来在语用学上颇具影响的理论。自从 Gutt（1991）把这一理论用于翻译研究以来，人们对翻译的认识又有了新的进展。人们越来越多地从认知的角度来思考翻译理论和实践，更加重视语境在翻译中的作用。关联理论的翻译观拓展了语用学中语境的概念，把认知语境与翻译联系起来。本文试图探讨关联理论对译文文本构建的意义。

1　关联理论及其对翻译的启示

Sperber 和 Wilson（1986/1995）从人类的认知特点出发，提出了颇具影响力的有关言语交际的理论，即“关联理论”。该理论认为言语交际是一个按照一定规律进行的认知推理过程，话语的内容、语境和各自内涵，使听话人产生不同的理解，但听话人不一定在任何场合下对话语所表达的全部含义都得到理解，他只用一个单一的、普遍的标准去理解话语，这个标准足以使听话人认定一种唯一可行的理解，这个标准就是关联性。

在明示交际中，交际双方所孜孜追求的是说话人的话语与听话人的认知语境具有最佳关联性。Sperber 和 Wilson 提出了最佳关联原则：任何一个明示交际行为，必须保证自身的最大关联。如果话语能够产生足够的语境效果，而听话人又只付出最小的努力，那么话语就具有最佳关联。最佳关联是听话人为处理说话人发生的刺激信号所希望获得的，但要使刺激信号获得最佳关联，有两个条件：（1）话语的语境效果足以引起听话人注意。（2）听话人为获得语境效果付出努力。（何兆熊，2000：200）

最先把关联理论用于翻译研究的是Wilson的学生Gutt，Gutt（1989）发表了《认知与关联》一文，而后（1991）又发表其博士论文《翻译与关联：认知与语境》。Gutt拓展了语用学中语境（Context）的概念，赋予了语境新的含意。他认为："语境是个心理结构，是听者关于世界假设（Assumption）的一个分级"，"在关联理论中，语境并不能指话语交际双方外部环境的某一个部分，如某话语（discourse）前后的语段（text）环境情况，文化因素等而是指交际双方关于世界的假设的一部分，即认知语境。"

另外，Gutt在其博士论文中提出了三个观点：（1）翻译是一个涉及大脑机制的推理过程，它的研究对象是人的大脑机制。（2）翻译活动是一种言语交际行为，是语际间明示推理的阐释活动，多数的翻译活动可以分解成交际的解释性应用的不同范畴。（3）目的语读者对翻译作品的理解建立在他们的认知知识的基础上。

可见，关联理论的翻译观把翻译看作一个涉及大脑认知语境的交际活动。翻译不仅涉及语码，而且更重要的是依据动态的语境进行动态的推理。（赵彦春，1999：277）

何自然（1999：193）认为翻译从关联理论那里得到的启示主要有以下几点：（1）要翻译，首先要理解原文。根据关联理论，要准确理解原文必先重视原文的语境，通过对语境的分析，找出原文与语境间的最佳关联，从而取得理解原文语境的效果。（2）寻找关联，要靠译者的百科知识，原文语言提供的逻辑信息和词汇信息，原文的文化背景等一些对理解原文有用的信息。（3）由于原文作者和译者的认知环境不同，作者力图实现的语境效果同译者从原文和语境中寻找关联而获得的语境效果毕竟是两回事。

2 认知语境对译文文本构建的作用

在翻译中，译者和作者往往来自不同的文化背景，文化对语言的制约就构成了译者理解原文的障碍，在这种情况下，译者要通过了解源语和译语之间的表达方式，词语的文化含义，句子的习惯表达等方面的差异，从而了解原文文本产出者的认知环境，从而正确地理解原文。在充分理解原文后，译者还要在此基础上用适当的方式和语句将原文的意义用译语表达出来。在这一过程中，译者同样要了解译文受体的认知语境，即原文作者试图传达给源语读者的语境假设在译文受体的潜在语境中是否存在。Gutt（1991）认为："认为一个信息可以不管接受者的认知语境而传达给他的观点是绝对荒谬的。""译者面临的问题是他应该如何发出信息，而且还要通过他的译文可以理所当然地试图传达些什么。……这个问题的答案还要取决于他对于译语读者认知环境的认识。"

从关联理论来看，言语交际的成功取决于两个条件：（1）交际双方的"互明"。（2）最佳认知模式——联性。交际双方的互明又依赖于双方的互知（mutual knowledge），这种互知与一般意义上的共知（shared knowledge）是不同的。共知是交际双方的共有知识，即不受语境假设影响的那部分共有知识。而所谓"互知"则是指语言交际过程中随着交谈内容变化的知识。为了交际的成功，交际双方必须随时互相知道每一项有关的语境信息。然而，要使交际双方完全互知是不可能的，交际双方之所以能成功交际，他所依据的是最佳关联性。

Sperber 和 Wilson 把关联定义为"假设 P 同一系列语境假设之间的关系"。话语是否具有关联性，可由他经过推理而获得的语境效果来判断。语境效果是指话语与听者认知语境之间的一种关系。语境效果与话语的关联成正比关系。新信息和现有语境假设（旧信息）之间有三种关系会产生语境效果，使话语具有关联性：（1）新信息和现有语境假设相结合，产生新的语境含义。（2）新信息加强现有语境假设。（3）新信息与现有语境假设互相矛盾，并排除现有语境假设。（Sperber & Wilson 1986：114）

就翻译而言，译者构建的译文文本提供的新信息要被译文受体接受和理解，同样也是以上面三种方式改变译文受体的认知语境而产生语境效果的。

总之，要使译文受体和原文文本产出者成功沟通，译者在构建译文文本时，必须考虑译文提供的新信息与译文受体认知语境之间的关联性，否则，将会形成交际障碍。

3 译文文本与原文文本的内在关联性的一致

译者要努力把原交际者的意图传达给译语受体，必须在权衡原交际者和译文受体在认知语境上的差异性的基础上，努力使原文和译文内在关联性趋于一致。这是保证原文、译文在多种元功能上取得等效的前提。为此，译者必须置身于源语受体和译文受体的双重认知语境中。首先将自己定位在原文受体的认知语境中去理解原文的交际意图，然后通过构建译文文本把它传达给译语受体。由于这两种认知语境存在一定的差异性，为使译文受体能够取得与原文受体同样的语境效果，译者通过一定的调整、补偿和变通等手段，使译文和原文取得“关联性等效”，促成原交际者和译文受体之间的互明，使双方的沟通得以实现。美国著名的翻译家 Eugene A. Nida 在翻译理论方面提出了“读者反映论”，认为译文对其读者所产生的效果应与原文对其读者所产生的效果基本一致。从关联理论来看，这种反映效果实际上就是语境效果。

事实上，原交际者在构建自己的文本语境时，他/她要考虑的受体通常不包含异语文化的受体在内，书面表达更是如此。对于母语读者来说是心领神会的语境信息，作者往往会省略掉这些信息，但这往往会造成异语受体理解的困难。例如：我国读者熟悉的文学名著《红楼梦》中有这么一句：

心较比干多一窍，病如西子胜三分。

文中的“比干”“西子”是中国历史上有名的人物：一人是智慧的象征；另一人是美的代称。可是，英语读者却不见得知道他们是何许人也，他们的认知语境中缺乏这样的“旧信息”。因此，在翻译时，有必要对这一缺失的语境前提做出补偿，以使译语读者在解读原文交际意图时获得与汉语读者一样的认知语境。杨宪益夫妇和霍克斯在翻译该句时均不约而同地采取了这种补偿办法。

译文 1：She looked more sensitive than Pikan[①]，more delicate than His Shih.

（1） A prince noted for his great intelligence at the end of the Shang Dynasty.

（2） A famous beauty of the ancient kingdom of Yueh.

（杨译）

译文 2：She had more chambers in her heart than the martyred BiGan，

---

① 关联理论认为，在语言交际中，听话人对世界的假设是以概念表征的形式贮存在大脑中，构成一个人的“认知环境”。一个人的认知环境中包含各种各样的信息，这些信息构成一个人理解话语的潜在的认知语境。

and suffered a tithe more pain in it than the beautiful XiShi.

（霍译）

但认知语境既是常项，又是变项。一方面，语用推理是一系列的连锁反应，在此过程中，译者可通过上述的修改命题，明示意图和加注等语用补偿机制来改变译文受体的现时认知语境；以便获得较好的语境效果。另一方面，随着不同民族文化在现代社会中的渗透和融合，不同语言受体的认知语境也有其可变性和趋同性。在处理涉及丰富文化现象的话语的语用“暗含”时，应该同时考虑译文受体的认知语境的文化排异性和容纳性。要根据语境的需要，灵活处理原文中的文化现象，使译文受体能从译文中取得最好的语境效果。

4　译文文本信息与认知语境的最佳关联性

在这里，我们必须明白的一点是，译文受体需要的并不是最大的关联性，而是以最小的努力得到最大的语境效果。若追求最大关联性，译文会看起来简单流畅，但都有文化缺损，失去原文风格的可能。

例如《尤利西斯》的两个中译本，萧乾、文洁若两位先生的翻译观（仅限于此书）是：“作为初译者，我们的目标是尽管原作艰涩难懂，我们一定尽最大努力把它化开，使译文尽可能流畅、口语化。”而金堤先生的翻译观是：“我的目的是尽可能忠实，尽可能全面地在中文中重现原著，要使中文读者读来尽可能接受英语读者所获得的效果。”这种不同的翻译观导致了其译文的语境效果的差异。如：

What，reduced to their simplest reciprocal form，were Bloom's thought about Stephen's thought about Bloom and Bloom's thoughts about Stephen's thoughts about Bloom's thought about Stephen?

He thought that the thought that he was a Jew whereas he knew that he knew that he knew that he was not.

萧文译：布卢姆对斯蒂芬关于布卢姆的看法到底怎么想法？而且，布卢姆对斯蒂芬究竟是怎样的看法又有何想法？如果把这些用最简单的相互形式表达出来，究竟是怎样的？他（布卢姆）认为，他（斯蒂芬）在想他（布卢姆）是个犹太人：同时他（布卢姆）知道，他（斯蒂芬）晓得他（布卢姆），明白他（斯蒂芬）不是个犹太人。

金文译：以最言简意赅的方式，试说明布卢姆关于史蒂芬关于布卢姆的想法的想法，以及布卢姆关于史蒂芬关于布卢姆关于史蒂芬的想法的想法的想法为何？他想他想他是犹太人，而也知道他知道他知道他不是。

依照关联理论，萧文本尽管达到了最大关联性，使读者花费了较少的处理努力来理解原文，但却失去了原文意识流的写作风格。因此，尽管译者需要照顾译文听者的语境假设，他却不能以此为最大目的，要知道，即使是原文读者也需要花费一定的处理努力才能理解原文。因此，在构建译文时，译者所需要追求的是译文文本自含信息与译文受体的认知语境的最佳关联性，即译文受体以较少的处理努力来获得足够的语境效果。最佳关联性是译者构建译文文本力争达到的目标，也是翻译研究的标准。

总而言之，关联理论对翻译具有解释力，这一点是毫无疑义的。本文从译文文本构建的角度分析了关联理论在翻译中的解释和指导意义。翻译作为一种言语交际活动离不开译文文本构建这一过程。由于原文受体和译文受体在认知语境上可能存在的差异性，因而谋求原文和译文内在关联性的一致便显得很有必要。在此基础上再求得译文文本的信息与译文受体的认知语境之间的最佳关联，使原交际者的意图能够正确地被译语受体理解。

参考文献

[1] Sperber D. and D. Wilson. Relevance：Communication and Cognition [M]. Blackwell and Oxford，1986.

[2] Sperber D. and D. Wilson. Relevance：Communication and Cognition [M]. Blackwell and Oxford. 1995.

[3] Gutt，Emst-August. Translation and Relevance：Cognition and Context [M]. Oxford：Basil Blackwell，1991.

[4] 赵彦春．关联理论对翻译的解释力 [J]. 现代外语，1999 (3)，193—277.

[5] 何兆熊．新编语用学概要 [M]. 上海：上海外语教育出版社，2001：200.

动态地理解翻译标准中的“信”

100多年前，翻译家严复先生在《天演论》中写道：“译事三难，信、达、雅。求其信，已大难矣。顾信矣不达，虽译尤不译，则达尚焉。”可以说，“信、达、雅”是我国翻译史上第一个被明确提出的翻译标准。虽然一直以来，译界人士对这三字的翻译标准有着各自不同的理解和认识，但是这并没有妨碍它成为中国译界的正统理论，成为引领中国翻译向着更高水平发展的一面旗帜。时至今日，“信、达、雅”的翻译标准仍然深入人心，影响深远。然而，随着时间的推移，时代的进步，对外交往的加强和西方译学理论的不断引进，各种翻译主张和流派不断涌现，因而在选定翻译标准方面众说纷纭，莫衷一是。一些人开始质疑严氏的翻译标准过时了，考虑是否该用西方的翻译理论来取代它了。的确，“信、达、雅”的翻译标准有着自身的局限性，然而，我们必须清醒地认识到这个标准之所以能够盛行百年甚至更久，那是因为它把握了翻译的一个最基本的准则——“信”。

1 “信”是翻译的基石，是第一要义

根据严先生的理论，“信”就是“忠实”，即“意义不倍（背）文本”，忠实于原文意义。后人在翻译实践中对“信”的含义进行拓展，使其具有了更广的内涵。“信”不再仅仅局限于忠实于原文的意义，同时也包括忠实于原文的语言形式与风格等方面。本文中讨论的翻译标准“信”指的是后者。

译者对原作的忠实是翻译的基础和出发点，一切翻译活动都必须自觉地遵守这一原则。首先，从翻译的本质来说，当代美国翻译理论家奈达提出：

“所谓翻译，是指从语义到文体在译语中用最贴近而又最自然的对等语再现源语的信息”。要做到用最贴近又最自然的对等语将源语翻译成的语，忠实于源语当然是首要的条件，背离了源语的翻译只能是“无源之水，无本之木”。其次，从翻译的过程来说，根据信息论的观点，翻译的过程是一个两种语码之间的编码解码及信息传递的过程，最终实现的是信息价值上的“等值”。要实现信息等值，就必须忠实于“信源”，即源语言，否则等值便无从谈起。

因此，可以说翻译之所以是翻译，就是因为它必须忠实于原文。翻译不同于创作或是著书，它必须尊重原文，保持原文的意义、风格、形式和特点，不能任由译者对其进行添加、删减和随意发挥。

2 各种翻译标准与“信”

在中外翻译史上，尽管人们对翻译的标准“仁者见仁智者见智”，但“信”却是公认的准则，只是对“信”的表达不尽相同而已。如鲁迅就是一个坚定的“信”的推崇者。他极力反对那种“牛头不对马嘴”“割鼻剜眼”的胡译、乱译。针对有的人“与其信而不顺，不如顺而不信”的说法，提出了“宁信而不顺”的主张。钱锺书先生的“化境”标准其实是对“信”的更高要求。他说：“文学翻译的最高理想可以说是‘化’。把作品从一国文字转换为另一国文字，既不能因语言习惯的差异而露出生硬牵强的痕迹，又能完全保存原作的风味，那就算得入于‘化境’。”“化境”标准要求译文既要忠实于原文还要保留原文的韵味，使之读起来不像译文，达到出神入化的境界。

在西方的翻译史上，坚持“信”的翻译家也不胜枚举。17 世纪中期提倡准确翻译的理论家巴歇・德・梅齐利亚克于 1635 年 12 月发表了一篇名为《论翻译》的论文，提出译者必须遵守三原则：（1）不得给原著塞进私货。（2）不得对原著进行删减。（3）不得做有损原意的改动。他还指出“要评价一部译作的好坏，单凭文字的优美是不够的。谁都会承认，优秀译者的最大特点就是忠实于原作……意大利人说得好，偏离原作含义的翻译不是翻译，而是背叛”。（谭载喜，2008：90—91）这段话充分地表明这位法国翻译家高度重视“忠实”的重要性，把它摆在了首要位置上。

英国的翻译家泰特勒在《翻译的原则》一书中提出了翻译必须遵守的三

大原则：(1) 译作应完全复写出原作的思想。(2) 译作的风格和手法应和原作属于同一性质。(3) 译作应具备原作所具有的通顺。由此可见，泰特勒所提出的这翻译三原则和严复先生的“信、达、雅”标准有着惊人的相似之处。

因此可以说，“信”并不是中国翻译特有的产物，西方各国的翻译家也非常重视译文对原作的忠实。“信”并不可怕，可怕的是“不信”。

3 批判两种错误倾向

坚持“信”作为翻译的标准，就要反对两种错误倾向：一种认为“原作者是主人（译者是仆人）”，翻译要“不增、不减、不改”；另一种认为“翻译可以超越原作，可以对其进行创作”。这两种倾向实际上都是走了极端。

其实，“信”并非意味着对原文逐字逐词逐句地翻译，不允许有丝毫的改变；如果真是那样，这样的翻译只能算作“死译”或“硬译”。而如今所提倡的“信”并不等同于“直译”“死译”或“硬译”，它允许在一定程度上和范围内对原作进行加工和修饰，但要保证这种加工和修饰不会改变原文的原貌。同时，“信”和翻译的其他标准也并不矛盾，译者可以在坚持“信”的基础上，融合其他的翻译标准和翻译手法，使翻译更趋于完美的境界。“信”是译者从事翻译的一个前提条件，在坚持这个前提的基础上可以“达”，可以“雅”，还可以“功能对等”。

翻译也不提倡超越原作，更不能按译者的意愿随意创作。翻译不像作画，可以任由画家在一张白纸上挥毫泼墨，创作出各种形象。翻译更像傅雷先生所说的“翻译有如临画”，既然是临画，总归是要以被描摹的对象为蓝本的，而翻译的蓝本就是原作。脱离了原作的译文无异于天马行空。

现以李白的《静夜思》不同的翻译版本为例（冯庆华，2006：41）。

原文：床前明月光，疑是地上霜。举头望明月，低头思故乡。

译文 1： Quiet Night Thought

Bed bright moonlight

Is suspected to be frost on the floor.

Raising head to watch the bright moon,

Lowering head to think of the hometown.

译文 2： Nostalgia

A splash of white on my bedroom floor. Hoarfrost？

I raise my eyes to the moon，the same moon.

As scenes long past come to mind，my eyes fall again on the splash of white，and my heart aches for home.

由以上两种译文可见，第一种译文纯粹是按照这首诗的字面意思，逐字逐词进行翻译的，所以译文给人的感觉是机械呆板的，缺乏诗的意境和灵动，无法引起读者的遐想。而第二种译文完全脱离了原诗，标题“静夜思”被译成了“nostalgia”，这是译者自己对这首诗的主题的一种概括和创作。另外从形式上来说，原诗是一首五言古绝，语言凝练，一共是四句，且一、二、四句句末押韵，然而译文却是散文形式，且只有三句，与原诗的内容和形式相距甚远。所以在翻译的过程中，译者在坚持“信”的同时，一定要注意避免这两种错误倾向。

4 “信”的内涵

“信”即“忠实”，指译文不仅要忠实于原文的意义，同时也要忠实于原文的风格和形式。翻译的根本目的就是将源语言所表达的信息传递给目标语言的接受者，使目标语言的接受者获得与源语言接受者相同或尽可能相同的感受。因此，译者要认真领会仔细研习原文，然后把其中的信息及作者的意图完整准确无误地表达出来，如以李白《怨情》中的一句为例（张烨蕾，任静生，2005）。

原文： 但见泪痕湿，不知心恨谁。

译文： You may see the tears now bright on her cheek，
But not the man she so bitterly loves.

(Byneer)

乍一看，原文中的“恨”被译成了“爱”，似乎这是对原文的背叛。然而经过深入研究可以发现中国的古典诗歌在表达情感的时候较为委婉含蓄，很少直接道出自己的情感，常用反义、借代等言及其他的方法来表达。都说“爱之深，恨之切”，此处“love”远比“hate”更能让现代读者明了主人公的那种“日日思君不见君”的深刻情感，即因爱生恨。

“意义不背文本”还不是“信”的全部，“信”还必须如实反映原文的风格和形式。不同时代，不同体裁，不同作者写出来的作品当然具有不同的特点。如哈代惯用象征主义手法；爱伦堡钟情于排比句；海明威的文字简练；苏轼的文风豪放大气；李清照的诗词却婉约阴郁等。因此，在翻译的时候，译文要力求切合原作的风格和特点，既不宜把诗歌译成散文，把严肃古板译成烂漫活泼，也不宜把莎士比亚译成普希金。严先生的翻译标准除了强调“信”，同样也重视“雅”，然而，对原文的忠实也不宜脱离原文来片面追求译文的高雅，正如美国的翻译家托尔曼所说的“如果原作趴在地上蠕动，译作不可腾空翱翔”。正视并保留这些差异性和多样性，人类的翻译事业才能色彩斑斓。

以许渊冲先生翻译的中国著名女词人李清照的这首词《声声慢》中的几句为例（冯庆华，2006：191）。

原文：寻寻觅觅，
冷冷清清，
凄凄惨惨戚戚。

译文：I see but seek in vain，
I search and search again；
I feel so sad，so drear，
So lonely，without cheer.

原词的这三句是非常有特点的，运用了叠字的修辞手法，增添了音律美和节奏感，同时也加强了语气和感情色彩。为了在译文中继续保持原词的这种形式和特点，许渊冲先生在译文中用脚韵［ein］和［iə］各一对以及连用头韵［s］8次来传达原词叠字的音律之美，而且［s］音给人一种凄凉感，这与原词中凄凉感伤的感情色调是非常吻合的。

5　动态地理解“信”

如今，距离严先生提出“信”的翻译标准已有一个多世纪的时间了。时代的车轮在滚滚向前，翻译的标准也在推陈出新。今日人们对“信”的理解

早就超出了严先生当年的诠释，赋予了它更广泛的内涵，因此，坚持“信”的翻译标准也应该是随着认识的不断深入而不断发展，在发展中继续坚持。这就是所谓的动态地理解“信”的翻译标准。动态不是静止，不是停滞不前，而是不断发展和进步，是兼容并包。坚持“信”的标准并不意味着对别的翻译标准的绝对排斥，因为“信”不是绊脚石，而是达到更高翻译境界的基石。译者可以在坚持“信”的同时，引进并吸收中外各种先进的翻译理论，共同服务于人类的翻译事业并使之取得更大的进步。

总之，在翻译中实现绝对的、百分之百的、纯而又纯的“信”是不可能的，所以有人认为译者不必执着于忠实。难以达到便选择舍弃，这样的做法对于提高翻译质量实在有百害而无一利。事实上，就算百分之百难求，译者也可以用最切近而又最自然的对等语再现源语的信息，达到最近似最切合的忠实。这样的译文也许只有百分之八九十忠实于原文，但改无可改、动无可动，无可挑剔，也就应该是现实的百分之百了！翻译本身就是一个在不完美中追求完美的过程，译作永远都只能在忠实原作的基础上，无限地贴近原文，追求完美。

参考文献

[1] 冯庆华．实用翻译教程［M］．上海：上海外语教育出版社，1997．
[2] 马祖毅．中国翻译简史［M］．北京：中国对外翻译出版公司，2007．
[3] 贾文波．应用翻译理论与实践［M］．长沙：湖南科学技术出版社，2004．
[4] 江枫．译，无信不立．翻译网，2007．
[5] 谭载喜．西方翻译简史（增订本）［M］．北京：商务印书馆，2008．
[6] 张秀英．论翻译的标准“信”［J］．内蒙古大学学报，2000（1）：185—188．
[7] 张烨蕾，任静生．“信”于古典汉诗英译的创造性运用［J］．合肥工业大学学报，2005（5）：99—101．

形象思维与傅雷之“神似论”

1　形象思维

1833 年俄国的哲学家、文学评论家别林斯基（V. G. Belinskiy）首次提出“形象思维”这个概念。此后国内外哲学界、心理学界、语言学界、逻辑学界和文艺界等其他学界的学者对“形象思维”进行了深刻细致的讨论，特别是讨论其在艺术创作领域中的活动特征的文献资料极其丰富。刘欣大（1996）认为自从中华人民共和国成立以来，我国学术界对“形象思维”有过两次大的争论，分别在 1955—1966 年和 1978—1985 年。争论的焦点有两个。其一，“形象思维”是否能够独立于并相对于“逻辑思维”而成为另一种思维形式；其二，“形象思维”是不是艺术创造的特殊规律。刘欣大（1996）指出，自 1980 年以后，“形象思维”开始“向认知科学寻找家园”，人们开始按照自然科学的方法来对其进行研究。同时自 1986 年以后，中国学术界的部分人士开始用传统的诗学概念“意象”代替“形象思维”来继续进行研究。

“形象思维”在我国至今还没有一个统一的定义。杨春鼎（1997）认为，“形象思维是在对形象信息传递的客观形象体系进行感受、储存的基础上，结合主观的认识和情感进行识别（包括审美判断和科学判断等），并用一定的形式、手段和工具（包括文学语言、绘画线条色彩、音响节奏旋律及操作工具等）创造和描述形象（包括艺术形象和科学形象）的一种基本的思维形式”。赵文林等（1987）认为人的大脑神经系统有两个主要功能：思考（think）和表象（imagine）。表象功能是指由感觉器官和大脑的相关区域将物体的刺激转化为感觉。譬如说眼睛同视觉中枢将物体辐射的光波按其波长、振幅和组合状况转化为明暗程度不同的色彩。在表象功能作用时，思考功能同时发挥作用。思考功能所要做的第一件事就是确认外来的刺激是属于何种刺激，确认其来源。同时，思考功能将分散的感觉形式变成综合的感觉形式，如由视觉、听觉、运动感觉等多重感觉的综合而生出于客体久暂远近的时空感觉。思考功能还能帮助人们将某一客体与其某一实践过程中的意义联系起来。于是客体在我们大脑内产生了综合表象，即“印象”。人们在多次受到某客体的刺激后，思考功能能够使得人们只要接触这个客体的部分刺激信息便能将其余的部分信息补充起来。即将眼前客体的部分状况的现实感觉与另一部分状况的感觉会议综合起来，在大脑中再生出综合的印象。再进一步，思考功能能使人们产生“忆象”，即人的表象功能在思考功能的指引下完成不需要客体的现实刺激，就在脑内形成这一客体过去曾给予过的综合印象。在此基础上，思考功能能使人们产生“想象”，即人的思考表象功能能够将客体形象进行任意的划分和重新搭配组合，在大脑内出现现实从来没有过的客体形象。这种集“印象”“忆象”和“想象”的思维活动就是形象思维。这里的“印象”“忆象”类似于杨春鼎（1997）所认为的“表象”和“意象”。杨春鼎认为，“意象”是被主体在形态上概括和简化了的，被主体理解认识了的表象。“意象”是“表象”与“概念”的辩证统一体。

形象思维和逻辑思维是一个辩证的统一体，不能够“割裂”来看。形象思维与逻辑思维都处于同等地位的高级思维形式，它们共同反映客观世界的本质。只是后者以概念、判断、推理等形式来表述认识的结果，而前者则用意象和想象的形式来表述。

2 形象思维的特点

形象思维和逻辑思维是一个辩证统一体，有着共性。但是相对逻辑思维而言，形象思维有其自身的特点，这个特点会因为特殊的实践要求而显现成“优点”。意象是形象思维的基本单元和基本形式，而概念是逻辑思维的基本单元和基本形式，因而形象思维和逻辑思维的比较可以从“意象”和“概念”的比较开始。前面已经提到，意象是表象与概念的辩证统一体。

当听到“夏天”这个词时，英国人和我国重庆人的概念都是相同的，都是指太阳直射北半球的这段时间。但是两个地方的人关于“夏天”的意象则不同了。重庆的夏天之热在中国是很出名的，被评为中国“三大火炉”之一。重庆人夏天的意象中少不了“汗水”“炎炎夏日”。就好比施耐庵在《水浒传》中写的那首诗：“赤日炎炎似火烧，野田禾稻半枯焦。农夫心内如汤煮，公子王孙把扇摇。”而英国的夏季天气清爽，所以文豪莎士比亚的第十八首十四行诗这样写道：“Shall I compare thee to a summer's day? Thou art more lovely and more temperate.”（我怎么能够把你比作夏天，要知道你可比她还要可爱还要温柔）

由此可以得出两个结论。其一，逻辑思维的抽象概念是抛开了一切“偶然”的东西。而形象思维则没有，正如杨春鼎（1997）所认为的：“意象是思维主体对表象在形态上的概括、简化，并未涉及理性含义的抽象概括形成的。”李幼苏（1956）也认为：“在逻辑思维中，抽象过程总是排斥那些感性的具体的非本质的东西，而从中析出事物的理性的本质。但是形象思维过程中，艺术本身所需要概括的前提不但不受到排斥，而且要保留和选样其中本质的具体的感性因素。”其二，形象思维带有“情感性”。形象思维分为“形象感受”“形象储存”“形象识别”“形象创造”和“形象描述”这五个环节，其中在“形象感受”这个最初阶段，思维主体就已经有了情感性、倾向性和选择性（杨春鼎，1997）。在感受阶段，大脑将客体形象与实践过程中的意义联系起来（赵文林，1987）。譬如说，在吃糖时，思维主体感受到的不仅仅是糖这个客体形象的线条、颜色、软硬、味道，同时大脑将这些客体形象刺激综合起来形成一个吃糖的“舒适感”，这种带有审美倾向的“舒适感”与吃糖这个实践活动联系了起来。可以说任何意象都伴随着主体的审美心理活动。另外，正如上节所述，不同于逻辑思维以概念、判断、推理为主要形式，形象思维是以意象和想象为主要形式。想象是文艺创作活动的必备手段。文艺创作者通过想象将最具典型意义的意象有目的地进行重新搭配组合，将它们有机地结合在一起，以此来反映客观世界的本质。

3 形象思维与傅雷之“神似论”

中国的翻译活动有着悠久的历史。在长期大量的翻译活动中，我国的理论翻译家和翻译工作者对翻译标准有着不同的看法，并提出了不同的版本。不过，“我们的前辈翻译家在厘定翻译标准的时候，倒没有就近取譬，采用现成的欧化标准。一些重要的译论，大都渊源有自，植根于我国悠久的文化历史，取诸古典文论和传统美学”（罗新璋，1982）。19 世纪末，严复提出了“信、达、雅”，对后世影响深远。1951 年，傅雷在《高老头》（重译本）序中提出“以效果而论，翻译应当像临画一样，所求的不在形似而在神似”。其后于 1963 年又在致罗新璋的回信中再次提出“愚对译事使看法甚简单，重神似不重形似”。傅雷可以说是“神似派”的代表人物。钱锺书在其翻译理论代表作《林纾的翻译》中提出了“化境说”：“‘译’‘诱’‘媒’‘讹’‘化’这些一脉通连、彼此呼应的意义，组成了研究诗歌语言的人，所谓‘虚涵数意’（manifold meaning），把翻译能起的作用、难于避免的毛病、所向往的最高境界，仿佛一一透示出来了。”罗新璋（1982）认为，钱锺书的“化境”可视为是“神似”的进一步发展，同时亦把翻译美学的范畴推向艺术的极致。刘靖之（1981）指出，“自严复以来，我国的翻译理论经过了几个成长期，从‘信、达、雅’开始，经过‘字译’和‘句译’，直译、硬译、死译和意译，然后抵达‘神似’和‘化境’。这其中有不少争论和误会。但大方向却是正确的。严复、林语堂、赵元任、胡适、傅雷、林以亮、钱锺书等人的翻译观点固然是一脉相承的；……由此可见，在过去八十年里，我国的翻译理论始终是朝着同一个方向，那就是‘重神似，不重形似’以便达到翻译上的‘化境’”。可以说，傅雷的“神似论”代表着中国的传统译论。研究分析“神似论”是研究中国传统译论重要的一步。

“神似”中的“神”究竟是什么，这个问题学术界见仁见智，论者和译者都莫衷一是。译界似乎有个共识：翻译难，文学作品翻译更难，翻译诗歌尤其难。“在非文学翻译，只要信能达即可”，然而文学翻译中“正因为诗的妙处都在于它的神韵，译诗是一件最难的事”，“而且愈是伟大的诗，愈离不开它的神韵”（陈西滢，1929）。可以说，分析诗歌的“神”又是研究“神似论”重要的一步。本文所说的“诗歌”或“诗”泛指中国古代的韵文，如诗、词、曲、赋。

从形象思维的角度来看，诗歌的“神”似乎在于两个方面。其一，诗歌是思维主体用“最具典型意义”的意象通过想象进行创造加工而成的一个有机统一体，以此来反映现实生活的本质，这也是文学作品所共有的。其二，为了反映现实生活的本质，诗歌采用了一个具有稳定性但同时具有开放性的意象系统，这个“稳定性”和“开放性”的有机结合也是“神”的另一部分，这是诗歌所独有的，可以说是“稳中有变，变中有稳”。

清末的文学家曾朴说：“诗的意义是恍恍惚惚的，断断续续的，或言在此而意在彼，或超乎文字以外的。这种境界都是诗的最高造诣，差之毫厘，谬之千里。”我们以马致远的《天净沙·秋思》为例：“枯藤老树昏鸦，小桥流水人家，古道西风瘦马。夕阳西下，断肠人在天涯。”这首小令十个意象，短短二十八个字，文笔凝练而意义深远。首先曲中意象的模糊性就使得曲的意义会“恍恍惚惚”。曲中单单一个“昏鸦”的意象就会带有极大的模糊性。杨春鼎（1997）指出，主客观渗透率贯穿于形象思维的各个环节，是形象思维必定要遵守的规律。他将其含义概括为“形象思维不是纯客观的形象反映活动，也不是纯主观的精神意念活动，而是思维主体与思维客体以形象信息和感觉器官为中介所进行的相互作用、相互渗透的信息加工的过程”。意象既然是主观与客观的产物，从而就带有主观性和客观性。意象的客观性使得各个思维主体中的“昏鸦”的概念一致，但其主观性则使它在原作者（意象的创造主体）和读者（意象的接受主体）之间，以及读者与读者之间必然地或多或少地存在差异。在某些读者眼中，“昏鸦”是个静态意象，而在有些读者看来，“昏鸦”是个动态意象。有可能“昏鸦”的数量只有可怜一只，或许“昏鸦”是黑压压一群。此元曲的英译者之一，丁祖馨和 Burton Raffel 眼中的“昏鸦”是“returning crows croaking at dusk”，是一群在黄昏中归来的不停呱呱叫的乌鸦。单单一个“意象”就因为其主观性会使得诗歌的内容及意义有所“恍恍惚惚”，更别说各种意象的集合体，然而正是这种“确定”与“不确定”让诗味不同于一般文学作品。“意象”的主观性是导致意义是“恍恍惚惚”的原因之一。此外，形象思维中一种特殊的想象活动——联想也是其中重要的原因。杨春鼎（1997）指出，形象思维中有一种非常特殊的想象活动——联想。联想分为相似联想、接近联想、相对联想多种类别。以相对联想为例，相对联想是“由某一事物的感知或回忆，而引起对和该事物具有相反特点（包括事物的性质和形态）的其他事物的回忆和想象活动”。“断肠人在天涯”在接受主体脑中会激起相应的意象，然而其中某些个别的接受主体根据自己的经历体验会使其想到以前“夫妻恩爱两不离”的幸福生活，有些接受主体则会想到“飞黄腾达的日子”。联想使得不同接受主体之间又暗自增添了不同的新意象，从而使得“言在此而意在彼，或超乎文字以外”。

诗歌作者（意象创造主体）创造了各种不同的意象（我们暂且称为显性的意象），同时读者（意象接受主体）会根据诗中的意象而联想出各自不同的意象（我们暂且称其为隐性的意象），所有这些意象结合在一起形成一个系统。这个系统因为显性的意象具有“稳定性”，同时又因为不同读者根据自身不同经验而联想创造出的不同的隐性意象而具有“开放性”。然而自始至终这个系统内容繁杂但不紊乱，各个部分和谐有机地结合在一起反映着客观的现实生活。

从形象思维的角度入手，我们认为诗歌的“神”在于两个部分。第一，诗歌是思维主体“最具典型意义”的意象通过想象进行创造加工而成的一个有机统一体，以此来反映现实生活的本质。用“最具典型意义”的意象集中反映现实生活的本质是其“神”的一个所在。第二，为了反映现实生活的本质，诗歌采用了一个具有稳定性但同时具有开放性的意象系统，这个“稳定性”和“开放性”的有机结合也是“神”另一个部分，可谓“稳中有变，变中有稳”。如此一来，诗歌的读者不局限于作者固定了的“意象”，可以在其基础上无意识地“创作”。文学翻译中，诗歌的“神”是最难把握的，本文希望上面对诗歌的“神”所作的详细诠释能够使我们对傅雷的“神似论”和中国传统译论有更加明确的认识。

参考文献

[1] 傅雷．高老头（重译本）[M]. 沈阳：辽宁教育出版社，2014.

[2] 哈尔滨师范学院中文系形象思维资料编辑组 [M]. 北京：人民文学出版社，1980.

[3] 刘欣大．“形象思维”的两次大论争 [J]. 文学评论，1996（6）：35—45.

[4] 罗新璋．翻译论集 [M]. 北京：商务印书馆，1984.

[5] 钱锺书．林纾的翻译 [M]. 北京：商务印书馆，1981.

[6] 杨春鼎．形象思维学 [M]. 合肥：中国科学技术大学出版社，1997.

[7] 赵文林，谢淑君．当代思维学 [M]. 北京：工人出版社，1987.

从哲罗姆翻译的《圣经》看翻译中的顺应倾向

语言顺应论是比利时的一位名叫维索尔伦的教授在其于1999年出版的《语用学的理解》一书中提出的语言理论。维索尔伦先生在20世纪80年代开始酝酿顺应理论，他以一种新的视角和途径来考察语言的使用。他因此进一步地发展了他在 *Pragmatics as a Theory of Linguistic Adaptation* 中提出的顺应理论。他认为应该从多角度对不同的语言现象进行科学的研究，所以语用学是从认知、社会和文化的角度对语言使用行为的综观（Verschueren，2000：7）。这种综观是顺应理论最根本的指导思想。维索尔伦先生在语用学综观下的顺应理论，给予了语用学研究一个新的方向，具有重大的理论意义与现实价值。首先，顺应理论是一种新的研究角度、一种语言综观，全面地照顾到了语言的各个层面、各种语言活动及语言现象。其次，顺应理论的语用综观为研究其他语言方面的问题提供了依据。维索尔伦的语言顺应理论以"综观"为主导，较为全面地阐释了人类使用语言的各种现象，深入探究了人类语言交际的心理机制及其过程以及社会、文化的作用，揭示出语言运用的实质。顺应理论的建立丰富了当代语用学的理论，开拓了人们的视野，对语言交际的研究与实践探讨均具有很高的方法论价值和启示意义。

维索尔伦认为，在选择时既有语言结构的任何一个层次上的选择，如语音、语调、语码、词汇或语法结构等的选择，也有语言策略的选择。语言使用过程中所做出的语言选择必须顺应交际的环境和交际的对象。使用语言是一个不断地选择语言的过程，不管这种选择是有意识的还是无意识的，也不管是出于语言内部的原因还是出于语言外部的原因。人类之所以能够在语言使用过程中不断地做出选择是因为语言具有变异性（variability）、商讨性（negotiability）和顺应性（adaptability）。变异性指语言具有一系列可供选择的可能性；商讨性指语言的选择不是机械地严格按照规则，或固定地按照“形式——功能关系”做出，而是在高度灵活的语用原则和语用策略的基础上进行；顺应性指语言使用者能从可供选择的不同的语言项目中作出灵活的选择，以尽量满足交际的需要。语言顺应包括：（1）语境关系顺应（contextual correlates of adaptability）。（2）语言结构顺应（structural objects of adaptability）。（3）动态顺应（the dynamic of adaptability）。（4）顺应过程中的意识程度（the salience of adaptation processes）。语境关系顺应即语言使用过程中的语言选择必须与语境顺应。维索尔伦把语境划分为交际语境和语言语境。交际语境包括语言使用者（说话人和听话人）、心理世界、社交世界和物理世界等因素。语言使用者在交际语境中处于中心地位，因为物理、社交和心理世界中的各种语境成分都要靠语言使用者认知过程的激活，才能开始在语言使用中发挥作用。心理世界主要涉及交际双方的性格、情感、信念、意图等心理因素。进入交际语境的心理因素主要有两类：认知因素和情感因素。这些心理因素制约着说话人的语言选择。顺应自己的和听话人的心理世界的一个动态过程。顺应论是以一种新的视角来考察语言使用，该理论揭示了语言使用的本质特征，更重要的是它为翻译的研究带来了新的思路和启示。在“顺应论”的框架内，翻译是一个对源语的语境和语言结构之间作出动态的顺应过程。刘重德教授提出的“信、达、切”的翻译标准是在继承传统的翻译理论“信、达、雅”的基础上发展起来的。那么，在“顺应理论”的框架中，翻译作为对源语的语境、语言结构之间作出动态的顺应过程中该如何体现“信、达、切”的标准呢？这里的“信”指顺应原文的语言结构，忠实原文的内容，准确把握原文的内涵；“达”即得体地、准确地将原文的文字内容表述出来，顺应不同的语境；“切”就是说译文语篇的重构要顺应原文的风格，尽量使原文与译文达到语用等值。所以，译文作者必须根据不同的文化语境，对原作进行动态的顺应性的诠释和翻译。

1　顺应论的理论基础

1.1　认知心理学

维索尔伦认为顺应不断创造新的可能。他认为顺应既可以是语言顺应环境，也可以是环境顺应语言，或者两者同时顺应，还可以是交际主体的彼此顺应。无论何种顺应，其过程都是动态的。在语言使用的顺应过程中的核心问题是意义的动态生成。（Verschueren，2000：267）所以，时间、空间、语境、结构客体、言语活动以及交际策略等都是动态的。人类的语言交流是时时刻刻处于动态变化之中的。

1.2　社会语言学

以格莱斯为代表的社会语言学家们于20世纪70年代在考察人的言语运用变异时，根据社会心理学中的相似吸引原则、社会交换原则、归因原则和保持群体特色原则，提出了言语顺应理论。社会心理学中的相似吸引原则就说明了语言趋同对人类言语交际所带来的好处，当人们想要得到交际对方的信任和好感以便交际继续进行下去时，便会采用语言趋同以求在语言上和对方接近，减少双方言语上的差距。言语顺应理论的目的是要解释各种社交场合中人们言语风格变化的动机以及这些变化所带来的社会后果。因此维索尔伦的“选择——顺应”理论与格莱斯等人的言语顺应理论在理论目标和研究内容上有相似之处。

1.3　功能主义语言观

功能主义将语言看作是一种能在社会交际中提供不同功能的工具。维索尔伦认为语言可从它在人类活动中所服务的目标的角度去观察，语言是完成语言社团赋予其基本职能的工具。同时他又把语言看成是一种能起各种作用的社会工具，是人类生活的一种方式，认为语言是语言和文化允许人选择的选择范围。（Verschueren，2000：147）这与顺应论研究将语言置于社会、文化的大背景下进行动态研究的思想是完全相同的。

2 哲罗姆《圣经》翻译中的顺应

2.1 对自身文化底蕴和兴趣的顺应

哲罗姆曾把他在《圣经》翻译中采用直译法，部分地归咎于读者对待《圣经》的传统态度。事实的真相是，他想模仿古典文学，在拉丁语译文中再现原作希腊语的风格特色，而犹太人所讲的希腊语却不曾经过锤炼，与中古拉丁语的口语体十分相近。（谭载喜，2006：27）而这一倾向得归因于哲罗姆本人的家庭环境。他出生于一个比较富裕的基督教家庭。他在罗马接受了一流的语法和修辞学教育，熟谙拉丁古典作品，在二十多岁时，学习希腊古典作品。三十二岁开始，又刻苦学习了希伯来语，其水平超过了当时教堂里唯一懂得希伯来语的几位神父，被视为精通三语（希伯来语、希腊语和拉丁语）的神职权威。他是早期西方基督教会四大权威神学家之一，被认为是罗马神父中最有学问的人。（谭载喜，2006：24）他主要研究的是基督神学，对早期及当时《圣经》的翻译比较了解。

2.2 对宗教的权威和力量的顺应

哲罗姆之所以在《圣经》翻译中要用直译，有着更深层次的社会原因，那就是宗教的权威与力量。在西方，宗教与政治是紧密联系在一起的。宗教内部也存在着激烈的斗争和压迫。对于基督教的经典《圣经》的翻译无疑是非常重要的。不同的翻译版本之间可能有着教义的分歧，一旦教会或统治者认定某个版本为权威，那么其他的版本就会遭到排斥，甚至是被禁止流通。支持非正统教义的人会被认为是异教徒而遭到压榨和迫害，历史上因宗教而死的人不计其数。在这种社会背景下，曾经的朋友会因为对《圣经》有不同理解和宗教观点不同而成为敌人。也正是在这种社会环境下，哲罗姆当然对别人对他所作的翻译的批评非常敏感，一旦他的权威受到质疑，就会危及他的地位，甚至他的生命。不管是出自对《圣经》真意的维护还是为了保护自己，他都必须奋起反击。（王军，2007：74）

2.3　对读者需要的顺应

读者们像犹太人一样崇敬《圣经》，所以他们更希望看到译者百分百地忠实于原作，不要随便篡改原文。因为这是上帝的旨意，用意译很明显就不得不对原文进行适当地改动，而这一点在读者们看来是对神灵最大的亵渎，是无视上帝的存在。因为在读者眼中，《圣经》的句法甚至都包含着神秘的意义。（王军，2007：74）这样的译作是不会被他们所接受的。我们知道，《圣经》是西方人必备的书，如果抓不住读者的心，这样不但书无法推广，而且还失去了翻译的目的。

这就是哲罗姆采用直译的又一理由。

2.4　对最高统治阶级的顺应

当时哲罗姆作为罗马教皇达马苏一世秘书、口译员和神学顾问，备受教皇的恩宠和信赖。（陈琳，张春柏，2006：61）《圣经》作为一种最直接、最有效、最广泛的传播工具，哲罗姆于情于理都会慎重考虑自己的翻译版本如何才能更加有效地帮助教皇统治民众，而直译可以做到这一点。这样，不但使教皇龙颜大悦，而且也使他花了十四年之久译成的《通俗拉丁文本圣经》成为罗马天主教承认的唯一文本，并在1546年被宣布为教堂所认可的版本。（陈琳，张春柏，2006：61）

在我们翻译界，顺应倾向频频出现。古代翻译大家哲罗姆是这样，还有很多翻译家的例子，数不胜数。对他们顺应倾向的探讨，可以帮助我们更好地了解译者本人，更深层地理解译作。这当我们评价和理解译作有很深的现实作用。

参考文献

[1] Verschueren, J. Understanding Pragmatics [M]. Beijing: Foreign Language Teaching and Research Press, 2000.

[2] 陈琳，张春柏．从玄奘与哲罗姆的比较看中西翻译思想之差异 [J]. 外语研究，2006 (1)．

[3] 陈喜华．试论翻译中的语境顺应［J］．湖南大学学报（社会科学版），2001（4）．
[4] 戈玲玲．顺应论对翻译研究的启示［J］．外语学刊，2002（3）．
[5] 马祖毅．中国翻译史［M］．武昌：湖北教育出版社，1999.
[6] 谭载西．西方翻译简史［M］．北京：商务印书馆，2006：25.
[7] 王军．哲罗姆论翻译—《致帕马丘信》解读［J］．湘南学院学报，2007（1）．
[8] 赵彦春．翻译学规结论［M］．上海：上海外语教育出版社，2005.

从目的论的角度谈《红楼梦》两译本对翻译策略的选择

——从“幺爱三”说起

被誉为中国古典小说创作巅峰的《红楼梦》（以下简称《红》）是一部集中国所有重要文化之大成的百科全书，它蕴含深刻的思想价值和卓越的艺术成就，古往今来不仅吸引一代代国内读者，而且吸引着国内外许多著名翻译家向海外译介。自问世以来，该小说已被译成 20 余种外国文字，其中被译成英语文字的版本多达 10 种。在这 10 种版本中，有 8 种译本均是各具特点的节译，其中最著名的是大卫·霍克斯全译本与杨宪益夫妇的全译本。

1　《红楼梦》两个全译本的简介

《红》的第一部英语全译本由大卫·霍克斯（David Hawkes）译出，书名为 *The Story of the Stone*（以下简称“霍译本”）。霍克斯是牛津大学著名中文教授，他极其喜欢《红》，并由此渴望向西方读者介绍“中国文学中的一部了不起的社会风俗小说”，以期与他们一道分享这部小说的巨大魅力。因而不惜辞去牛津大学的教授职位，全身心投入《红》的翻译中。他的译作共 5 卷（即前 80 回，后 40 回为霍的女婿 John Minford 译出），每卷都有副标题，1974 年由伦敦 Penguin Books Ltd. 出版。霍译本出版后引起了极大反响。

《红》的另一部英文全译本出自杨宪益、戴乃迭夫妇翻译的 *A Dream of Red Mansion*（以下简称“杨译本”）。杨宪益当时得到政府赞助并受政府“向外国读者如实地介绍中国文化”之所托，将《红》120 回的全部内容译成英文，于1978年由北京外文出版社出版。该版本在英语读者中产生了很大影响。

这两个全译本，因各自的翻译艺术成就而成为目前所有英译版本中最为著名的两种译文。

2 从“幺爱三”的翻译看《红楼梦》两种全译本翻译策略的差异

“幺爱三”，引自《红》第二十回“林黛玉俏语谑娇音”：二人正说着，只见湘云走来，笑道：“爱哥哥，林姐姐，你们天天一处顽，我好容易来了，也不理我一理儿。”黛玉笑道：“偏是咬舌子爱说话，连个‘二’哥哥也叫不出来，只是‘爱’哥哥‘爱’哥哥的，回来赶围棋儿，又该你‘幺爱三’。”

这段话是讲，湘云说话有点大舌头，“二”与“爱”不分，以至于在下棋时她嘴里喊出的口号“幺二三”变成了“幺‘爱’三”了。

英语和汉语属于两个不同语系，语音系统差别很大。“二”与“爱”在汉语中是音近字，在原文中可体现湘云说话大舌头的特点；而这两个字在英语中则为“two”和“love”，英语读者无法通过这两个字的发音去了解人物的发音特色，对于“幺二三”到“幺爱三”的蜕变也就无从理解了。

现在让我们一起来看看两个译本对此不同的处理：

H：Just then Xiangyun burst in on them and reproved them smilingly for abandoning her：

“Couthin Bao，Couthin Lin：you can thee each other every day. It'th not often I get a chanthe to come here；yet now I have come，you both ignore me!”

Daiyu burst out laughing：

“Lisping doesn't seem to make you afraid of talking! Listen to you：‘Couthin!’‘Couthin!’ Presently，when you're playing Racing Go，you'll be all ‘thicktheth’ and ‘theventh’!”

Y：They were interrupted by Hsiangyun's arrival.

“Why，Ai Cousin and Cousin Lin!” she cried cheerfully. “You can be together every day，but it’s rarely I have a chance to visit you；yet you pay no attention to poor little me.”

“The lisper loves to rattle away”，said Taiyu with a laugh，“Fancy saying AI instead of erh（Note：Erh means ‘two’ or ‘second’，and ‘Ai’ means ‘love’）like that. I suppose，when we start dicing，you’ll be shouting one，love，three，four，five…”

从霍译本的处理可以看出，为了让湘云的语音特点能在译入语中不留痕迹地有所反映，霍克斯借用本族语音特色来表达，如用 Couthin、thee、It’th、chanthe 等分别代替 Cousin、see、It’s、chance，以表示人物［θ］［s］语音不分、说话大舌头的特点，从而原文之后的数字就顺理成章的由“幺二三”、sixth、seventh 变成“幺爱三”、thicktheth 与 theventh——霍译本从译文读者的欣赏习惯与心理感受出发，用其熟悉的语言表达形式来体现原文的文字特征，以便使译文读者在译入语的环境中获得与原文读者在原文中获得同样的艺术效果。

而杨译本采用的处理方法与霍译本截然不同：运用音译“AI”和“erh”表示“爱”和“二”，然后再加注（Note：…），说明这里是“不可翻译的语音特色”，原文后的“幺爱三”也就用“one，love，three”来表达——杨译本注重原文作者个人语言风格的体现，强调原文意义的传达，即侧重借原作者之手向西方读者传播中国文化。

从“幺爱三”的翻译，可让人看出两种译本采用了互不相同的翻译策略：霍译本注重本族文化，原文的语言文化特征仅作参考，重点是根据译文读者的需要传递原文的实际内容，即尽力使用译语读者所熟悉的语言表达形式再现原作内容，使译文地道流畅，明白易懂，力求译文在新的读者群中产生的效果与原文在源语读者中产生的效果相同；而杨译本则侧重保留中国传统文化，尽可能保持原文的形式、反映原作者的原意，在译入语语义、句法结构允许的范围内，将原文语境意义准确地表达出来，让译文读者在欣赏译作之时亦能感受文化上的异域风情。

俗话说“孤例不为证”——那么，针对《红》的两种译本，我们可以再从宗教以及习语等的翻译验证他们翻译策略的不同。

2.1 宗教的翻译

宗教是一种奇特的文化形态，它反映了人与自然以及人与社会的两种关系。各民族都有自己的宗教理论与信仰素质，且都与各自民族的传统文化、生活习俗相适应。可以说，宗教文化反映了一个民族的心态、思维、气度和想象力等各方面的状况。这些在该文学作品中尤有体现。

如《红》中《好了歌》：

世人都晓神仙好，唯有功名忘不了！

"神仙"的概念来自中国传统的道教，其"一能不老，二能成仙"的道教思想产生于东汉中叶的中国本土，因而久而久之在人们意识形态中变得根深蒂固。这也是原作反映的文化特色。为了突出原作者个人语言风格的"个人习语"所反映的特有宗教文化，杨译本采用了直译的手法，把诗句译成了：

All men long to be immortals,

Yet to riches and rank each aspires.

但霍克斯所在的英国信奉基督教——它宣扬救世主解救人世苦难的思想，即人们在世必须忍受苦难、依靠救世主耶稣为人类赎罪。为了让译文地道流畅，使西方读者能在其所熟悉的文化环境中接受译文，霍译本就从基督教的角度出发，将该诗句译为：

Men all know that salvation should be won,

But with ambition won't have done, have done.

2.2 习语的翻译

习语是一种形象化的语言，它是人们在长期的使用中提炼出来的短语或短句；和一个民族的历史背景、经济生活、地理环境、风俗习惯、心理状态等密切相连。习语就像一面镜子，能最明显地反映出一个民族或一种文化特色。因而，在翻译习语时，就会碰到一种语言的习语所特有而在另一种语言中却没有类似的表达手段或形式的困难。例如《红》第二十四回：

巧媳妇做不出没米的粥来。

H：Even the cleverest housewife can't make bread without flour.

Y：Even the cleverest housewife can't cook a meal without rice.

从以上译文可见，霍译本为了照顾处于西方特定文化圈里人们的文化意识或心理，同时为拉近西方读者和原文的距离，增强其译文可读性，将这个中国习语中的“米”与“粥”分别用西方的“flour”和“bread”代替；而杨译本则从保留原文的语义、句法结构出发，采用直译，保留了原文的异国情调，让西方读者看到了“cook a meal with rice”的中国“巧媳妇”之形象。

3 从目的论看《红楼梦》两全译本翻译策略的选择

从以上修辞、宗教和习语等三方面的翻译可知，同一部中国经典小说，两种译文风格迥然不同——霍译本尽量用译入语的语言形式传递原文信息，让译文充满“洋”味；而杨译本则侧重保留原文的语义和句法结构，不避复杂与烦琐，多处运用注解加以说明，使译作处处洋溢着“异域风情”。这种差异是什么原因造成的呢？

就翻译而言，无论是文学翻译还是其他形式的翻译，都离不开译者的参与——对原作的理解与解释。而译者对原文的接受与译文的创造的方法都由的译语文本的预期功能所决定，即译语文本的目的决定译者的整个翻译行为，也包括对不同翻译策略的选择。面对同一部《红楼梦》，用译文进行再创造时，霍克斯试图尽力避免异域文化与本土文化的碰撞，让其在译文读者熟悉的文化氛围中消融或直接被取代；而杨宪益则力保传统文化的再现，尽力让它在异域生根、发芽、开花——不同的翻译策略源于他们对预期文本功能即各自译文目的的不同确定。

翻译目的决定翻译策略——“目的论”（Skopos），其术语本身的意义就是指“的语文本的目的”，它是德国功能派学者费米尔和诺德等提出来的翻译理论。它认为，翻译是一种交际行为，翻译行为所要达到的目的决定整个翻译行为的过程，即“目的决定手段”，翻译策略必须根据翻译目的来确定。而且费米尔明确指出，所有的翻译都指向其预定的对象，故翻译其本身就是为的语目的和的语环境中的的语对象创造出的语背景中的文本。从这一观点出发，译者在翻译中完全可以根据译文预期的交际功能，结合译文读者的“社会文化背景”知识，对译文的“期待”“感应力”或“社会知识”以及“交际需要”，等等，来决定处于特定译语语境中文本的具体翻译策略和手法，不必拘泥于与原文“对等”而影响译文在译语文化环境中的交际功能。

据此，诺德进一步提出了翻译中的“纪实翻译”（Documentary Translation）和“工具翻译”（Instrumental Translation）这两大译法。所谓“纪实”，是指为译语文化的读者如实记录原文文化交际互动的情景。“纪实翻译”强调源语文化，重在再现原文发送者同原文接受者之间交际时的情景，其中的交际语言虽已改为译文语言，但交际情景却还是源语文化，源语的语言文化特征仍得以保留。而所谓“工具”，是指以源语文化交际互动为模型，做译语文化交际互动的工具。“工具翻译”强调译语文化，重在表达原文发送者与译文接受者之间新的交际情景下的互动——在此过程中，交际语言和环境变成了译文语言和环境，原文的语言文化特征仅作交际中的参考，重点是根据译文读者的需要传递原文的实际内容。

现在回过头来看看《红》两个全译本采用的翻译方法。从“幺爱三”变成西方数字“‘thicktheth’ and ‘theventh’”，“神仙好”成为基督教里的“salvation should be won”，“没米的粥”换成了西餐厅的“bread without flour”等，由此可见，霍克斯对原文不是复制而是采用了阐释的方法，改用译文读者熟悉的语言表达形式去传递原文的信息，即他强调译语文化，原文的语言文化特征仅作新的交际中的参考，主要根据译文读者的需要传递原文的实际内容——即霍译本采用工具翻译法处理原文。他之所以这样做，其原因是他看中的是“一部了不起的社会风俗小说”的故事性，是“某个主题的事实”，他注重的是《红》所携带的“语言之外的本体”，而且他同时强调其翻译《红》的目的就是要向西方读者传递这部小说的巨大文学魅力，期盼译文读者能和他一起分享。归根结底，他翻译的目的就是从美学的角度去传递原著的艺术魅力。

现在再来看杨宪益的翻译，“one，love，three，four，five…”“long to be immortals”“meal without rice”则使用了贴近源语的语义、句法结构，保留了源语的语言文化特征，将原文语境意义准确地表达了出来，带上了明显的异国文化特色——这是纪实翻译在杨译本中的突出体现。个中缘由是杨宪益夫妇不仅欲向西方读者展示《红》深刻的思想价值和卓越的艺术成就，而且欲重现原作者个人的语言风格，也就是希望通过原作者之手，将这部“集中国所有重要文化之大成的百科全书”所携带的中国文化展示给新的读者群，简言之，其翻译目的就是“向外国读者如实地介绍中国文化”。

霍译本和杨译本因各自的翻译艺术成就而成为目前所有英译本中最为著名的两种版本，备受世人喜爱。两个译本尽管都尽量保留原文内容，着力再现原著的艺术价值，但由于各译者对各自译文的预期交际功能的看法即“的语文本的目的”不同：霍译本侧重其译文之文学、美学功能，而杨译本更加注重译文的文化传播功能，促使他们分别选择工具翻译法和纪实翻译法来处理原文，从而产生出风格迥异的译本。因此，对译文的预期交际功能的确定即翻译目的的认定是翻译策略选择的基础，不同的的语文本目的的确认对应不同翻译方法的使用。评价某一作品的几种译文，不仅要比较各译作本身侧重的翻译方法，同时还要分析译作之后的各个译者对其译文的目的确定。这样，在“知其然，知其所以然”之时，译文读者就会真正欣赏到传统风景和异域风光之中的万种风情。

参考文献

[1] Christiane Nord. Translating as a Purposeful Activity，Functionalist Approaches Explained [M]. Shanghai：Shanghai Foreign Language Education Press，2001.

[2] David Hawkes. （trans） The Story of the Stone [M]. London：London Penguin Books Ltd.，1974.

[3] Yang Hsien-yi & Gladys Yang. （trans） A Dream of Red Mansion [M]. Beijing：Beijing Foreign Language Press，1978.

[4] 曹雪芹，高鹗．红楼梦 [M]. 北京：人民文学出版社，1997.

[5] 程裕祯．中国文化要略 [M]. 北京：外语教学与研究出版社，1998.

[6] 贾文波．应用翻译功能论 [M]. 北京：中国对外翻译出版公司，2004.

[7] 贾玉新．跨文化交际学 [M]. 上海：上海外语教育出版社，1998.

试论英汉翻译中的不可译性

中国翻译事业的发展，时至今日，已是蒸蒸日上、硕果累累。然而，语言是人类共同使用的交际工具，是文化信息的载体与容器。而文化差别和语言的具体运用等原因是造成交际手段——翻译的主要障碍。这种障碍则是我们常说的“英汉翻译中的不可译现象”。曹敏祥在《谈等值翻译》一文中指出“‘等值翻译’只是文学翻译的一个理想的标准而已……所谓‘等值翻译’实际上是对撇开翻译的不等值面而言的。”[①] 在这里，翻译的不等值面则是对不可译性最好的描述。翻译的不可译性已引起翻译界的重视，笔者也时常阅读到散见于报纸杂志中的有关文章，但并不系统，可以说仍然是翻译中的一大难题，迫切需要进一步商讨研究。

1　不可译产生的根源及分类

不可译性大致分为两种：第一种是，译入语言缺乏对等的表达形式，一种语言用某一形式表达了语义场内的某一意义，同时表达了该形式的某些特征，而另一种语言又恰好缺乏相应的形式既能表达出该意义又能表达出所要求的该形式的某些特征，不可以的问题就必然会出现。这是不可译性产生的语言学根源。翻译中的绝对不可译现象主要是由这种原因引起的。第二种是，译文缺乏应有的表达形式，就是说，原文表达的思想对译文语言来说完全是新的。还有文化差异导致的非对应也会在语际翻译上导致难译性。这些是造

① 曹敏祥．谈等值翻译［J］．北京：中国翻译，1998（2）：27.

成相对不可译性的客观原因。下面笔者就绝对不可译性和相对不可译性谈谈在翻译研究与实践中的切身体会。

2 翻译中的绝对不可译性

翻译的绝对不可译现象大量存在，原因何在？

2.1 语言文字本身成为叙述的对象

语言文字本身（语音、字形、词、句等）成为叙述的对象。在这种情况下，人们不能将其翻译出来。

（1）拆字。钱歌川曾断言“拆字是汉文特有的玩艺，决不可翻译”。并举一例：“人曾为僧，人弗可以成佛，女卑为婢，女又何妨成奴。”

有人将其译为“The man who has been a monk cannot may be called a slave.”如此翻译，情味全无。又如汉语中的“鸿是江边鸟，蚕是天下虫”等，这些把语言文字的本身视为描述的对象，翻译起来有很大难度，即使翻译出来，充其量只是用译入语对原文进行解释。

（2）字谜。字谜英汉两种语言都有，但由于两种语言（以及文化）之间的差别，一种语言的字谜译（移）到另一种语言中，往往大异其趣，给人以“橘生淮南则为枳”的感觉。例如：

A：What flower does everybody have?

B：Tulips. （Tulips＝two lips）

译文：A：人人都有的花是什么花？

B：郁金香。（“郁金香”的英文与“双唇”的英文发音相似）

这种翻译，完全失去了原文中的诙谐幽默，充其量只不过是解释加注。又比如：

A：Why is the letter T like an island?

B：Because it is in the middle of water.

有人翻译为：

甲：为什么字母“T”像一座岛屿？

乙：因为它在水中央。

这样的翻译读者会感到莫名其妙，不知所云。

2.2 与语言文字的形式特点有关的不可译现象

这种现象大多是利用语言文字的形式特点达到某种修辞效果。可分为：韵、文字游戏、双关和某些使用意义。

（1）韵律诗诗韵难译。如勃朗宁的《哈姆林的吹笛人》（*The Pied Piper of Hamelin*）一诗的第一节：

Rat!
They fought the dogs and killed the cats.
And bit the babies in the cradles,
And ate the cheeses out of the vats,
And licked the soup from the cooks own ladies,
Split open the kegs of salted sprates,
Made nests inside men's Sunday hat,
By drowning their speakings,
With shricking and squeaking,
In fifty different sharps and flats.

这一节诗共十行，其中有六行以［æts］结尾，这种音韵的安排对老鼠的肆虐的描写所达到的音韵效果是无法用别的语言来传达的。

（2）文字游戏。在文字游戏中，语音文字的特点起主要作用。因此一般无法译出。例如：

L（a

L（a
le
af
fa
ll
s）
one
l
iness.

(E. E. Cummings)

作者用这种形式形容树叶一片片从树枝上脱落的情形，抒发了作者的寂寥空虚之感。而若译成：孤（一片树叶散落到地上）独，只能理解其字面含义，而无法从形式上达到效果。

(3) 一些双关语。双关语即所谓的“妙语双关”，是每个民族的语言都有的修辞手法。它可使读者产生富有情趣的联想，有一箭双雕之妙。但这一箭双雕之妙翻译时却很难“双关”，尤其“谐音双关”最难译。

比如：Many a blonde dyes by her own hand.

“dyes”明指“染发”暗指“死亡”属同音异义。汉语中找不到对应的词。

又如：She is too low for a high praise，too brown for a fair praise and too little for a great praise.

句中的 low（矮）的另外一个意思是地位低下，（讲人的身材矮小通常用 short，这里故意用 high 和 low 这一对反义词）而 fair（白皙）的另一个意思是“公正”，这就构成了语义双关。表面看来似乎在谈她的身材容貌，实际上是在谈她的社会地位问题。如译成：她太矮，经不起高度的赞扬；皮肤太黝黑，经不起白皙的赞扬；个子太瘦小，经不起大的赞扬。则达不到一语双关之效果。

某些实用意义。方言、俚语、黑话、行话都是在一定地区、一定人群中形成的，带有明显的个性特征，这种个性特征无法译出，只能将其所指意义表达出来。尤其在一些具有鲜明地方色彩的文学作品中，往往使用方言土语作为重要的表达手段。例如，美国黑人英语如何在汉语译文中体现？美国南部方言莫非可以译成中国的广东话？而且文学作品常以人物发音不正确来表现其文化修养的程度，在译文中要想通过响应的手法达到相同的效果也是不那么容易的。

例如：Pull your hammer back short of x. Smokey's on rubber and there's Kajak with a Kodak.

这是一位卡车司机的行话。Hammer 即 brake，Smokey 即 police，on rubber 即 on wheels，Kajak with a kodak 指的是警察测定别人车速的 radar. 这句话的意思是：Reduce your speed before you reach x. The police are on car patrol and they have radar. 如果译成：“警察在巡逻，请在到达之前减速慢行。”

语句虽通顺，但原文中说话者的身份地位及文化素质等无法体现出来。

再如：And other times well，I needed a fix…

(J. Baldwin Sonny's Blues)

fix 是吸毒人用的一个俚语词，意为“吸毒者自我毒品注射”，这里用来刻画人物，表明“我”是一个吸毒者，而如果译成：然而其他时候呢，我却需要打一针海洛因。（陈雄尚译）则无法表达这个词的俚语色彩。

3 翻译中的相对不可译性

翻译中的相对不可译性原因复杂，归结起来有以下几点：

（1）语言文字不仅仅是人类交际最重要的工具，而且还是对客观现象（自然界和人类社会）的独特反映和记录。各国语言中反映该国特有事物的词语，往往使译者捉襟见肘，找不到与之对等的译语词。这类词语在最初引入时往往加注，否则读者不易理解。随着时间的推移，它们会在译入语中扎下根来，逐渐成为通用词。如：

Utopia（乌托邦）　Chocolate（巧克力）　Humour（幽默）

Radar（雷达）　Cocacola（可口可乐）　Microphone（麦克风）

Brandy（白兰地）

以上虽是音译的外来词，现在这些词对中国人来说已是家喻户晓、妇孺皆知了。

（2）语言中也存在歧义现象，这种情况脱离上下文是不可译的。如：

Flying planes can be dangerous. 这句中，我们可以把 flying 看作是 planes 的定语，意思是：飞速飞行的飞机是很危险的。也可以将 planes 看作 flying 的宾语，意思是驾驶飞机是很危险的。没有上下文，很难判断哪种译文正确。

（3）文化差异。

语言和文化是一个整体，是共有、共生、共依的关系。语言是文化的载体，不可避免要受文化的制约。文化的多样性限制了语言的可译性。如：Everything was at sixes and sevens in our house after last night's party. 昨晚晚会之后，家里一片狼藉。若译者对其中的 at sixes and sevens 采用欧化手段照搬英国文化，则译文很难得到中国人的认可。在这种情况下，我们只能从汉语中去找与其有相对一致意义的表达法（在两种语言中，从意义上完全对等的表达是没有的）。当然，从汉语中去寻找现成的对应表达法并非不尊重英国文化，也并非“无源之水，无本之木”。汉语中的“一片狼藉”等是人们不喜欢、不愿耳闻目睹的，而“6”与“7”之和刚好为“13”，“13”则是英国人等西方人最忌讳的。Adam 被喻为“人类始祖”（Adam 为基督教《圣经》故事人物），这与汉文化是有一段距离的，是两种文化差异的突出表现之一。尽管译文在等值方面已达到统一，但外族人肯定难以接受，此时译者有必要给予阐释。

又如：汉语中的“说曹操，曹操到”并非指中国风流人物，而是实指“正说到某人，某人就来到面前”，若将“曹操”译出，则是一种典型的望文生义的误译。在英译时可用“Talk/Speak of the devil，and there he appears，or，Speak of angels and you will hear their wings，or，Think of the devil and he's looking over your shoulders”则是外族读者喜闻乐见的。它“既利用了英语成语的架子，又保留了汉语成语的特色”。当然正确的译文也离不开“文化语境”（Context of Culture）与情景语境（Context of Situation）。前者指“说话者生活于其中的社会文化”，后者指“言语行为发生的具体情景”。

翻译中的不可译现象大量存在。在英汉两种语际代码的转换过程中不可避免地会遇到表层意义的不等值或深层意义的不等值。这种不等值即翻译中的不可译性原因。至于如何解决这个“难题”，现尚无定论，期望翻译界对此做进一步的探讨。

参考文献

[1] 傅仲选．实用翻译美学［M］．上海：上海外语教育出版社，1993.

[2] 李延林，屠国元．单语文化论也会给翻译质量带来影响［J］．长沙铁道学院学报（社科版），2001（1）：4—7.

[3] 张源清，王鲜杰．英汉翻译理论与技巧［M］．成都：成都科技大学出版社，1995.

第二章

语境与翻译

论翻译中译文的语境构建

翻译是一种跨语言、跨文化的交际活动，这一点已越来越被人们认可。交际活动自然离不开语境。语境是理解词、句子、篇章的基础，也是表达的重要依据。翻译要处理的是原交际者、译者以及译文接受者三者之间的关系。他们之间的交际实际上存在两个不完全相同的语境，即原交际者构建的原文语境和译者构建的译文语境。原文的交际意图由原文的语码和原文的语境共同传达。同样，译文的交际意义是由译文的语码和译文的语境一起构建。因此，翻译不仅是译语语码的选择和确定的过程，也是恰当的语境的构建过程。译文的语码和译文的语境共同为准确传达原交际者的意图服务。

1　系统功能语言学家的语境理论

语境是语言学中的一个重要而复杂的概念。关于语境的讨论和研究也是仁者见仁，智者见智。其中系统功能语言学家的语境观在语言学界具有广泛而深远的影响。无论是马林诺夫斯基（Malinowski），还是马氏的学生弗斯（Firth）以及后来的韩礼德（Halliday）、汉森（Hasan）等人都对语境的研究做出了不可磨灭的贡献。众所周知，在西方有关语境的讨论始于 Malinowski 的“情景语境”（Context of Situation）这一概念。他区分三种类型的情景语境，即言语与身体活动相互关系的情景；叙述语境；填补语言真实的语境——寒暄语境。不过，马氏的语境理论有很大的局限性。对语境论述较为全面的是 Firth。Firth 在其著作中指出任何语境都由以下五个方面组成：

a. 每个音位在音位环境中与前后音位的关系；

b. 词素之间的关系；

c. 句子中词与词之间的关系；

d. 句群之间的关系；

e. 句子与情景语境的关系。

Halliday 将语境分为广义的文化语境和狭义的情景语境。他从语言的社会功能角度提出“语域”（register）理论，强调语境的作用，认为语言总是在一定的语境中发生，并在一定的语境中理解和解释。

系统功能语言学对语境的界定和描述主要由三个层面组成：层次（stratification）、多功能（multi-functionality）以及潜势（potentionality）。从层次的角度而言，语境可以分为三层：文化语境、情景语境和上下文语境。从多功能的角度来看，语境的配置特别是情景语境的配置同语言的三大元功能（metafunctions）对应：语场（field）对应于英语的概念功能（ideational function），语旨（tenor）对应于人际功能（interpersonal function），语旨（mode）对应于语篇功能（textual function）。从潜势的层面来看，语境可视为无数意义的潜势变化的集合。

2 语境·语言·翻译

我们先来看看语境和语言的关系。

语境产生于语言或话语的交际中，并且影响和制约着语言的交际意义和表达形式。刘克璋先生通过研究，提出语境有七种属性。他认为，语境具有多层次性、非成分性、依附性、思维的耦合性、模糊性、制约性以及潜意识性。语境的非成分性和依附性表明：语境虽不是语言的结构成分，但它依附于语言结构之中。正像没有树就没有树影一样，没有语言结构就没有语境。因此，可以说，语境是潜在的语言现象，是客观事物在作者心理的反映。

从 Firth（1935）对语境的划分也可以看出：语境与语言的各个层面是密不可分的；语境因素里包含了语言结构成分。Malinowski（1923）也这样认为：“…utterances and situation are bound up inextricably with each other and the context of situation is indispensable for the understanding of the words.”不仅词的理解要靠语境，句子、篇章的理解同样离不开语境。Firth 说“Each word when used in a new context is a new word.”。韩礼德也指出，词义、句义在很大程度上是情境赋予的；语域的三大内容（field、mode、tenor）分别与语篇的语义功能有某种对应关系。

总之，语言和语境之间有着紧密的联系。语境寓于语言之中，是理解话语的基础和表达话语的有力依据。

再看看语境与翻译的关系。

如本文开头所言，任何交际活动是在一定的语境前提条件下进行的。翻译的交际性特点决定了它与语境的不解之缘。任何把翻译看成交际活动的理论必然重视对语境的研究，因为交际话语中，语境是使话语最具连贯性（coherence）的所有因素中最活跃、最多变的因素。Newmark 也认为：“语境在所有翻译中都是最重要的因素，其重要性大于任何法规、任何理论、任何基本词义。”在翻译中，译者依据原文语境对原交际者的话语做出正确理解，然后以协调者（mediator）的身份，通过构建译文文本（含语境）把原交际者的意图传达给译文受体。译文受体理解原交际者的意图很大程度上依赖译文的语境。可以说语境也是翻译的基础。翻译就像建筑一座桥梁，把原文的语言和语境引向译文的语言和语境。译者便是这座桥梁的建筑师。

3　译文语境构建的意义

是不是有必要构建译文的语境？答案是肯定的。

我们知道，译文并不等于语境，译文的语言可以用来表现语境，但如何表达则是需要译者去费一番心思的。有时候，不光是把原文的意义以“信”的标准译成译文就算完成了翻译的任务。从理论上讲，翻译作为一种交际，它具有动态的特征。第一，它是跨语言、跨文化的。语言、文化之间是存在差异的，由此也带来原交际者、原文受体、译文受体在认知结构、认知语境中的差异。在甲语言语境中的人认为是不言而喻的知识，对于乙语言语境中的人来说却未必如此。这就是通常所说的“文化缺损现象”（cultural default）。第二，就某一交际（翻译）过程本身而言，它也是随着时空的变化而变化的。上下文之间如果缺乏衔接和连贯，这样的译文也是不堪卒读的。

事实上，原交际者在构建自己的文本语境时，他/她要考虑的受体通常不包含异语文化的受体在内，书面表达更是如此。对于母语读者来说是心领神会的语境信息，作者往往会省略掉这些信息，但这往往会造成异语受体理解的困难。例如：我国读者熟悉的文学名著《红楼梦》中有这么一句：

（1）心较比干多一窍，病如西子胜三分。

文中的“比干”“西施”是中国历史上有名的人物：一人是智慧的象征；另一人是美的代称。但是英语读者却不见得知道他们是何许人也。在他们的认知语境中缺乏这样的“旧信息”。因此，在翻译时，有必要对这一缺失的语境前提作出补偿，以使英语读者在解读原文交际意图时获得与汉语读者一样的认知语境。杨宪益夫妇和霍克斯在翻译该句时均不约而同地采取了这种补偿办法。

（2）She looked more sensitive than Pikan①，more delicate than Hsi Shih②.

1. A prince noted for his great intelligence at the end of the Shang Dynasty.

2. A famous beauty of the ancient kingdom of Yueh.

（杨译）

（3）She had more chambers in her heart than the martyred BiGan and suffered a tithe more pain in it than the beautiful XiShi.

（霍译）

另外，从写作技巧上来看，原文作者在表达自己的交际意图时，不仅要使自己的话语与一定的语境要素相结合，而且要构建一个对自己的言语交际有利的语境。在交际过程中，理解时的推理、交际意图的传达等都需要作者对语境做出选择。作者在考虑自身的交际意图、内容、语言手段、社会文化背景、意向中的读者等因素的基础上，利用单词、短语和句子，建立语段的结构，形成语篇框架。这一过程实际上就是语境构建的过程。这对于实现交际双方的成功交际有十分重要的意义。同理，译者在翻译过程中扮演的是双重角色：一方面，他是原文的读者；另一方面，他又是译文的作者。这样，译者作为译文的作者在构建译文时也必须像原作者一样构建一个有利于交际的语境。

---

① 牛强，陈林华．语境新探——试论语言语境的解释和制约功能［J］．外国语，1999（6）．

② Coulthard，M. An Introduction to Discourse［M］. NewYork：Longman Inc.，1977.

4　构建译文的语境的原则

我们知道，构建译文的语境的目的是使译文受体能正确理解原交际者的意图。因此，译文语境构建的原则应该是有利于原交际者的意图的传达。具体地说，在考虑了语境要素的基础上，当译者认为译文受体与原文受体有共同的知识结构时，有能力处理话语时，译者便可以像原交际者一样省掉不言自明的信息；当译者认为译文受体与原文受体知识结构不同时，为了正确理解原交际者的意图，译者可能会对译文语境做出适当调整，引导译文受体对原交际者的意图做出与原文受体相同的认知和推断。

构建译文语境不可以以追求语境形式对等为原则。语境要素具有多样性、动态性，所以语境的形式对等是很难做到的。另外，按照关联理论，人们所处的环境，他们的经历以及他们的认知能力都有所不同，因此，他们各自的认知环境就会存在差异，对事物的认知也就不可能完全一致。不同的人看问题的角度可能不同，对同一件事，甚至同一语境，都可能有各自不同的推理，产生各不相同的认知结果。因此，语境的构建不是追求形式上的对等，而是追求语境功能上的对等，应看构建的语境是否有利于原交际者意图的传达。

5　译文语境构建的方法

构建语境得分析一下语境的构成要素。对此，不同的学者有不同的归纳。系统功能语言学家 Halliday 与 Hasan 在他们合著的 *Cohension in English*（Longman，1976）中，将语境要素归纳为语场（field）、语旨（tenor）和语式（mode），这三者构成语域。Halliday 与 Hasan 并且认为语篇体裁（由文化语境决定）由语境中的语域配置来体现。限于篇幅，本文从系统功能语言学出发，谈谈译文中语境要素的构建。

语场是指实际发生的事，指语言发生的环境，包括谈话话题、讲话者及其他参与者所参加的整个活动。语场的变化就产生了不同学科或领域的语域（如新闻报道、物理专业、语言学专业等）。当然，语场也可以是非专业性的。译者在译文中应有体现与原文相同语场的常规用语或专业用语。这样译文受体根据译文便可把握好这种语境要素。语式指语言交际的渠道或媒介。语言交际一般以写或者说的方式进行。语旨指参与者之间的关系，它反映出的语域可由说话的正式程度（礼貌体、随便体、亲密体）来确定，也可由说话的功能（说服、规劝、强迫等）来确定。

从语域的各组成部分的含义来看，我们可以把系统功能语言学家的语境构成要素再细分为：发话人、受话人、话题、交际方式、语言的正式程度等。郭著章（1999）认为：在翻译中采用什么样的语体风格时至少有七条标准：addressor，addressee，subject matter，form of communication，fields of discourse，modes of discourse and tenors of discourse。

译者在构建译文篇章时，应力求译文与原文的语域等值。但由于同一篇文章中也有不同的语域特征，一个好的译者应该通过语言的变化对这些不同的特征进行“协调”。不过，如上所述，语境的构建应有利于原交际者意图的传达，因此，在追求“语域等值”的过程中，译者不应忘记这一目的。哈特姆曾经反复强调，源语与译语之间任何有关“等值”的概念必须首先考虑译语想达到的目的（any notion of equivalence between a source text and a target text is subordinate to the skopos，or purpose which the target text is intended to fulfil）。

下面试举例说明译文的语境构建。

译例 1

原文： 咫尺之隔，竟成海天之遥。南京匆匆一晤，瞬逾三十六载。幼时同袍，苏京把晤，往事历历在目，惟长年未通音问，此诚憾事。近闻政躬违和，深为悬念。人过七旬，多有病痛，至盼善自珍摄。

译文： … No one ever expected that a strip of water should have become so vast a distance. It is now 36 years since our brief rendezvous in Nanjing. From our childhood friendship to our chats in the Soviet capital，everything in the past is still alive in my memory. But it's unfortunate that we haven't heard from each other for so many years. Recently，I was told that you are somewhat indisposed and this has caused much concern. Men in their seventies are often afflicted with illness. I sincerely hope that you will take good care of yourself…

这是廖承志同志1982年致蒋经国先生的一封信开头的几句话及其英译文。全信文情之高洁、文风之优美，海内外人士几乎无不叹为观止。其英文译文也尽量保持了原文之风格。现让我们用语域理论作一简析。这封信的原文采用汉语古文正式文体，句式讲究。信的话题是关于祖国统一这样的大事，发话人和受话人都是身居高位的政要人物。为了在译文中再现这一语境特点，译文也采用了完整的句式，正式的词语，如用法语词源的 rendezvous 来译汉语文言“晤”字，用拉丁语词源的 indisposed 译文言词“违和”，使译文的语境和原文的语境达到功能上的对等。

译例 2

原文：A young lady home from school was explaining, “Take an egg,” she said, “and make a perforation in the base and a corresponding one in the apex, then apply the lips to the aperture, and by forcibly inhaling the breath, the shell is entirely discharged of its contents.” An old lady who was listening explained: “It beats all how folks do things nowadays, when I was a gal, they made a hole in each end and sucked.” (Jesperson)[①]

译文 1：一位从学校回家的年轻女子正在解释，“拿一个鸡蛋，”她说，“在底部打一个洞，在顶上打一个相应的洞。然后用嘴在洞口上用力吸，蛋壳里的东西就完全被吸空了。”一位听她讲的老太太嚷了起来：“如今的人做事真奇怪，我当小孩的时候，他们就在一头打个洞，就吸干了。”

译文 2：一位刚从学校回来的女学生正在解释：“取一枚鸡蛋，”她说，“在蛋的底部打一个孔，再在蛋的顶上打一个相应的小孔，然后，用嘴唇置于该孔之上并用力吸，壳内之物则尽释无遗。”一位听她讲话的老太太嚷了起来：“如今的人做事真叫人摸不着头脑，我做姑娘那阵儿，人们把蛋一头嗑一个洞，嘶溜儿一嘬也就吸了。”

译例2的原文中的发话人女孩和老太太谈论的是同一件事，即打蛋，但他们属不同的文化层次，姑娘的用语文绉绉的，甚至用了一些科技术语。老太太的话则是口语化。以上的译文1则使用统一的语体来译，让人觉得姑娘和老太太是同一文化层次。译文2则很好地再现了这一语境特点。

---

① 周俊清．试论翻译中的语域取向［J］．北京：中国翻译，1996（4）．

从系统功能语言学的语境观出发，探讨译文的语境构建问题对我们的翻译实践和翻译批评具有一定的借鉴意义。由于该文只限于从语域、语篇的角度来考虑译文中的语境构建，未涉及从文本之外的语境因素，如交际中的推理能力、思维差异等因素所构成的认知语境的构建。但是，随着语境研究的深入和翻译理论的发展，这方面的研究一定会更全面、更科学。

参考文献

[1] Bell，Roger T. Translation and Translating：Theory and Practice [M]. London and New York：Longman，1991.

[2] Halliday，M. A. K & Ruqaiya Hasan，Language，Context and Text：Aspects of Language in a Social Semiotic Perspective [M]. Edward Arnold Ltd.，1985.

[3] Mona Baker，Routledge Encyclopedia of Translation Studies [M]. London and New York：Routledge，1998.

[4] Newmark. Approaches to Translation [M]. Pergamon Press，1982：113－114.

[5] 胡壮麟，等. 语言学教程 [M]. 北京：北京大学出版社，1988：385—386.

[6] 胡壮麟，等. 系统功能语法概论 [M]. 长沙：湖南教育出版社，1989：175—176.

[7] 尚媛媛. 语境层次理论与翻译研究 [J]. 外语与外语教学，2002（7）：28—29.

[8] 杨自俭. 翻译新论 [C]. 武汉：湖北教育出版社，1999：149—151；742—743.

[9] 刘润清. 西方语言学流派 [M]. 北京：外语教学与研究出版社：1999. 319—324.

[10] 廖七一，等. 当代英国翻译理论 [M]. 武汉：湖北教育出版社：2001. 269—276.

语境在应用翻译中的作用

语境（context）是由人类学家马林诺夫斯基（Malinowski）在20世纪30年代首先提出来的，并发展成为语用学的一个重要概念，也是一个具有多层次、丰富含义的综合概念。马林诺夫斯基指出话语和语境是紧紧地联系在一起的，他曾经说过："语境是决定语义的唯一因素，舍此别无意义可言。"（转引自Palmer：1981）用纽马克（Peter Newmark）的话来说："语境在所有翻译中都是最重要的因素，其重要性大于任何法规、任何理论和任何基本词义。"（纽马克，1982：113）由此可见语境对于翻译的重要。

马林诺夫斯基把语境分为三类，即话语语境（Context of Utterance）、情景语境（Context of Situation）和文化语境（Context of Culture）。伦敦学派的代表人物弗斯（Firth）接受并发展了马林诺夫斯基的观点，他更注重情景语境理论，他指出：情景语境不仅包括说出来的话，而且包括说话人的面部表情、手势、身体的姿势，所有参与交谈的人以及这一部分人所处的那一部分环境。功能学派语言学家韩礼德（Halliday）把语境划分为两类，即语言语境和非语言语境。（转引自方梦之，2004：329）总之，语境就是语言交际发生的环境，包括交际者的身份、社会地位、性格、目的、知识修养和交际发生的时间、地点及社会观念、人们的常识，等等。

翻译是一种跨语言跨文化的交际行为，任何行为都至少有一个目标、一种目的。翻译是语言之间的信息传递和语族之间的文化交流，其目的就是用一种语言来解释源语中所表述的内容，译者应该按照最相关的方式在译语中重新表述原作者的思想。（Gutt，2001：46）此过程经历了信息的理解、转换和再接受三个过程。应用翻译（Pragmatic Translation）是指实用性文本的翻译，以传递信息为主要目的，又注重信息传递效果。其最大特点是实用性强、应用面广，不同于强调艺术审美与文字欣赏的文学翻译。翻译的任一过程都依赖于语境。没有语境，一句话只是一个个字词符号的组合，绝无意义可言。本文拟用实例浅议语境在各种应用翻译中的重要作用。

1 语境在旅游翻译中的作用

旅游宣传品（Tourist Publicity）属于典型的“呼唤型”文本，以吸引读者、打动读者为目的。翻译旅游宣传品时，不仅要把话语意义准确地表达出来，而且要树立广义的语境观，把相关的文化底蕴、内涵传递给读者，把旅游地最吸引人的一面展示给读者，充分考虑到读者的审美心理、思维方式，诱导读者采取相应的行动。根据功能理论的观点，旅游翻译应注重突出译文的“呼唤”功能，注重信息传递的效果，用符合译语规范和文化标准的语言形式来表达原文意义，使译文尽可能取得近似原文的读者效应。（贾文波，2004：107）否则，读者体会不到景点的特色，自然不会为其所打动，那么宣传也就失去了意义。

下面是两则英译汉的例子。

译例 1

原文：Sea，sun，sand，seclusion—and Spain!

译文：海水、阳光、沙滩、幽僻之乡——西班牙情调!

“Seclusion”一词本来是指“很少有人去的地方”，而这则广告则译作“幽僻之乡”，自然给旅游景点增添了几分魅力；此外，译者翻译“Spain”时用了增译法，添加了“情调”二字，让读者联想到异域风情，吸引了读者的眼球，也是商家的一个特色卖点。

译例 2

原文：…The whole area becomes ablaze with the whites，yellows，reds，and oranges of tulips，daffodils and other species popular in English gardens…（苏格兰旅游广告）

译文：英国花园里逗人喜爱的郁金香、水仙花及其他各种鲜花遍布整个地区，有白色的，黄色的，红色的，还有橙色的，呈现一派争奇斗艳璀璨夺目的景象……

在翻译此则广告时译者使用了意译法，改变了原文的形式和修辞，以使译文符合汉语表达习惯。广告语中的“the whites，yellows，reds，and oranges”分别借代具有这些颜色的郁金香和水仙花，所以翻译时用“有白色的，黄色的，红色的，还有橙色的”。“呈现一派争奇斗艳璀璨夺目的景象”是对“ablaze”一词的翻译，稍显夸张的手法使译文更加生动，言辞华美，也更具有感染力，恰好迎合了汉语读者的欣赏习惯。

下面是一则汉译英的例子。

绍兴鲁迅纪念馆成立于1953年，为中华人民共和国成立后浙江省最早建立的纪念性人物博物馆。

译文： Established in 1953, the museum is the earliest construction in Zhejiang in memory of personalities.

“纪念性人物博物馆”是汉语表达方法，用英语表达是“memorial hall”。例如，林肯纪念堂的英文是“Lincoln Memorial Hall”。这是翻译的一点失误。此外，“personalities”一般指娱乐界、媒体或体育界名人，属于用词不当，同时也歪曲了鲁迅的光辉形象。所以，在翻译时，不仅要明白话语的概念意义，而且要选择准确的符合语境的译文表达方法，单单的按字面意义来译是不可取的。

2　语境在标示语翻译中的作用

标示语大多出现在公共场合，以服务大众，或保护公共设施。作为号召人们做某事或约束人们行为的一种方式，有的是直接地达到目的，而有的却是间接地达到目的。标示语大都简洁明了，短小精悍，富有爱心。其翻译看似简单，实际上涉及许多方面，离不开情景语境和文化语境。所以，翻译时必须发挥语境作用，扩大认知环境，增大信息的关联度，力争达到和源语等效的目的。

例如，“高高兴兴上班去，平平安安回家来。”这一则标示语在国内到处可见，是比较流行的标语。但在最初，其译语是“Go to work happily, and come back safely!”乍看此翻译正确无误，但却不符合英语国家的习惯。这则标语运用的是命令的口气，然而我们都知道它是一项诚恳的建议或真挚的祝福，因此用“Good luck! Drive safely!”最恰当不过了。（何自然，1997：177）

原文： 雪塑——精卫填海

译文： A snow sculpture—Jing Wei Fills in the Sea (Jing Wei was a legendary bird that strived to fill in the East China Sea)

我们都知道精卫填海的故事。它源于《山海经》：炎帝之女在东海淹死了，之后她的灵魂化为一只小鸟，名叫精卫。精卫发誓要把东海填平，每天衔西山的石、木填东海。以后人们就以精卫填海来形容意志顽强。（卞正东，2005：27）该译文增添了解释性的说明，以使外国读者了解图片的文化内涵，否则很可能被看作一幅简单的图画了。这就充分发挥了文化语境和情景语境的作用，使图片的意义得到了很好的展示。

"切勿践踏草坪"是随处可见的标示语。只需用"Keep Off the Grass, Please!"就可以恰当地表示相应的意思了。但有些双语招牌上却写着"Don't Stamp on the Grass!"这样的标语让外国读者看了会很不舒服，因为其中暗含了一种训斥的语气。这时就需要注意语境，使用相关的语用翻译策略了。在美国密苏里达州的圣路易斯市的植物园里，草坪上的警告文字是"Please Give Me a Chance to Grow"。（王银泉、陈新仁，2004：81）有如此委婉的请求，游客怎么忍心去碰那些可爱的小草呢？

一家商店的门上挂着"正在营业中"的招牌，旁边的英语却是"To Run the Business"，这样的译文让人看了会哑然失笑。应该根据英语习惯，采用社交——语用等效翻译策略，译为"Business Hours"或"Open Time"。

3 语境在科技翻译中的作用

科技文体属于"信息型"文本，大多表达客观，措辞准确，结构严谨。科技文的翻译最应注意信息的准确传递，注意上下文语境，不拘泥于原文本的结构，以便最大限度地体现功能。

原文： A scientist constantly tried to defeat his hypothesis, his theories, and his conclusions.

译文： 科学家经常设法否定自己的假设，放弃自己的理论，推翻自己的结论。

原文中的"defeat"同时与三个宾语搭配，但根据上下文语境，汉语动宾搭配习惯，则必须使用不同的动词。所以，译文使用了三个动词分别与"假设、理论、结论"搭配，准确地表达了原文的意义。

原文： After making a short test flight at 4：15 a. m. , Bleriot set off half an hour later. His great flight lasted thirty seven minutes. When he landed near

Dover，the first person to greet him was a local policeman.

译文：布莱里奥在上午 4 时 15 分做了一次简短的试飞，半小时后就启程飞行。布莱里奥这次具有伟大意义的飞行持续了 37 分钟，他在多佛附近降落时，第一个前来接他的是当地的一名警察。(曾绪，2004：23)

“land”作为动词有不同的含义，既可以理解为“登陆、上岸”，也可理解为“降落、着陆”。但从上下文语境来看，“land”在此句中只能取“降落、着陆”之意，消除了信息中的歧义。

因此，无论哪种文本的翻译，译者都不能忽视语境的重要性。因为它是理解说话者意义的关键因素，它对于译者理解语言的现象和本质，更好地把握已知信息的特殊内涵具有重要意义。因此，在翻译过程中，译者不仅要理解话语的字面意义，而且应该注意到语境的重要，树立全面的语境意识，紧扣语境，反复琢磨。用格特（Gutt，2001：52）的话来说，翻译本身就是一个语用概念，因为翻译中不仅涉及语言的转换，而且要求译者根据动态的语境进行动态地推理。

参考文献

[1] Gutt，Ernst－August. Pragmatic Aspects of Translation：Some Relevance－Theory Observations [A]. In Leo Hickey（ed.）. The Pragmatics of Translation [C]. Shanghai：Shanghai Foreign Language Education Press，2001.

[2] New Mark，Peter. Approaches to Translation [M]. Pergamon Press，1982.

[3] Palmer，F. Semantics [M]. New York：Cambridge University Press，1981.

[4] 卞正东．论标示语的翻译 [J]. 上海翻译．2005（1）：27—31.

[5] 方梦之．译学词典 [M]. 上海：上海外语教育出版社，2004.

[6] 何自然．语用学与英语学习 [M]. 上海：上海外语教育出版社，1997.

[7] 王银泉，陈新仁．城市标识用语英译失误及实例剖析 [J]. 中国翻译，2004，(2)：81—82.

[8] 曾绪．语境分析与英汉翻译 [J]. 上海科技翻译，2004，(2)：22—25.

语境在英汉科技翻译中的作用

随着科学技术突飞猛进的发展和全球化进程的不断加快，科学技术信息的交流也愈来愈频繁，及时准确地获取科技信息对于促进整个社会的发展起着重要的作用。因此，在科技信息交流日益增加的情况下，科技翻译的任务也大幅度地增加。科技文体具有句子长、结构复杂、专业词汇较多的特点，同时又具有准确性、客观性、简洁性的文体特征。如何准确地理解并表达原文信息是摆在科技翻译工作者面前的难题。在翻译过程中，对原文词义的正确理解以及译文的恰当表达都离不开语境分析，即正确的解码和编码都依赖于语境。英国语言学家弗斯（Firth）说过，每个词用于一个新的语境之中就是一个新词。本文简单介绍了语境的定义和分类以及科技文体的特点，并据此讨论了语境对语义的制约作用，以及在确定词义和消除歧义时的作用。

1　语境

语言从来都不是在真空中使用的，它必定发生于一个特定的社会环境，而且这一社会环境对话语的意义有很大的影响。语境（Context）是由人类学家马林诺夫斯基（Malinowski）在 20 世纪 30 年代首先提出来的，他指出话语和语境是紧紧地联系在一起的，他曾经说过：“语境是决定语义的唯一因素，舍此别无意义可言。”（转引自 Palmer：1981）用纽马克（Peter Newmark）的话来说，“语境在所有翻译中都是最重要的因素，其重要性大于任何法规、任何理论和任何基本词义”。由此可见语境对于翻译的重要性。

那么，什么是语境？简言之，语境就是语言交际发生的环境。马林诺夫斯基把语境分为三类，即话语语境（Context of Utterance）、情景语境（Context of Situation）和文化语境（Context of Culture）。伦敦学派的代表人物弗斯（Firth）接受并发展了马林诺夫斯基的观点，他更注重情景语境理论，他指出：情景语境不仅包括说出来的话，而且包括说话人的面部表情、手势、身体的姿势，所有参与交谈的人以及这一部分人所处的那一部分环境。功能学派语言学家韩礼德（Halliday）把语境划分为两类，即语言语境和非语言语境。（转引自方梦之，2004：329）王建平对语境的定义进行了综合，他认为语境就是交际过程中语言表达时表示某种特定意义时所依赖的各种表现为言辞的上下文或不表现为言辞的主客观环境因素。（王建平，1989）

2 科技文体特点

科技文章包括科技论文、实验报告、对于自然现象的描述和解释、关于实验如何进行的指示，以及科技发展的历史，等等。（王佐良、丁往道，1987：278）科技英语是为了表达和传递知识和信息的，其语言准确、客观，具有严密的逻辑性。杨寿康教授指出科技英语的主要特点为：准确性（accuracy）、客观性（objectivity）和简洁性（concise）。（杨寿康，2003：3—15）因此，信息传递的效果、内容的精确与表达的规范应该时是科技翻译的核心和基准，功能对等、信息准确真实应为科技翻译第一要义。（贾文波，2004：194）所以，在科技文体中，不使用含糊不清的词句，避免歧义的产生，多使用客观准确性较高的被动句、无人称句，并且省略一切可以省略的成分，以追求简洁。

此外，科技文体中多用缩写词，如我们比较熟悉的 NBC（National Broadcasting Corporation），WMO（World Meteorology Organization）；也有些是在科技文体中才会出现的，如：NW 或 N. W.（西北区），SE 或 S. E.（东南区），radar（雷达）为 radio detecting and ranging 的缩写，sonar（声呐）为 sound navigation ranging 的缩写。为使文章简洁精练，科技问题还多用复合词语和专业词汇。如：Nitrate-nonutilizing mutants of Gibberella zeae and their use in determining vegetative compatibility（玉蜀黍赤霉菌的硝酸盐营养缺陷突变体及其在营养亲和性测定上的作用）；Cell-to-cell transportation of proteins during plant development（植物发育过程中蛋白质在细胞间的

运输）。

谈科技翻译，其实就是谈科技交流。科技文属于信息型文本，在翻译时应有效突出文本功能，保证译文中信息传递的真实性和准确性。科技翻译旨在传达原文科技信息，传播科技知识，进行科技交流，翻译过程中应注意科技文体特点，力求用一种“最切近的自然对等语”再现原文的信息和内容。但这并不意味着科技语言都生硬牵强、艰涩难懂。上海交通大学的毛荣贵教授曾做过精辟的概括：“科技翻译崇尚‘零感情’遣词，但又不能否定，科技翻译时有细腻的语气！‘专业术语’是科技翻译的一道‘坎’，科技翻译应该余约定俗成的术语‘接轨’，但是，作者的 elegant variation（求雅换词），又让我们觉得曲径通幽；科技翻译呼唤逻辑思辨，但逻辑并不是一张永远严肃的面孔，字斟句酌，译文也会灿烂一笑。”（毛荣贵，2003）

3 语境在科技翻译中的作用

在科技英语翻译中，小至词素、词组、句子，大至段落、语篇，都可以发现语境分析的作用。科技翻译既受一般翻译语境因素的制约，又受科技体裁本身所具有的特殊语境因素的制约。这主要体现在语义对语境的依赖性和语境对语义相应的制约性。下面就在科技翻译中语境对于正确恰当地传达原文的意义做一阐述。

3.1 确定词义

无论是汉语还是英语，一词多义现象普遍存在。如 compiler 通常指“编纂者、汇编者”，然而在计算机英语中则为“编译程序”之意。work 一般来讲为“工作”或“作品”，但在物理和力学中又作“功，做功”讲。怎样从多种语义中选择唯一恰当贴切的意义呢？由于一个词的词义受其周围词的约束，所以进行科技翻译时，翻译人员可通过分析其周围词来获得一个多义词的确切含义，即通过词组内语境来确定词义。以多义词“finish”为例。

（1）finish of erection

finish allowance

finish applicator

在这三个词组中，finish 分别和 erection，allowance 和 applicator 搭配，受其约束。因此翻译时 finish 的词义分别由其相搭配的词来决定，可以分别解释为“完成、加工和油剂”。所以在实际翻译中词组语境对于确定一个多义词的具体意义有着重要的作用。

(2) Anti-nuclear organizations want to ban the bomb.

译文：反核武器组织要求禁止使用核武器。

通常 bomb 指“炸弹”，在此句中“炸弹”之意显然讲不通，反核武器组织是不可能禁止一枚炸弹的。细看整句话，认真的译者会发现 bomb 前面的 the，“the＋名词”构成了具有特定意义的固定用语，不能按我们日常用的意义来翻译，必须注意到语境，才能恰当处理语言中细枝末节的现象。the bomb 的固定意义为“原子弹或氢弹”，这就给正确理解 bomb 的含义提供了句内语境。

Develop 一词具有多种含义，“发展、发育、发达”；“冲洗（已曝光的底片)”；“开发（土地)”等。在不同的句子中，译者就必须通过上下文语境来从中选择正确的义项。如：

(3) Though Brazil is one of the richest countries in the world，much of it has not been developed.

译文：虽然巴西是世界上最富的国家之一，该国的许多地方仍未开发。

(4) In some way，positive and negative ions are developed in a thunderstorm.

译文：在雷雨中，正离子和负离子以某种方式形成。

(5) The films developed and the degree of fogging observed is a measure of the gamma-way exposure.

译文：经显影之后，可以根据观察的模糊发黑程度来确定 γ 射线的照射程度。

从以上句子可以看出，develop 在不同的语境中有不同的意义，译者必须根据句子语境来确定其含义。词汇意义的确定依赖于语境，而语境又对词汇意义起着限制作用。

3.2 消除歧义

歧义句（Ambiguity）传统上被认为是本身具有两个或两个以上不同意义

的句子。歧义是所有语言中普遍存在的现象，它会给一些特殊的语言文体（诗歌、文学作品、广告、演说等）带来意想不到的效果，而在需要传递准确信息的科技文本中是不容许存在歧义的。一些有多义的词语在一定的语境中，歧义是会自然消除的，否则就需要慎重选择词语和采用严谨的语句结构，以排除歧义。如“Bulls and Bears Face Similar Challenges”这样的标题在不同的环境里可有不同的理解。如果这标题指商业方面，那么它是关于股票分析者或投资者；如果这标题指的是体育方面，它是指本部在芝加哥的职业体育队；如果指科研，这标题是关于大的哺乳动物，像这样的歧义句必须放到适当的语境中去理解。Leech 曾谈到语境的三大作用：（1）语境消除信息中的歧义和多义；（2）语境指出某些指称词的所指；（3）语境能提供说话人和作者省略的信息。（Leech，1974/1981）

（1）After making a short test flight at 4：15 a. m.，Bleriot set off half an hour later. His great flight lasted thirty seven minutes. When he landed near Dover，the first person to greet him was a local policeman.

译文：布莱里奥在上午 4 时 15 分做了一次简短的试飞，半小时后就启程飞行。布莱里奥这次具有伟大意义的飞行持续了 37 分钟，他在多佛附近降落时，第一个前来接他的是当地的一名警察。

（曾绪，2004：23）

“land”作为动词有不同的含义，既可以理解为“登陆、上岸”，也可理解为“降落、着陆”。但从上下文语境来看，“land”在此句中指能取“降落、着陆”之意，消除了信息中的歧义，使译文的表达真实严谨，措辞准确，清晰无误。

在科技翻译中，语境与专业背景知识结合是消除歧义的方法之一。例如：

（2）The spinning cell is heated by six nichrome wire electric heaters totaling 18.0 KW.

译文：纺丝甬道用 6 个镍铬合金电加热器（总计 18 KW）来加热。

（姜华，2002：11）

该句中，cell 是一个多义词。常用的科技英汉词典将其解释为“小室、隔室；电池、光电管；单元、元件”等，而这些词义都不适合上句。如果译员熟悉化学纤维工艺，注意到此句话的相关语境，就很容易确定 cell 的汉意为

"甬道"了，因为在化纤工艺中经常使用该词。当然，也就不会产生歧义了。

几乎所有的书刊在提到 can't…enough 结构时都说，该结构采用否定形式表示肯定意义，应译为"无论怎样……也不过分"或"越……越好"。然而，这种说法有时在进行翻译时却行不通，甚至会碰壁。请看下面一例：

(3) As IIT cannot graduate enough students to fill these needs, every street corner now sports billboards for private academies offering certificates in computer programming.

译文： 因为印度技术学院无法培养足够的毕业生去满足这些需要，现在印度私立学校遍地开花，颁发电脑编程证书。

若按上述说法，译文就会解释不通。由此可见，can't…enough 结构的语义确定要顺应语境，相关的句内语境因素给其语义的确定提供一个大致的方向，再根据词语搭配，修饰限制关系和我们的社会常识，就可以避免歧义的产生。

3.3　使译文符合汉语表达习惯

英语和汉语由于各自的文化背景、风俗习惯、思维方式等不同，各自在词法、句法、篇章结构诸方面皆存在较大差异。英语重形合（hypotaxis），汉语重意合（parataxis）。汉语是一种意境（artistic conception）语言，以神驭形，结构松弛，多是意思连接的积累式分句或独立单句，彼此的逻辑关系多以句序之先后加以暗示；英语遣词造句讲究逻辑性，最忌流散疏放，借助连接词、关系词、指代词等手段来凸显句子间的逻辑关系，以形摄神。翻译过程中需注意语篇语境，对译文中的衔接关系做适当的调整，译文才会符合译入语的表达习惯和规范，不留译痕和翻译腔（translationese）。

(1) A scientist constantly tried to defeat his hypothesis, his theories and his conclusions.

译文： 科学家经常设法否定自己的假设，放弃自己的理论，推翻自己的结论。

原文中的"defeat"同时与三个宾语搭配，但根据上下文语境，汉语动宾搭配习惯，则必须使用不同的动词。所以，译文使用了三个动词分别于"假设、理论、结论"相搭配，准确地表达了原文的意义。

(2) Filtration is a simple process of passing the liquid through a sieve in which the holes are too small to allow the passage of the solid.

译文：过滤是使液体通过筛子的简单过程，因筛孔特小，固体物不易通过。

考虑到汉语表达习惯的特点，为使汉语读者更好地理解原文所传达的信息，此例采用了分译和转译的翻译方法，把原文灵活译为三个短小的分句，同时又运用了因果从句，使译文更加符合汉语表达习惯。

(3) Put it was left to scientists of our time to develop powerful killers of these hateful micro-organisms.

译文：然而研制对付这些可恶微生物的高效药物的任务落到了当代科学家的肩上。

英语中多用被动句，尤其是在科技英语中，为使文章更加客观真实，很多情况下都使用被动句。相比较而言，汉语被动句的使用则没那么频繁。此例即把被动句转译为主动句，同时又采用了增译法，添加了“任务”一词，使译文更加符合汉语读者的阅读习惯。

人类语言学家马林诺夫斯基（Malinowsky）曾经说过，语境是决定语义的唯一因素，脱离了语境，则不存在语义。（They regard context as sole determiner of meaning without which meaning does not exist）从以上讨论可以看出语境在科技翻译中的作用，科技文体描述准确、文理清晰、推理严密，语言连贯性强，简洁而不单调，有时虽长而不冗。科技翻译是科技交流的桥梁，为达到科技文体的这些要求，译者需要密切联系上下文，注意语境在文章中的作用，提高自身的翻译水平，以更好地完成翻译工作。

参考文献

[1] Palmer, F. Semantics [M]. New York: Cambridge Vniversity Press, 1981: 40.

[2] New Mark, Peter. Approaches to Translation [M]. Pergamon Press, 1982.

[3] Palmer, F. Semantics [M]. New York: Cambridge University Press, 1981.

[4] 方梦之. 译学词典 [M]. 上海：上海外语教育出版社，2004.

[5] 贾文波．应用翻译功能论［M］．中国对外翻译出版公司，2004.
[6] 姜华．语境在科技翻译中的作用［J］．中国科技翻译，2002（2）：11.
[7] 毛荣贵．什么是转基因动植物［J］．中国翻译，2003（3）．
[8] 杨寿康．论科技英语与科技翻译［M］．合肥：安徽文艺出版社，2003.
[9] 王建平．语言交际中的艺术——语境的逻辑功能［M］．北京：求实出版社，1989.
[10] 王佐良，丁往道．英语文体学引论［M］．北京：外语教学与研究出版社，1987.
[11] 曾绪．语境分析与英汉翻译［J］．上海：上海科技翻译，2000（2）：23.

从目的论角度
看全球化语境下汉语习语的翻译

汉语是一种高度完善的语言，拥有大量的习语，它们是汉语在长期使用过程中逐渐形成、积累的独特的固定表达方式，包括成语、谚语、歇后语、俗语、惯用语、典故等。（史晓慧，2003）它们与中国文化传统紧密相连，内涵丰富，有着极强的表现力。但由于其所承载的地理、历史、宗教信仰、生活习俗等方面的民族文化特性，使其在翻译时很难找到对等表达，成了汉语翻译中的瓶颈。然而习语是汉语中的核心和精华，不可不译，尤其在当前文化全球化趋势不断加强的环境下，我们一方面要积极向其他民族学习、吸收世界优秀文化；另一方面，我们更要大力弘扬、传播中国传统文化，以使我们在文化全球化的过程中能保持我们自己的民族文化身份，因此，我们应该寻找一种最恰当的翻译理论来指导汉语习语的翻译实践，以更好地促进东西方文化交流。目的论正是这样一种对全球化语境下汉语习语翻译具有重要指导意义的理论。

1　目的论

“目的论”（Skopos Theory）代表了功能翻译的主流。其奠基人费米尔（Vermeer）认为，翻译是一种交际行为，翻译行为所要达到的目的决定整个翻译行为的过程，即翻译目的决定翻译方法和策略，从而获得一个在功能上合适的译本。它强调的是“合适”（adequacy）而非“对等”（equivalence），从而摆脱了传统翻译理论强调以原文为中心的局限，不再过分注重译文与原文是否“对等”或译文是否“完美”。这样，译者翻译时在遵守“目的原则”和“忠诚原则”的基础上完全可以根据译文预期的交际功能，结合译文读者的“社会文化背景知识”（social cultural background）、对译文的“期待”（expectations）、“感应力”或“社会知识”（sensitivity or world knowledge）以及“交际需要”（communicative needs）等，来决定文本处于特定语境中的具体翻译策略和手法，可采用纪实翻译策略（documentary translation），也可采用工具翻译策略（instrumental translation）。

全球化语境下，东西方之间的文化交流日益频繁。现在，随着中国经济的腾飞、综合国力的不断加强以及国际影响力的不断提升，世界期待着能更多地了解中国，世界上学习汉语的人数逐年增多，“汉语热”一浪高过一浪，海外人士为中华文化的无穷魅力所吸引。但是，要把“汉学热”变成一种长期趋势、一个持续过程持久进行下去，我们翻译工作者要不断提高翻译水平，帮助中国文化走出去。国务院新闻办公室主任蔡武 2007 年 4 月 6 日在北京举行的“中译外——中国走向世界之路”高层论坛上表示，作为沟通中外交流的桥梁和媒介，翻译工作直接决定中国对外传播的效果，也是一个国家对外交流水平和人文环境建设的具体体现。翻译水平的高低，决定了外国读者对我国文化接受的程度。翻译工作是推进中华文化更大规模“走出去”的重要环节。而汉语习语又是中华民族悠久历史、灿烂文化中的精华，我们更是要向西方读者大力介绍。

因此，作为翻译工作者，我们一方面要不断加强自己的语言基本功，另一方面，在翻译时我们还要注意翻译策略的选用。全球化语境下我们汉语习语翻译的主要目的就向译语读者介绍中华民族的传统文化。达到译语读者所期望的译文，译者在翻译汉语习语时应尽量采用异化翻译以再现源语的交际情景，但当异化翻译无法充分实现其翻译目的时我们就应采取归化翻译法以帮助译入语读者更好地了解中国传统文化。下面分别阐述它们在汉语习语翻译中的具体运用。

2　纪实翻译

根据目的论，“纪实翻译”是指“为译语文化的读者如实记录原文文化交际互动的情景”，它强调源语文化，重在“再现原文发送者同原文接受者之间交际时的情景”。在“纪实翻译”中，交际语言虽已改为译文语言，但交际情景却还是源语文化，源语的语言文化特征仍得以保留。

21世纪是一个全球化趋势不断加强的世纪。在这种全球化语境下，中国需要了解世界，世界更需要了解中国，我们一方面要积极学习其他民族的先进文化，但另一方面我们更要弘扬中国的传统文化，保持自己的民族文化身份，坚持自己的文化特色。因此，全球化语境下，汉语习语的翻译目的就是要广泛传播汉语文化，为了实现这一翻译目的，汉语习语译者不妨大胆采用“纪实翻译”策略，这既可以保留习语的比喻、形象、特色以及明显的民族、地方、历史等色彩，又有助于不断地向外国介绍一些富有中国民族文化特色的、生动的词语、句法结构和表达方法等。具体翻译方法如下。

2.1 直译法

直译法，就是按照文字的字面意思直接翻译过来。采用直译法，不仅可以在译入语中保留我们汉语习语的风格、形象和风采，而且可以丰富译入语的表达形式。

例如“对牛弹琴”这个成语，虽然从英语中可找到它的近义习语“To throw pearls before swine”，但它来源于《圣经》，有明显的西方色彩。而汉语中的“对牛弹琴”讲的是一则民间故事，负载丰富的汉语民族文化信息，也生动形象，最好直译为“to play the harp to a cow”，译文明白、易懂。再如，“四海之内，皆兄弟也，相烦借一条路”直译为“Within the four seas all are brothers，so let us use your road”，意思也相当明显，不会引起误会。

又如，“我们有些同志喜欢写长文章，但没有什么内容，真是懒婆娘的裹脚，又长又臭”。我们就可直译为，“Some comrades love to write long articles，but such articles are exactly like the foot-bandages of slut，long and smelly”。（方梦之，1999）原文中“懒婆娘的裹脚，又长又臭”译者照译不误。译文读者可能一时不能理解“foot-bandages of slut”，但根据“long and smelly”可以充分发挥想象，可能有的读者会通过各种途径去了解“foot-bandages of slut”而增加对中国文化的了解，至于“long articles”的特点自然明白无误了。

再如："雪中送炭"译成"To offer fuel in snowy weather"；"竹篮打水一场空"译成"To draw water in a bamboo basket"；"画饼充饥"直译成"draw a cake to satisfy your hunger"。类似这样的习语译文，读者只要用心体会一下，就会明白其隐含意义，不但保留了原文的形象，而且增加了阅读的趣味。

2.2　直译加注法

但对那些文化意义很浓的词汇，我们不能简单直译，因为这样的词在目标语中属于文化空缺，目标语境中缺乏相似的文化背景，会导致译文晦涩难懂，令读者难以接受；更不能简单意译，因为这样便不能准确传达汉语习语所负载的文化信息，使其在译语语境中失去源语文化中的文化特色。这时我们不妨采用直译加注法。这样，在翻译中我们就可以同时兼顾习语的字面意义、形象意义和隐含意义。试看下面的例句：

（1）班门弄斧

Show off one's proficiency with the axe before Lu Ban the master carpenter.

鲁班是中国木工的祖师爷，他发明了锯，他对中国读者来说人人皆知，而对英语读者来说，却不知其是何许人也。译文中的"with the axe"和"the master carpenter"是增译成分，从而使源语信息充分再现出来。

（2）司马昭之心，路人皆知

This Si Mazhao's trick is obvious to every man in the street.（Si Ma zhao was a prime minister of Wei（220—265）who nursed a secret ambition to usurp the throne）.

"司马昭"是谁人？如何才能让英语读者领会其深层蕴意？译者先译"司马昭"，然后加上括注介绍有关文化背景，让英语读者充分了解"司马昭之心，路人皆知"这一古老典故的深刻内涵，以达到文化信息的传递。

（3）树倒猢狲散

"Once the falls，the monkeys on it will flee helter-skelter."其中"helter-skelter"（慌慌张张），是翻译时增添的成分，原文虽无其字而含其义，添加部分可使译文形象突出、有声有色。

（4）百花齐放，百家争鸣

可先直译为“let a hundred flowers bloom and a hundred schools of thought contend”，然后用括注的方式交代文化背景（a policy set forth by Mao Zedong for protecting the progress of the arts and the science and the development of a flourishing socialist culture），点明该词所蕴含的文化内涵，说明“百花齐放，百家争鸣”是毛泽东倡导的政策，用以促进科学艺术的进步和欣欣向荣的社会主义文化的发展。

3 工具翻译

“纪实翻译”是全球化的时代要求、必然趋势，是汉语习语翻译的主要手段，但并不意味着无论何时何地都必须采取以上策略，当汉语习语所负载的文化信息在译语语境中属于文化空缺而影响译语读者的理解时，为了实现习语翻译在译语语境中的跨文化交际目的我们也要注意发挥“工具翻译”的长处。目的论指导下的“工具翻译”是指“以源语文化交际互动为模型，做译语文化互动的工具”，它强调译语文化，重在表达“原文发送者与译文接受者之间新的交际情景下的互动。在“工具翻译”中，交际语言和环境变成了译文语言和环境，原文的语言文化特征仅做交际中的参考，重点是根据译文读者的需要传递原文的实际内容。“工具翻译”策略在汉语习语翻译中的具体运用如下。

3.1 同义习语借用法

两种语言中有些同义习语无论在内容、形式和色彩上都相符合，它们不但相同的意思或隐义，而且有相同的或极相似的形象或比喻。翻译时如果遇到这种情况不妨直截了当地互相借用。比方说汉语中有一句习语是“隔墙有耳”，英语中却有“walls have ears”，两句话字义两合，无懈可击。我们说“火上浇油”，英国人则说“to add fuel to the flame”，两者也完全一样。

3.2 意译法

有些习语无法直译，也无法找到同义的习语借用，则只好采用意译的方法来对待。例如汉语中的“落花流水”用来表示被打得大败之意，译成英文便是“to be shattered to pieces”。“乌烟瘴气”形容情形混乱不堪，可用“chaos”来表达。

3.3　省略法

汉语中有种情况，那就是习语中有的对偶词词不达意，前后含意重复。遇到这种情况时可用省略法来处理，以免产生画蛇添足之感。例如“铜墙铁壁”译成“wall of bronze”已经足够，实在无须说成“wall of copper and iron”。“街谈巷议”在意义上也是重复的，所以译成“street gossip”便可以了。

目的论认为翻译的策略并不取决于原文的功能，而是取决于译者想让译文达到的功能。而译文可按其传意功能分为两种类型，一种是记录作者与原文接受者如何在源文化里传意的文献，另一种是能在目标文化的新情景中独立地起传意作用的工具。换言之，翻译有两种方法，即纪实翻译和工具翻译，纪实翻译倾向于源语的充分性，而工具翻译倾向于译语读者的可接受性。就全球化语境下汉语习语的翻译而言，为了实现其传播中华民族传统文化的翻译目的，译者应尽量采用纪实翻译法，但当纪实翻译无法充分实现其跨文化交际的目的时我们也应适当兼顾工具翻译法。

参考文献

[1] Chesterman，Andrew（ed.）. Readings in Translation Theory [M]. Finland：Oy Finn Lectura Ab，1989.

[2] Mank. Shuttleworth & Moira Cowie. Dictionary of Translation Studies [M]. Shanghai：Shanghai Foreign Language Education Press ，2002.

[3] Nord，Cristiane. Translation as a Purposeful Acti－vity：Functionalist Approaches Explained [M]. Shanghai：Shanghai Foreign Languages and EducationPress，2001：27—47.

[4] Reiss，Katharina. Translation Criticism－The Potentials and Limitations [M]. Shanghai：Shanghai Foreign Language Education Press，2004.

[5] Vermeer, Hans J. Skopos and Commission in Translational Action, in Lawrence Venuti (ed.), The Translation Studies Reader [M]. London and New York: Routledge, 2000.

[6] 陈德鸿，张南峰. 西方翻译理论精选 [M]. 香港：香港城市大学出版社，2000.

[7] 方梦之. 翻译新论与实践 [M]. 青岛：青岛出版社，1999：275.

[8] 贾文波. 应用翻译理论与实践 [M]. 长沙：湖南科学技术出版社，2004：11—15.

[9] 史晓慧. 英汉习语翻译的归化与异化 [J]. 洛阳师范学院学报，2003 (1).

[10] 宋小娥. 英汉习语翻译方法探微 [J]. 科技英语学习，2007 (3).

[11] 周彬. 习语汉译英的几种方法 [J]. 黑龙江教育学院学报，2001 (3).

第三章

风格与翻译

论翻译中的风格问题

“风格”一词在英法两种语言中谓之style，并由此产生了“风格学”(Stylistics)。何谓“风格”？法国博物学家兼作家布封（Buffon）在《风格论》中认为“风格即人”[①]。此处所及之“人”并非人这个实体，而是指人的性格。事实上，人的性格这一现象本来就是模糊的，是一种虚的东西，但同时又是一种实的东西，说它虚，是因为其中隐含一种无形的揣摩意味，说它实，是因为它的确存在，能人为地进行某种程度的描述，使人使出一些权宜而又可行的对策，同时它又有利于提高译品的质量，并产生妙笔生花的表达效果。

作家、艺术家各自具有不同的性格，因而就其作品而言，其风格是不尽相同的。这只要看看他们各自的作品就可一目了然了。作家与作家之间的作品风格当然是不同的。鲁迅的作品与梁实秋的作品，莎翁的作品与乔叟的作品，在风格上有较大的差异，有时甚至使人感到截然不同，但要真正用精确的或准确的数字加以描述又似乎显得力不从心，并感到没有必要与不可靠。难怪俄罗斯语言学家兹维金采夫（1981：38）说，作家风格涉及的是语言成分（事实上不限于语言成分）在质上的价值问题。用量的统计说明风格无异于用各种彩色的数量比例去说明伦勃朗和拉格拉西莫夫油画风格的差异[②]。既然艺术家作品的风格不可量化，那么，作家们的作品就更不用说。

在现代译学理论中，人们常常要研究的一个问题是等值翻译问题，涉猎此项研究者也不乏其人。等值为西方译论中的一个概念，里乌（E. V. Rieu）

① 王宗炎．模糊语言学［M］．上海：上海外语教育出版社，1999：385、386.

② 王宗炎．模糊语言学［M］．上海：上海外语教育出版社，1999：385、386.

于1953年首先将其提出来并做了一些研究，之后国外不断有人对此进行过研究，如雅各布森（R. Jakoboson）（1959）、卡特福德（J. C. Catford）（1965）、奈达（E. A. Nida）（1969）、科勒（W. Koller）（1983）、波波维奇（A. Popovic）、凯德（O. Kade）（1968）等，在国内有金隄（1998）、蔡毅（1995）、屠国元（2001）、廖晶（2001）等[①]，他们均对等值翻译做过较多的研究。但不论怎样，译界许多人士趋于这么看：科技作品的翻译是能做到等值的（实际上两种语言之间不能做到完全等值，因为两种语符本身就不等值），科技作品以科学而又简洁的说明与精确的数字为主要特性，所以其等值即得以实现。而文学作品可否实现等值，这似乎存在问题，也值得讨论。此乃因为其涉及作品的诸多方面，尤其是其风格与神韵。作家自身所具备的风格（即特性或性格）是决定作品风格的大前提，神韵则是作品中的一种模糊美，来自作家自身的修养，是创作中的绝技之一，也是作家或作者之外的读者或译者对其作品感悟的结果。但感悟的程度往往因人而异，有浅有深；谁都不能做到尽善尽美，而且永远也不能做到这一点。这是因为任何译者都不可能为了译出原著的风格而逐字逐词逐句地硬译，硬译无疑会导致曲译，是绝对行不通的，会遭人反对的。

风格来自作家或作者、作品及译者，作家或作品的自身风格决定作品的风格，性格幽默者无疑会写出具有幽默风格或被打上幽默烙印的作品。但为什么有时中国人说的幽默不能使外国人意会，或为什么外国人说的幽默有时不能使中国人意会？其关键还是在对风格感悟程度这一层面上。这反映在译者身上则表现为译者自身的风格起主导作用，而未觉察或感悟到作品的风格。由此而知，具有不同风格的译者对原著风格的感悟是不尽相同的，因而会译出受自身风格影响的具有不同风格的作品来。这种风格往往与译品的神韵糅和在一起；神韵则完全是属于译者个人的，主要表现在其所使用的语言上。因此，风格不是译者完全能用另一种语言不折不扣地加以表述的。“正如同一首肖邦的曲子，不同的演奏家会赋予不同的风格一样；同一部名作，不同的翻译家也会译出不同的风格。”[②]

---

① 屠国元，廖晶．翻译等值概念述评［J］．中国科技翻译，2001（2期）．

② 王宗炎．模糊语言学［M］．上海：上海外语教育出版社，1999：385、386．

那么，风格是否可译？目前，对风格是否可译存在不同的看法，一种是认为风格不可译，一种是认为风格可部分地译出，但诗的风格不可译。周煦良同志认为："风格离不开语言，不同的语言无法表达同样的风格。"[①] 从此话可知，源语的风格是不可用的语来表达的，具体来说，英文原著的风格是无法用汉译来解决的，按其逻辑就是源语优于的语。而世界上各民族的语言在长期的交往中相互融合、相互补充，无所谓优劣之分，只有译者对风格感悟的优与劣。朱光潜同志则说："有些文学作品根本不可翻译，尤其是诗（说诗可译的人大概不懂得诗）。大部分文学作品虽可翻译，译文也只能得到原文的近似。"[②] 朱光潜同志实际上是在说包括诗在内的某些文学作品的风格是无法译出的，大部分文学作品的风格是可以部分译出的。那么，我们在讨论风格是否可译时，是否该将译诗的风格搁置起来呢。笔者认为非诗人就该罢手，但相信是诗人就可讨论之。王佐良同志曾经说过，不是诗人就别想译好译；当然不是诗人怎能把诗的风格译出来。

只要译者了解了原作者的气质与其作品的风格，风格是可以部分地译出来的，究竟能译到何种程度，这要看译者对源语的感悟与受的语影响的程度，自身的个性、语言修养及对神韵把握的程度。不过要完全地将原著的风格译出则是不可能的。因为就英汉两种语言而言，作为载体其各自所载的文化内涵不同，思维模式不同。但抛开这些，我们同样会发现无论世界上哪个国家的人，只要有思维能力，都有喜、怒、哀、乐。正如彭秋荣、沈新金同志所指出的，人的感情是万事万物中最复杂、最细腻、最丰富的，不同的语言是能够表达这些最复杂、最细腻、最丰富的感情的[③]。正如语言学家巴尔胡达罗在《语言与翻译》中所指出的："任何一种语言的语义都反映周围整个外部世界及人类自己的内部世界。"此乃风格能被部分译出的基础，究竟达到什么程度依旧得看译者对作品神韵的把握与对原作的感悟了，达到较高境界时会使人感到鬼斧神工、神来之笔意味着什么。

风格给人的虚实与模糊感，使得其本身就带有一种神秘的色彩，产生一

---

① 周煦良．翻译三论［J］．翻译通讯，1982（6）．

② 罗新璋．翻译论集［M］．北京：商务印书馆，1984：449．

③ 彭秋荣、沈新金．翻译中的风格翻译与译风格［J］．益阳师专学报，1994（4）：100．

种玄而又玄的感觉，其实并非如此。人们之所以有如此感觉，是因为还缺乏对风格概念的了解与重视，或者说在翻译中未能自觉地注意之，其次是译者本身不具备一定的语言修养，未能精通源语与的语，钱歌川同志说："大家都说翻译者须通两种语文，这似乎是起码的条件，否则是无从下笔的。不过两种语文的通法是各有不同的，即他对外国语文的知识，必须是有判断力的（critical），而他对本国语文的知识则必须有实地经验的（practical）。"[①] 如果不是这样，译者就无法进行翻译，更不可能译风格。因此说通两种语言是必备的条件，但同时必须指出的是，译者不可能没有艺术鉴赏力，不可能没有掌握一定的修辞技巧，不可能没有语言艺术的底蕴与语言表达上的独特个性。只有有了这一切，译者才能驾驭语言，才能在进行创造性翻译的同时，恰当地传达和再现原作的文化内容、艺术效果与风格，才能部分地译出作品的风格，才能产生并形成译者自己的风格。但是译品中的风格有多少是从原著中传达出来的，有多少是译者自己本身独有的，这似乎难以界定，具有较大的模糊性，是值得深思与讨论的问题。

① 钱歌川．翻译漫谈［J］．北京：中国对外翻译出版公司，1980：7.

我国传统译论中的风格翻译论评述

翻译实践和研究在我国源远流长。大概在远古时期，我国就有了传译之事。当时通译言语的人有着不同的称呼："东方曰寄，西方曰象，西方曰狄鞮，北方曰译。"（马祖毅，2001：2）我国有文字记载的翻译，始于佛经翻译，距今已有一千七百多年的历史了。罗新璋（1984：18）把我国传统的翻译理论体系概括为"案本——求信——神似——化境"这样一条发展线索。本文讨论我国传统的风格翻译论也基本上是沿着这一线索进行的。

1　风格和风格翻译

《现代汉语词典》对"风格"的解释是：一个时代、一个流派或一个人的文艺作品所表现的主要的思想特点和艺术特点。但这一解释不够具体，给人以一种"玄"的感觉。王佐良先生在《关于英语文体·风格研究》一文中指出：这里所指的风格不是"美文"（fine writing）的风格，不是装饰、点缀的东西，而是英语本身里的词和词组的组合所具有的一种特殊表达性能……这一界定能给人一种较为清晰的印象。吕俊（1992）用系统论的观点分析了风格的内涵。他指出，风格是一个科学系统，是一部作品的全貌，格调等各种特点有机联系的综合体现。从以上分析可以看出，风格具有一定的层次性。刘宓庆（1999：235）把风格划分为从低级到高级的三个层次：基础层次的风格、中间层次的风格和最高层次的风格。具体来说，基础层次的风格包括音系、语域、句法、词语、章法和修辞等标记；中间层次的风格是对体裁的研究。语言各等级都有体裁问题，即因体裁不同而产生的语言上的差异。最高层次的风格则是指作品的内在素质，即作品的意境、神韵等模糊性审美范畴以及作家风格、流派风格。

风格翻译是与内容（思想或意义）翻译相对而言的，即所谓的“译味”。风格翻译不仅要研究原作的风格表现手法，而且要探讨如何在译作中“恰如其分”地再现原作的风格。风格翻译自 20 世纪 50 年代以来一直是我国译界讨论的热点问题之一，至今仍然有不同的观点：主张风格可译的人认为，风格翻译犹如模仿他人走路，不但可以模仿，而且可以模仿得像。主张风格不可译的人则认为，风格翻译与模仿人走路不同。风格翻译等于用铅笔或钢笔临摹水墨画，无法反映原作的风格。（郑海凌，2000）然而纵观我国传统译论史，我们可以发现风格翻译一直是传统译论家讨论的重点和追求的目标。

2 “文”“质”之辨与风格翻译

所谓“文”和“质”是我国古代两种截然不同的行文风格的名称。“文”即文丽、文雅。它要求行文讲究“文采”。“质”，即“质直”，朴素的写作风格。在我国佛经翻译史上，始终存在“文”“质”两派。我国第一篇谈论翻译的文字记载是三国时支谦写的《法句经序》，其中写道：“不信，信言不美。……今传胡义，实宜径达。”是以自偈受译人口，因循本旨，不加文饰。

支谦此序反映了我国早期“质派”的译学观点。维祇难“好质”，“佛言依其义不用饰”，他在翻译时，“因循本旨，不加文饰”。东晋时的道安（312—385），力主矜慎，把“质派”的观点发扬光大。他所监译的经卷，要求“案本而传，不令有损言游字”；并且他认为经文的文、质，是由其本身决定的，译大乘经可以“文”一些，译戒律就非“质”不可了。至于毗昙一类，有一定的格式，不能删略。（马祖毅，2001：36）格式属于文章的体裁，因此道安的风格翻译已在前人的基础上有了进一步发展。此外，道安还提出了“五失本”之说。具体内容如下：

> 译梵为秦，有五失本也。一者，梵语尽倒而使从秦，一失本也。二者，梵经尚质，秦人好文，传可（适合）诸佛典皆在天竺。天竺言语，与汉异音。……名物不同，传实不易……仆初嫌其辞不雅。维祇难曰：“佛言依其义不用饰，取其法不以严。其传经者，当令易

晓，勿失厥义，是则为善。”座中咸曰：“老氏称‘美言众心，非文不可，斯二失本也。三者，梵语委悉（原原本本，十分详细），至于叹咏（指颂文），叮咛反复，或三或四，不嫌其烦，而今裁斥，三失本也。四者，梵有义说（梵本在长行之后，另有偈倾复述长行，称为义说），正似乱辞（中国韵文最后总结的韵语），寻说向语，文无似异，或千、五百，划而不存，四失本也。五者，事已全成，将更傍及，反腾前辞，已乃后说，而悉除此，五失本也。”（马祖毅，2001：37）

道安的“五失本”说，内容是有关梵语和汉语在句法、章法方面的差异。如果翻译时不顾及原文的风格特点，一味迎合读者的口味，则会失去原作的风格。道安是不赞成这种做法的。他在反对翻译佛经删繁从简时，曾打了个比方：“将来学者审欲求先圣雅言者，宜详览焉，诸出为秦言，便约不烦者，皆葡萄酒之被水者也。”梁启超认为，道安的“葡萄酒被水”与“窍成混沌终”二喻，可谓“痛切”，“盖译家之大患，莫过于羼杂主观的理想，潜易原著之精神”。可见道安的风格翻译强调的是尊重原作的风格，道安也因此被称为“质派”大师。

我国第一位翻译理论家支谦实际上属于“文派”。本文引用他的《法句经序》中的观点只是维祇难与座中众译人的主张。《高僧传》称：“谦辞旨文雅，曲得圣义”；支敏度也说：“谦以季世尚文，时好简略。故其出经，颇从文丽。”在风格翻译方面，他是倾向于“文”而不是“质”的。

“文”派佛经翻译的另一代表人物是我国古代的译经大师鸠摩罗什（344—413）。“文派”的风格翻译考虑更多的是原文风格在译文中的适应性。罗什在中国译论史上所留下的最有名的一段话，是他对僧睿说的，其中包含一个妙喻。据《出三藏记集》卷十四《鸠摩罗什传》载：

什每为睿论西方辞体，商略同异，云：“天竺国俗，甚重文藻，其宫商体韵，以入弦为善。……但改梵为秦，失其藻蔚，虽得大意，殊隔文体，有似嚼饭与人，非徒失味，乃令呕秽也。”

罗什在这里实际上是在中国译论史上最早提出了如何表现原文的文体与风味的重要问题。这正是风格的中间层次的翻译问题，是风格翻译理论的深入发展，对后世翻译文学的影响很大。但以上论述是罗什从反面设论，指出不理想的翻译的坏结果而已。他本人在风格翻译上是倾向于“文丽”的。他的门生僧肇在《维摩诘经序》中就称赞说：“其文约而诣，其旨巡而彰，微远之言，于兹显然。”宋僧赞宁称其译文“可谓折中，有天然西域之语趣”。与支谦相比，罗什的风格翻译观较为全面，既考虑了对原文风格的忠实，又考虑了译文的可接受性。

东晋高僧慧远（334—416）对风格翻译中过分注重“文”和“质”的极端做法提出了批评，并提出了自己的辩证观：“以文应质则疑者众，以质应文则悦者寡。”南朝齐、梁时的僧祐（445—518）是我国第一位著名的佛经翻译史家。对于“文”与“质”的问题，他与慧远等人一样，持一种辩证、厥中的看法。他认为“文过则伤艳，质甚则患野，野艳为弊，同失经体”。他认为译经的要旨是“尊经妙理，湛然常照”，其重点在于忠实原文。这种忠实，当然包括在“文”或“质”方面忠实于原文。

从以上对“文”“质”翻译观的评析可以看出，我国佛经译论家已经认识到风格翻译的意义和重要性。其共同点是两派都注重译文对原文风格的忠实性。不同点是文派注重了原文风格在译文中的适应性。但是，佛经译论家对风格翻译的论述就其深度而言，尚处于一个较低的层次。

3 “求信”与“风格翻译”

在我国传统翻译理论中，影响最大的是严复提出的“信、达、雅”的翻译标准。严复认为翻译首要标准是“信”：译文意义“不倍原文”。其次是“达”：“顾信矣不达，虽译犹不译也，则达尚焉。”为此，“语句之间，时有所颠倒附益，不斤斤于字比句次……凡此经营，皆以为达；为达，即所以为信也”。再次，“信达而外，求其尔雅。此不仅期以行远已耳，实则精理微言，用汉以前字法句法，则为达易；用近世利俗文字，则求达难”。

关于“信、达、雅”与风格翻译的关系大致有三种观点。一般认为“雅”是指“风格”。对此，沈苏儒（1998：50）提出了不同看法，他认为翻译中风格的传达属于“信”“达”的范畴。做到了“信”“达”，原作的风格自然就能在译作中表达出来。钱锺书认为风格翻译应包含在“信”中。他说：

> 译事之信，当包达雅；达正以尽信，而雅非为饰达。依义旨以传，而能如风格以出，斯之谓信……

此外，徐永煐在比较严复的信达雅和泰特勒的翻译之原则后提出“我们不妨粗略地把严复的‘信’看作相当于泰特勒的原作的思想的复写；‘达’看作原文风格笔调的传达，‘雅’看作译文象（像）创作般的流畅”。（罗新璋，1984：684）由此看来，信、达、雅三个字都曾被解释为风格翻译的标准，姑且不论孰是孰非，但总而言之，信达雅与风格翻译有着密切的联系。如果说，严复的“信、达、雅”对风格翻译还没有具体解释的话，那么刘重德针对此问题提出的“信、达、切”标准则对风格翻译有了明确的界定。他认为“切”便是切合原文的风格。（罗新璋，1984：823）

就风格翻译的层次而言，从严复对“信、达、雅”中“达”和“雅”的解释可以看出，严氏注重的是基础层次的风格翻译。但由于“信、达、雅”的含义可以做多种引申解释，因而我们也可认为，“信、达、雅”与风格翻译的各个层面都有所涉及。道理很简单，把海明威作品的风格翻译成马克·吐温的风格是不符合广义的“信”的标准的。曾虚白认为“‘信’的能力只能达到‘意似’的境界，而‘达’的能力却可以把我们所认识的‘神韵’，或可说，原书给我们的感应，表现出来”。（陈福康，2002：319）

4 “神似”说与风格翻译

中国传统译论的“神似”说标准，是译论家在批判继承严复的信、达、雅的标准的基础上提出的。“神似”，也即“传神”，顾名思义，就是传原文的精神，透过字面，把字里行间的意蕴婉转表达。《周易·说卦》里有言：“神也者，妙万物而为言者也。”以论翻译，不妨套用这句话的格式：“神似者，妙悟原文而为译者也。”（罗新璋，1984：11）陈西滢（1896—1970）在1929年6月10日《新月》第2卷第4题上发表的《论翻译》，是一篇颇有独到见解的译论。他把翻译分为文学和非文学两大类，并论述了自己对两类翻译的观点：非文学的翻译，只要能信能达，便尽了译书者的能事，而“雅”是根本用不着的；在文学作品的翻译中，“雅”也是多余的，“而且是译者的大忌”。陈氏从美术创作和临摹中，悟出了翻译的三种境界：形似、意似和神似，并作了较充分的阐述。他认为，“形似”的翻译，其缺点是“忽略了原文的风格，而连它的内容都不能真实的传达”。而“意似”便是要超过“形似”的直译，而要把轻灵的归还它的轻灵，活泼的归还它的活泼，滑稽的归还它的滑稽，伟大的归还它的伟大。所以译者注意的，不只是原文里说的是什么，还包括原作者是如何说出这些来的。他得问原作者的特殊个性是什么，原文的特殊风格在哪儿。译者有了这样的认识，便可以把自己的不相容的个性排除在一边，而像透明的玻璃似的，把原作的一切都映过来。（陈福康，2002：323）不过陈氏也意识到译者的风格对翻译的影响，但他认为译者应该首先尊重原作，克制自己的风格。他说：“一个最好的摹拟者是个最忠实的译者；他有锐利的眼光，能看出原文的种种特点来，他自己最少个性，所以能模仿种种不同的、背驰的风格。”

但是模拟原作的风格却又不是件容易的事。陈氏指出：“一个二三流的诗人的诗，只要你能模仿它的音节及格调，也许就是很好的诗文，因为它也许本来就没有多大的神韵……一部伟大的诗篇，却不是模仿所能传达，而同样心智的愿意来译述的伟大诗人，千万年中也不可能遇到一个。”正是基于这样的理解，陈氏承认“神似”是一个“不能冀及的标准”，他之所以还提出这样的标准，只是希望“取法乎上，仅得其中”而已。

陈氏的译论可以说是我国传统译论中风格翻译论的典范。综合其观点，我们不难看出，他主张风格翻译应尽量以原作为标准，原作是什么风格，译作也应该是什么样的风格。译者的风格要服从于原作的风格，风格翻译要求译者先吃透原文，然后才能努力传达，因而不是一件容易的事。不过，他认为译者应把自己的个性排除在外，而像透明的玻璃似的，把原作的一切都映过来。”这实际上是一种理想化的风格翻译论。因为译者的翻译风格对译文是有一定影响的，这也是风格翻译相对性的表现。此外，陈氏以美术创作和临摹为喻，得出风格翻译的可行性和标准，对后来的风格翻译论产生了深刻的影响。

傅雷（1908—1966）一方面继承了中国近代自鲁迅、茅盾、郭沫若、陈西滢等人关于艺术作品翻译须“神似”的观点，另一方面又结合自己对于艺术的精湛修养以及自己的翻译实践，提出了“重神似不重形似”的翻译观。他在1951年9月写的《高老头》（重译本）序中说：“以效果而论，翻译应当像临画一样，所求的不在形似而在神似。”

“重神似不重形似”即侧重表达原文的“意蕴曲达”，不侧重保持原文句法等。表明傅雷认为风格翻译中非形式标记优于形式标记的观点。这种观点即使在今天看来也是有一定道理的。由于原文与目的语之间可能存在的时空差、交际目的和功能的制约以及不同语言、文化之间的差异性使得源语和的语之间存在大量不对应的风格标记。在这种情况下，追求风格翻译的形似往往是不可能的。但是，译者可以通过重构译作的风格或淡化原作风格（刘宓庆，1999：239—240）使译作风格“神似”原作风格，即放弃低层次上的风格翻译，追求高层次上风格相近的作品翻译。两个性格相反的人成为知己的例子并不少，喜爱一部与自己的气质迥不相侔的作品也很可能；但要表达这样的作品风格就很难了，等于要脱胎换骨，变成与自己性情相差很大，甚至相反的另一人了。要是明知原作者的气质与自己的风格差别很大，那好办，不译就是了。（陈福康，2002：387）

“神似”说对风格翻译理论的发展表现在译论家们已从以往的句法、章法、表达法的讨论转向对神韵等高层次风格翻译问题的讨论。不过这时的风格翻译理论仍然没有脱离“信、达、雅”的框架，译论家讨论更多的是风格翻译中译作对于原作的忠实，即在译作中完全、彻底地再现原作的风格。这种只探讨风格翻译的绝对性，忽略对风格翻译相对性的研究的做法同以前的风格翻译论是一脉相承的，这是历史的局限。

5　化境——风格翻译的最高境界

傅雷等人把我国传统美学中的重要观点“神似”引入翻译理论，这是翻译理论研究的深入发展。但是“神似”的翻译标准仍然可以使人感觉出译作与原作风格的出入。这样，译作仍然有不忠于原作的地方，因此“神似”不是翻译的最理想标准。正是基于这样的考虑，钱锺书先生提出了“化境”说。他在1964年发表的《林纾的翻译》一文里写道：

> 文学翻译的最高标准是“化”。把作品从一国文字转变为另一国家的文字，既不能因语文习惯的差异而露出生硬牵强的痕迹，又能完全保存原有的风味，那就算得入于“化境”。十七世纪有人赞美这

种造诣的翻译，比为原作的“投胎转世”（the transmigration of souls），躯壳换了一个，而精神姿致依然故我。换句话说，译本对于原作应该忠实得以致读起来不像译本，因为作品在原文里决不会读起来像经过翻译似的。

钱锺书的翻译标准中的“译本读起来不像译本”，与傅雷所说“仿佛是原作者的中文写作”含义相同，“而精神姿致依然故我”，则明显突出了译文风格对原文风格的完美再现。然而正如钱先生自己也说的，“彻底的和全部的化，是不可实现的理想”，“取法乎上，得乎其中”。风格翻译的理想境界只不过是人们努力追求并逐渐靠近但又无法靠近的目标，风格翻译的相对性是客观存在的。

“化境”说比起“神似”说来，更加强调最高层次风格翻译，是风格翻译的最高境界。译者在传达和再现原作风格的过程中，如果能够基本上达到钱锺书先生的要求（即化境——笔者加），既避免了生硬牵强的翻译痕迹，又保留了原作原有的精神姿致，那么我们可以说，他的译作较好地传达和再现了原作的风格。（郑海凌，2000：332）同“神似”说一样，“化境”说侧重点仍在风格翻译的绝对性方面，而没有对风格翻译的相对性展开论述。

从文、质之辩到化境说，我国传统翻译史上的各个阶段对风格翻译都有论及，并且大致上是一个不断深入论述的过程。这一过程表明，风格翻译是我国传统译论家讨论的重点和追求的目标。许多译论家不仅从理论上对此进行了论述，而且在风格翻译实践上为我们作出了榜样。这些理论和实践对当前译论界仍然存在的“风格不可译论”是一个有力的回击。但是我国传统译论虽对风格翻译的绝对性进行了论述，但却忽略了探讨风格翻译的相对性。尽管傅雷、钱锺书等人都曾提及风格翻译的有限性，认为完全的“神似”和“化境”之不可能，但他们未对此展开论述。他们在论述风格翻译时，侧重探讨的仍然是风格翻译的绝对性。正因为译者在实际翻译过程中，要“完全彻底、百分之百地传达和再现原作风格只是一种不可实现的理想，任何成功的风格翻译也难免有一定程度的失真和走样”，（郑海凌，2000：332）那么，探讨风格翻译的相对性便有了实际意义。为什么风格翻译具有相对性呢？大概有三个方面的原因。

（1）语言、文化的差异性。我们知道风格的体现离不开语言，而不同语言、文化之间的差异性是客观存在的。不同语言就是不同的符号系统，该系统最基本的属性就是它的任意性。不同语言符号系统之间不存在约定性，即：不论在符号的语义范畴、语用、范畴抑或在语符关系范畴，不同语言之间不存在约定性，只存在不同程度的偶合性（contingency）。（刘宓庆，1999：244）语言符号这种偶合性特征决定了语言中的风格的某些独特性。如汉语的句式重意合，而英语的句式重形合；汉语多四字结构词组，英语则很少有相应的表达法。所以，从符号学的观点来看，风格符号的转换只具有相对性。文化差异导致风格翻译相对性产生的例子更是数不胜数。汉语中的对联、五言绝句和七言绝句表现出来的风格在被译成英语时也是很难找到对应的风格体的，有些甚至无法对应。

（2）从译者本身来说，风格翻译的相对性也是显而易见的。由于译者本人在语言、文化上的差异，他对作品风格的感悟以及将此感悟在译文中再现，也有深度和广度的不同，这就造成了译作风格翻译的差异性。

另外，正如作者有自己的写作风格一样，译者也有自己的翻译风格。因为，不管人们承认与否，任何翻译都多多少少带有译者风格的痕迹。这一点在我国传统译论中也得到了承认。西方人说的“翻译即叛逆”的说法也说明了译者风格对原作风格的干扰，这也导致了风格翻译的相对性。

（3）从翻译的目的来看，风格翻译也具有一定的相对性。因为风格翻译的目的说到底是为了强化语言的交际功能。有时为了某种特定的目的，在一国为严肃的文论，译成另一国文字有可能变成滑稽可笑的风格。

探讨风格翻译相对性在实践中具有十分重要的意义。

首先，它能使我们对风格翻译的难度有一个清醒的认识，从而使译者努力去钻研如何从理论和方法上克服这种困难，更好地在译文中再现原文的风格。

其次，风格翻译的相对性也给译者这样一个信号：不同语言有不同的风格标记，这些标记的可译性是完全不同的。因此，在翻译时译者务必“吃透”原作的风格特色，然后，针对这些不同特色，采取不同的风格翻译手段，如对应式转换、重构式转换以及淡化式转换，等等。只有这样才能真正地使原作的风格在译作中得到充分再现。

再次，风格翻译的相对性也促使译者在翻译过程中时刻记住，译者风格可能对原作风格造成一定的干扰，注意译者风格与原作风格可能存在的矛盾。

他必须像陈西滢说的那样："他自己最少个性"，而把对译作风格的尊重放在首位。另外，正如傅雷主张的那样，在可能的条件下，译者应尽力选择与自己的翻译风格相近的作品进行翻译，这样有利于克服译者的风格与原作风格相矛盾的因素。

此外，指出风格翻译相对性并非为风格不可译论者提供托词，而是为了更加客观地研究风格翻译。绝对性和相对性是矛盾的两个方面，二者构成了风格翻译这个统一体。只谈绝对性，不谈相对性，或只谈相对性，不谈绝对性，都是不全面的观点。事实上，风格具有相对性并不等于说风格不可译。从传统译论对风格翻译的绝对性的研究，以及本文对风格翻译相对性的初步探讨，我们对风格翻译中译者发挥何种作用有了一定的认识。在风格翻译时，译者的责任在于努力认识原作的风格，把握原作的不同层次的风格的特征，尽量缩小源语和的语在风格表达上的差异，使原作风格与译作风格具有最大的"适应性"。至于译者在风格翻译上能有多大的作为，"取决于译者对原著风格的感悟与受目的语影响的程度，自身的个性和语言修养以及在翻译过程中对神韵的把握"。(李延林，伍先禄，2003：48)

参考文献

［1］陈福康．中国译学理论史稿［M］．上海：上海外语教育出版社，2002.
［2］李延林，伍先禄．谈翻译中的风格问题［J］．语言与翻译，2003（1）：48.
［3］刘宓庆．当代翻译理论［M］．北京：中国对外翻译出版公司，1999.
［4］罗新璋．翻译论集［C］．北京：商务印书院，1984.
［5］吕俊．系统论与风格翻译［J］．外语学刊，1992（1）．
［6］马祖毅．中国翻译简史［M］．北京：中国对外翻译出版公司，2001.
［7］沈苏儒．论信达雅——严复翻译理论研究［M］．北京：商务印书馆，1998.
［8］许钧．翻译思考录［C］．武汉：湖北教育出版社，2000.

试析霍译《红楼梦》的语言风格再现

《红楼梦》是中国古典文学中最优秀的作品之一。它不仅有深刻的思想价值，而且具有卓越的艺术成就，被视为“中国封建社会的百科全书”。《红楼梦》的语言也达到了中国古典小说的高峰，乃至中国古代文学的高峰，不仅对中国文学产生了深远的影响，而且对世界文学也有着深刻的影响。《红楼梦》从成书到现在已有两百多年的历史，其间曾数次被译成外国文字。目前已有十余种外文译本，其中有两种译本影响较大：一种是 *The Dream of Red Mansions*，由杨宪益、戴乃迭夫妇（Gladys Yang）翻译；另一种是 *The Story of The Stone*，由大卫·霍克斯（David Hawkes）和他的女婿约翰·敏福德（John Minford）合译（以下简称霍译）。霍克斯坚持“一切皆译，哪怕是双关语”的原则，并强调“译者有三责”，即尽责于作者，尽责于读者并尽责于文本。其译作“旨在使译文读者能够并可能感受到和原文读者所感受到的一样效果”。在作品的风格翻译方面，译者兼顾了两个方面：一方面，力求译作和原作的风格在功能上对等；另一方面，又充分考虑了译文读者的认知语境。

1　风格及其翻译

风格的含义众说纷纭。作为一个通用词，它指的是人和事物的各种表现特点。“风格”和“文体”在汉语中原为两个不同的概念，前者指作家和作品的语言特征，后者是指文章类别或体裁的语言特征。在英语中均用 style 一词来表达。在实际操作中，就作品和作家来分，似乎分析作品时把 style 理解为

“文体”者多，讨论作家的语言特征时，则往往把“文体”理解为“风格”。（刘润清，2000：1）刘宓庆（1999：235）把风格划分为从低级到高级的三个层次：基础层次的风格、中间层次的风格和最高层次的风格。具体来说，基础层次的风格包括音系、语域、句法、词语、章法和修辞等标记；中间层次的风格是对体裁的研究。最高层次的风格则是指作品的内在素质，即作品的意境、神韵等模糊性审美范畴以及作家风格、流派风格。

风格翻译是与内容（思想或意义）翻译相对而言的，即所谓的“译味”。风格翻译不仅要研究原作的风格表现手法，而且要探讨如何在译作中“恰如其分”地再现原作的风格。风格翻译自 20 世纪 50 年代以来一直是我国译界讨论的热点问题之一。至今仍然有不同的观点：主张风格可译的人认为，风格翻译犹如模仿他人走路，不但可以模仿，而且可以模仿得像。主张风格不可译的人则认为，风格翻译与模仿人走路不同。风格翻译等于用铅笔或钢笔临摹水墨画，无法反映原作的风格。（郑海凌，2000）然而纵观我国传统译论史，我们可以发现风格翻译一直是传统译论家讨论的重点和追求的目标。从严复的“信、达、雅”标准，到傅雷的“神似”说以及钱锺书的“化境论”，无不包含对风格翻译可行性的肯定。

国外翻译理论家也有许多人持相似的观点。英国的翻译理论家纽马克认为“一切均可译”。美国的奈达博士认为世界上的语言尽管有不同的符号体系，但其中绝大部分是可译的。他在反驳有些人的不可译论时指出“But at least ninety percent of the fundamental structures of all languages are quite similar, and language universals far outweigh the divergencies”。（Eugene A. Nida，2001：78）就是说，世界上所有语言的基本结构至少百分之九十是非常相似的，而且不同语言之间的共性远远超过其个性。基于这种认识，奈达提出了翻译理论上的“功能对等说”。他认为，翻译即交际，重要的是交际对象能完全理解和欣赏译文，因而，译者谋求译文与原文在功能上对等是很有必要的。奈达还提出了“同构”（isomorph）理论：某些符号体系尽管形式上不一致，但却有着同样的功能，如：1，2，3，Ⅰ，Ⅱ，Ⅲ，α，β，γ，一，二，三等，这些不同符号的体系都可以用来表示序列这一功能。

2 风格翻译的功能观

在风格翻译这一问题上，功能对等理论同样适用。语言学中的功能主义强调要从语言实际使用过程或语言所应完成的功能去了解语言的特征和规律。布拉格学派的语言学家在区分标准语言和诗歌语言的同时，认识到语言是一个体现一定功能的、开放的、动态的符号系统。他们曾从不同方面对实际使用语言做种种分类。如哈夫然斯克（B. Havranck）曾按标准语言的功能分类，区别了四种功能：(1) 日常的交际功能，采用会话的形式；(2) 实际的技术交际，注重事实的或技术上交际的形式；(3) 理论的或科技交际，采用科学论文的形式；(4) 交际的美学功能，采用诗歌形式。（胡壮麟，2000：105）

布拉格学派（以 Havranck 为代表）所发展的功能文体学，确认了在语言系统中不同语体，以至语域的存在。语体是一种功能风格，是表现语言功能特点的综合体系。根据同构原理，不同语言是可以表现相同的语言功能的。这样，一种语言所表现出来的风格的功能（或作用）完全可以用一种语言来表达。

3 霍译《红楼梦》的风格翻译中的“功能对等”

英语语言学家、文体学家利奇（Leech）在分析文学作品的风格时，从选词、句式、修辞等方面对风格进行探讨。这同刘宓庆认为的基础层次风格是一致的。在修辞方面，谐音双关是《红楼梦》作品中的语言风格特征之一，如：

(1) 二人正说着，只见湘云走来，笑道：“爱哥哥，林姐姐，你们天天一处玩，我好容易来了也不理我儿。”黛玉笑道：“偏是咬舌子爱说话，连个二哥哥也叫不出来，只是‘爱’哥哥‘爱’哥哥的，回来赶围棋儿，有说你闹幺‘爱’三了。”

（《红楼梦》第十六回）

在 (1) 句中，湘云是大舌头，发音不准，把 er（二）念成 ai（爱）。“二哥哥”便成了“爱哥哥”。所以林黛玉讽刺她下棋时会把“一、二、三”说成

“幺、爱、三”。在这里，语言的风格功能便是为了突出湘云这一人物的语言特征：大舌头发音，咬字不准。那么中文里用“二”与“爱”来表达的风格特征，能否在英文里找到相应的表达法来实现上述功能呢？霍克斯是这样处理的：

Just then Xing-yun burst in on them and reproved them smilingly for abandoning her:

“Couthin Bao, Couthin Lin: you can thee each other every day. It ‘th not often I get a chanthe to come here; yet now I have come, you both ignore me!”

Dai-yu burst into Laughing:

“Lisping doesn’t seem to make you afraid of talking! Listen to you: couthin! Couthin! Presently, when you’re playing Racing Go you’ll be all-thicktheth and theventh!”

为了再现原作的功能风格，他特意选取了英文中两个谐音的辅音［s］和［θ］。于是，cousin，see，chance，sixth，seventh 分别成了 couthin，thee，chanthe，thickthenth，theventh。这样，一个英语读者心目中的“大舌头”便活灵活现地跃然纸上。读罢译文，让人不得不叹服霍克斯的匠心独运和良苦用心。

《红楼梦》里人物的名称都是作者精心设计的，它们体现了一种民族风格。如原著的演艺群体的命名，第二个字都是“官”字：龄官、文官、宝官、玉官、芳官、蕊官、藕官、葵官、豆官、艾官、茄官、药官，等等。为了把这种风格特点翻译出来，霍克斯采用英语读者熟悉的一些法语词来译，以上艺名分别译成了：Charmante，Elegante，Tresor，Topaze，Parfumee，Etamine，Nenuphar，Althee，Cardamore，Artemisie，Aubergine，Pivoine。这些词除了 Tresor，Nenuphar 外，均以字母 e 结尾，体现了源语风格功能的“类属”特征，同时也是译语读者认知语境所熟悉的共有知识。

另一体现中华民族风格的命名是《红楼梦》里的宗教（道教和佛教）法号。这些法号除了表明本身的宗教色彩外，又体现了人物的个性特征。如：静虚（与世无争）、智善（善良）、智能（聪明）、色空（有高贵之意）、妙玉（孤傲），等等。英语读者对佛教文化是比较陌生的，对这些法号体现的民族风格特征及功能更是难以理解。为此，霍克斯采用拉丁文来译这些法名：Benevolentia（善心、善良），Sapientia（智慧），Adamantina（金刚石，在西方文化里有孤傲的意思）。如果用英语或用中文拼音来译这些法名就失去了原文的宗教色彩，也就无法传译原文的民族风格。拉丁文在西方被视为基督教的语言，因而用它来译佛教僧尼的法号在传达源语宗教神秘色彩这一功能上是对等的。对于译文读者也是易于理解的。

从以上分析可以看出，由于语言与文化的差异性导致了特定民族语言中的特定习惯表达法和风格特色，因此，从交际功能和效用出必顺改源语风格加以改造。风格设计应该考虑到交际目的，确定风格的功能观。（刘宓庆，1999：240）

4　霍译《红楼梦》的风格翻译中对译语读者认知语境的考虑

认知语境是指一个人在交际过程中理解话语所必需的各种信息。它包括三个方面的内容：百科信息、逻辑信息和词汇信息。认知语境对话语（包括话语风格的功能）理解具有重要作用。根据关联理论，话语理解是一个根据话语所提供的信息或假设去寻找话语的最佳关联性的推理过程。而推理过程也就是根据说话人所提供的新信息或假设，再从认知语境中选择最佳关联假设，从而推导话语所传递的交际意图。在话语理解过程中，听话人需要通过一系列的语境假设去处理说话人的话语所提供的新信息或新假设，获取该新信息或新假设所产生的语境效果，从而推导出话语的含意，理解说话人的交际意图。所以，对话语理解起主要作用的就是听话人的认知语境假设。

在交际情况不确定的时候，听话人会自觉或不自觉地运用逻辑知识、百科知识以及语言知识等进行推导，而这种系统化的知识性推导主要依靠的就是认知语境假设。在很多时候，话语的不确定性也表明了语言本身的不完备性，这种不完备性往往是由认知语境为基础的推导去补充、调整的。因为认知语境是一种结构化、认知化的语用因素，所以语言交际过程就是认知语境的参与过程。

英、汉两种语言、文化的巨大差异性，使英语读者在理解汉语文学作品时往往受到自身认知语境的制约。汉语的句式属隐性的意合结构，句子一般都比较简短，大多是四、七、八字句，超过十四字的长句不多。这一点在《红楼梦》中有很好的体现。短句结构简洁明快，使信息一目了然。但是对英语读者而言，意合的短句结构是难以理解的。因为，英语句子是形合结构，而且在文学作品中，长句结构是普遍现象。这些不同点决定了英、汉语读者的认知语境中有关句子结构的知识和逻辑推理等方面的知识。译者在翻译时，如果不顾及这一点，一味追求对原作风格的忠实，则译文往往达不到交际的目的，不能被英语读者所理解、所接受。那么，霍克斯是如何处理《红楼梦》作品中普遍存在的短句结构的呢？请看下面的例子：

(2）后院墙下忽开一隙，得泉一派，开沟仅尺许，灌于墙人，绕阶缘屋至前院，盘旋竹下而出。(第十七回)

该句对汉语读者来说，读起来如行云流水，节奏明快。各小句的字数依次为八、四、五、六、七、八。霍克斯的译文是：

A stream gushed through an opening at the foot of the garden wall into a channel barely a foot wide which ran to the foot of the rear terrace and thence it meandered through the bamboos of the fore court before finally disappearing through another opening in the surrounding wall.

原文的六个小句被译成一个完整的长句。对英语读者而言，该句读起来流畅、自然，也因此很好地得以传达原句的意义，从功能上讲，原句的“行云流水”风格特征在译文中得到了很好的再现。

上述风格翻译的例子是从功能对等的角度对原作语言风格进行的再创造翻译。刘宓庆（1999：239—240）称之为“重构式换码”。他认为由于目的语缺乏与源语相对应的风格符号系统以及原作与目的语的时空差，如果按照对应式转换将目的语以模仿源语的风格复制，就很难被当代的读者所接受。

另外，根据关联理论，不是认知语境中的所有语境假设，不论受众的对象，不论时间、地点，都具有同等程度的易懂性。对于那些独具文化色彩而又信息含量丰富的风格特征，过分强调忠实源语却忽视翻译的交际本质是不可取的。为了取得足够的语境效果而又不使读者在理解译文时付出不必要的努力，译者只能译出它们的基本意图，即原文的交际意图。并且，由于读者认知语境的差异，译出这些风格特征会使译文读者付出太多的努力，而又得不到所期待的语境效果，相反还会妨碍原作者交际意图的传达。如：

（3）庙旁住着一家乡宦，姓甄，名费，字士隐。（第一回）

中国古代文人的姓名结构由姓＋名＋字＋号构成。古人云："人年二十，有为人父之道，朋友等类，不可复呼其名，故冠而加字。"可见，加字是出于礼貌，是用于对平辈朋友之间的尊称。但要把汉语这一富有文化信息的行文风格如实译出，势必增补更多的背景知识才能增加译文对译语读者的语境效果。然而，就语言功能而言，这其实只不过是日常交际功能中的人名介绍而已。因此，从译文读者的认知语境出发，只把源语的这一交际功能译出便可以了，不必去做"费力不讨好"的工作了。霍克斯的译文是这样的：

Next door to Bottle-gourd Temple lived a gentleman of private means called Zhen Shi-yin.

风格翻译是文学作品翻译的重要组成部分，由于语言风格也是服从于交际的需要，风格翻译也必然要服从于意义翻译这一交际目的。从尤金·奈达对翻译下的定义也可以看出这一点。他认为："翻译就是在译语中用最切近而又最自然的对等语再现源语的信息，首先是注重意义，其次是文体（风格）。"（Translating consists in reproducing in the receptor language the closest natural equivalent of the source language message, first in terms of meaning and secondly in terms of style.）（Eugene A. Nida，1969：12）无论意义、风格都必须服从交际的目的。而交际必然要考虑语言功能和交际者的认知语境。傅雷在谈到如何再现原文的风格时说：

> 原文的风格不论怎么样，总是统一的、完整的；译文当然不能支离破碎。可是我们的语言还在成长的阶段，没有定型，没有准则；另一方面，规范化是文艺的大敌。我们有时需要用文言，但文言是否水乳交融便是问题，……方言有时也得用。但太浓厚的中国色彩会妨碍原作的地方色彩。纯粹用普通话，淡而无味，生趣索然，不能作为艺术工具。（陈福康，2002：394）

以方言来译原文的风格，译语读者可以较容易地理解译文，但这样的方言的功能与源语风格的功能又必然有矛盾的地方。傅雷在此实际上谈到了风格翻译要兼顾忠实原作和译语读者对译作的接受性问题。可见，从风格在交际中的功能和重要性出发，风格再现可采用重构换码的方法来进行。另外，翻译要考虑译文受体的认知语境，风格翻译也不能例外。风格功能和译语读者的认知语境又是相互联系的，前者往往是后者的一个组成部分，后者离不开前者。因此，译者在翻译原文的风格时必须两者兼顾，以利于把原作者的交际意图传达给译文读者。

参考文献

[1] Eugene A. Nida. The Theory And Practice of Translation. [M]. The Nether Lands, E. J. Brill, Leiden, 1969.

[2] Hawkes, David, The Story of the stone [M]. New York: Penguin Books, 1973.

[3] Language and Culture: Contextsin Translating [M]. Shanghai Foreign Language Education Press, 2001.

[4] 曹雪芹．红楼梦 [M]. 北京：人民文学出版社，1982.

[5] 陈福康．中国译学理论史稿 [M]. 上海：上海外语教育出版社，2002.

[6] 刘宓庆．当代翻译理论 [M]. 北京：中国对外翻译出版公司，2001.

[7] 刘润清等．理论文体学 [M]. 北京：外语教学与研究出版社，2000.

[8] 许钧．翻译思考录 [C]. 武汉：湖北教育出版社，2000.

意态为何画不成?

——试论文学作品风格的可译性

风格，是文学作品的灵魂。不同的作家有不同的风格。比如词，有人推崇苏东坡豪放不羁的“大江东去”；有人则偏好柳三变缠绵悱恻的“杨柳岸，晓风残月”；有人为辛弃疾恢宏大气的“金戈铁马”击节叫好；也有人对李易安婉约清丽的“人比黄花瘦”爱不释手，使那些盛传不息的名篇光耀千古的往往并非其内容而是作者的风格。崔莺莺、李香君若非有幸遇上了王实甫、孔尚任的生花妙笔恐怕也难以芳名永传了吧！没有了风格，作品就会黯然失色，风格在翻译中是最难处理的部分，有很多文采斐然的篇章一经翻译，就变得干巴巴的，令人读时味同嚼蜡。王佐良先生曾提到过这样一种现象：自从拜伦的诗被译成中文后，一直得到国人的青睐，诵读不息；另一位诗人华兹沃斯论名声，决不在拜伦之下，可在中国就得不到如此的礼遇，究其原因，王先生认为是，拜伦激情澎湃的诗风在汉语中能传神地译出，而华诗的特点是恬淡宁静的表面下潜藏着激情，这种风格在汉语中较难表达出来。东西方人的思维模式迥异，前者的思路是螺旋式展开的而后者则是按直线形展开的。作为思维外壳的语言自然就不同。如汉语重意合，文章讲究“外文绮姣，内义脉注”，英语则重形，将文辞表层结构严密视为上层。贯穿于两种不同语言中的风格自然也难以契合。有人甚至据此提出了“风格不可译”。目前中国融入世界的步伐越来越快，经济、文化交流活动空前繁荣，译事越来越频繁。此时我们应该深思：“风格是否真的不可译?”

1 什么是风格

风格就是文学艺术的表现形式，它反映了作家驾驭语言的本领，遣词造句的特色，作家对语言习惯的用法，句型的特点以及贯穿作品始终的作家本身的语言个性。风格都被打上鲜明的个人色彩，因此，有时我们只需看上一段节选就能猜出作者是谁。法国作家司汤达认为“语言风格越明晰，越简单，就越好”。但是英国作家史蒂文森则主张文学作品语言风格应该具有“最高程度的优雅和给人以想象余地的含蓄”。美国的詹姆斯以其曼衍的长句，复杂的修饰和隐晦的措辞为风格特征，与他形成强烈对比的则是海明威的清晰、简洁、洗练的风格；福楼拜在遣词造句方面严谨规范，而左拉则通篇都是俚语行话，甚至不惜使用最粗俗的语言。这一切都表明：风格是一个作家对作品表达方式的独特体现，是在创作中所表现出来的艺术特色和创作个性。一般说来风格可以分为显性风格和隐性风格。隐性风格主要是主题的选择，显性风格则是体现在词语，句式，语法，修辞等方面的特征。如不同词语的应用可以体现或庄或谐的文风。“大词”（big word）的使用可以体现优雅或严肃的色彩；日常语或俚语的使用能产生轻松或亲切的效果；长短句的反复出现以及交替使用可以产生单调感、迭变感和递进感；句法结构的松散能揭示人物的心理活动；繁丽或隐晦的修辞能反映人物内心的复杂思绪等。下面是 Raymond Chandler 的小说 *The Lady in the Lake* 中的一段话：

An elegant handwriting, like the elegant hand that wrote it. I pushed it to one side and had another drink, I began to feel a little less savage. I pushed things around the desk. I ran a finger across the corner of the desk and looked at the streak made by the wiping off the dust. I looked at the dusk at my finger and wiped that off. I looked at my watch. I looked at the wall. I looked at nothing.

此段中作者反复用了“I”加谓语的并列或简单句式达八次之多，使读者产生一种单调感和递进感。这种单调感对渲染文中角色那种“无目的情绪”起了重要的递进作用。

2 风格的可译性

国际译联《翻译工作者宪章》第一章第四条明确规定："任何译文都应忠实原意，准确表达原文的思想和形式，遵守这种忠实的原则是翻译工作者法律与道德上的义务。"刘重德先生在《翻译论集》中说道，"译者在达到忠实、通顺的程度后，必须进一步探求风格的'切合'"。因为译者的任务就在于再现原作的面貌和精神，"使译文读者能以与原文读者基本相同的方式理解和欣赏原文"（奈达）。风格是作者为表达特定内容而应用语言的个人方式，它与内容是血肉一体的而非外加美化的成分，因此应将风格视为"忠实"的一个方面加以恪守。"一切依照原作，雅俗如之，深浅如之，口气如之，文体如之"。（王佐良）关于风格的翻译，林语堂先生曾有过一个绝妙的比喻："译文艺术最重要的就是应以原文风格与其内容并重。即不但须注意其说什么，而且须注意怎么说。譬如苏州街上有女人骂人。我们尽可不管她怎么骂，尽可专心欣赏其语调之抑扬顿挫。……一作家有一作家之风度文体。此风度文体乃其文体之所以为贵。"

风格不但该译而且可译。首先，根据普遍语法我们知道，人类语言的底层结构是相同的，不同之处只在于表层结构，语言的"共性"使得不同民族、不同国家的作者在运用各自语言进行创作的过程中，不可避免地会有很多相通融合之处，正是这种相通之处使得风格也是大同小异，均能被不同国度的读者所接受。比如，原作意向的隐或显，曲或直，艳丽或质朴，庄重或谐谑以及明显的用词倾向和特殊的句法安排等都是操不同语言读者所能感应的。其次，语言的内容与语言的风格是一致的，因而当一段语言获得准确无误的传达，与上述一致的风格也必将随之被译出。这正如萧伯纳所说的："意之所到，风格随之。"因此，大多数语言风格是可以译的。例如：马克·路特福德（Mark Rutherford）有这样一段句子：

Some fishing boats were becalmed just in front of us. Their shadows slept, or almost slept, under the water, a gentle quivering alone showing that it was not complete sleep, or if sleep, that it was sleep with dreams.

这是一个颇有诗意的段落，为达到突出诗意目的，sleep 一词出现了五次，在英文中倒不现多但逐一若译成汉语的“睡去”听起来会极不自然，美感全无。但若译成：

“眼前不远，渔舟三五，恍滞不前，樯硬斜映水上，仿佛睡去，偶尔微风颤动，似又未常熟睡，恍若惊梦。”

译文很好地利用了汉语的四字结构，读起来朗朗上口，增加了音韵上的美感。而且原文中反复出现的 sleep 一词在译文中就不会太碍眼了。由于对原文的意蕴进行了较深的发掘，原文的风格不但没丢失，发反而变得更简洁清新了。刘宓庆先生在《风格论》一文中指出：“风格不是什么‘虚无缥缈’的素质，而应当是可以见之于‘形’，表现为风格的符号体系，也就是在原文的语言形式上可以被我们认识的风格标记（stylistic markers）。”风格不但该译而且可译，问题是如何再现原文风格，如何把握好“尺度”。风格的翻译不是一个简单的对比过程，而是一个艺术创造性过程。

3 如何译风格

在把风格从源语到的语的转换过程中有两个重要步骤：理解与表达。理解包括对源语字、词、句子结构的理解，但这还是一种表层理解，更重要的是要通过语言表层到对源语精神实质，社会、文化背景，作者的心境、意图等深层理解，要吃透原文，切忌对语言风格不经分析就率尔操觚。理解之后就是表达了，上文已经说过，风格分为显性和隐性的，最难译的就在于显性风格即词语、句法、修辞的转译，我们此时要利用译语的潜力，从中寻找出源语词语、句法、修辞的“最佳对等体”，从而使接受者达到最高程度的理解，如果能做到这三点，风格大体就译出来了。

3.1 遣　词

乔纳森·斯威夫特（Jonathan Swift）曾说过，所谓风格就是：将适当的词放到适当的地方。（Proper words in proper places make the true definition of a style）词语的锤炼最能体现作家的功底。王国维在《人间词话》中说到，“‘红杏枝头春意闹’着一‘闹’字便意境全出”；贾岛也曾为了“推”“敲”反复琢磨甚至“拈断数茎须”。为了将这些点睛之笔传神地译出，我们就要寻找最佳“对等词”。这些对等词不仅仅是字面意义的对等，词的感情意义、联想意义、主题意义等都尽量要能够契合。王佐良先生就曾说过：“人们喜欢谈‘对等词’，殊不知真正的对等词应包括情感力量，背景烘托，新鲜还是陈腐，时髦还是古旧，声调和谐还是故意不协调，引起的联想是雅还是俗等等方面的‘对等’。”

如果在译语中难以找到形式上的对等词，为了忠实地保存原文风格，我们可以放弃“形似”而考虑“神似”，用金岳霖先生的术语来说就是从“译意”转向“译味”。例如：

（“It's an order from President Bush.”）

“I don't care if it is from bush，tree，or grass.”

译文 A：（“这是布什总统的命令。”）

“我才不在乎它来自布什、树木还是草呢。”

译文 B：“管它什么布什、布头、布片呢，与我无关。”

此例出自电影对白，答话人用嘲弄性模仿（parody）将 Bush 这样一个普通平常的姓氏与风马牛不相及的事物相连，使得这场对话妙趣横生，令人忍俊不禁。由于文字结构和社会文化背景方面的差异，A 译虽然达到了“形似”，但原文的特有风味无法传达，而 B 译文脱离了“形似”，也用了几个粘连从而将答话人那副玩世不恭的神态和口气传神地译出了。

3.2　造　句

句式的长或短、松或紧，也能很好地体现风格，比如句式的松散，句与句之间衔接的凌乱，连接词的缺损会造成句与句之间跳跃感的加大，从而造成一种时空交错的混乱感，可用来表达主人公支离破碎、逻辑含混、连绵不绝的思绪。另外严谨缜密的句法结构与庸俗内容有意并列，利用有违常规逻辑思维的句法与句义之间的反差，可以产生一种出乎意料的幽默效果。让我们来看看《傲慢与偏见》中一个脍炙人口的句子：It is a truth universally acknowledged that a single man in possession of a good fortune must be in want of a wife. 作者独具匠心，以庄重高雅的形式把读者的期待引向高峰而最后庸俗的内容又将读者的期待降至谷底，产生耐人寻味的强烈的讽刺效果。马红军先生将此句译为：世间有一条公认的真理——凡财产丰厚的单身男人势必缺太太。译文既保持了原作“先庄后谐”的句式，传神地再现了源语风格的神韵。

再如海明威《丧钟为谁而鸣》中的“Now the morning was late May, the sky was high and clear and the wind blew warm on Robert Jordan's shoulders.”一句海明威的文字十分简洁，句法也十分简单，这种貌似简单的文字非一般作家所能达到，是作家苦心钻研，矢志追求的一种风格，翻译时也要注意这种简朴精练风格的传递。

译文：这是五月底的一个早晨，天高气爽，和风吹拂在罗伯特·乔丹的肩上，暖洋洋的。

译文基本保持了原作的句式，节奏明快，通顺流畅，还将 warm 抽出另译，短小精炼的句式，很好地再现了原作的神韵。

3.3 修 辞

修辞是一种不可忽视的风格手段，各种辞格都具有加强语言效果的功能。如谐音可以在听觉上取得特殊效果。《红楼梦》里有这样一段对话：

……湘云走来，笑道：“爱哥哥，林姐姐，你们天天一处玩，我好容易来了，也不理我一会儿。”黛玉笑道：“偏是咬舌子爱说话，连个‘二哥’也叫不上来，只是‘爱’哥哥‘爱’哥哥的。回来赶围棋儿，又该闹‘幺爱三四五’了。”

David Hawkes 是这样译的：

… “Couthin Bao, Couthin Lin, you can thee each other every day. It'th not often I get a chanthe to come here; yet now I have come, you both ignore me!”

… “Lisping doesn't seem to make you any less talkative! Listen to you: ‘Couthin’, ‘Couthin’! Presently, when you're playing Racing Go, you'll be all ‘thicktheth’ and ‘theventh’!”

对话里用了一连串的谐音，把湘云活泼娇憨的形象，黛玉敏捷不饶人的性格，以及两人互相取笑的幽默情趣刻画得淋漓尽致。霍克思（Hawkes）在译文里也巧妙地运用了一连串相应的谐音（如 cousin-Couthin, it's-it'th, chance-chanthe, sixth-thicktheth 和 seventh-theventh），取得了毫不逊色于原文的艺术效果。

语域的准确使用也能较好地再现原作神韵，如："I'm up to my neck in your bullshit."这本是一句美国大兵的粗语，如译成"你把我害得好苦哇!"美国大兵岂不是太文雅了吗？译成"你他妈让我倒了邪霉了!"大兵的粗痞形象则跃然纸上。

再看《德伯家的苔丝》中的一例：

Had it anything to do with father making such a moment of himself in the carriage this afternoon? What did'er? I felt inclined to sink into ground with shame!

文中用了土话甚至还有不合文法的结构将苔丝这样一个天真烂漫受教育不多的村姑形象刻画得淋漓尽致。张谷若先生在译文中也用了中国北方方言、土话，保持了原作的特色。

译文：今儿过晌儿，俺看见俺爹那样坐在大马车上，他那是怎么啦？是不是叫这档子事给闹的。俺那阵子臊得恨不得地下有个缝钻进去!

风格的翻译绝非易事。不过林语堂先生早在1932年就说过："翻译没有成功捷径，也没有规矩准绳，它的基础在于：译者对原文透彻理解；译者有相当的国文程度；译者有丰富的译事经验与翻译知识。"此言掷地有声，若能做到以上三点，就能胸中自有丘壑在，意态如何画不成？

参考文献

[1] 李庆生，郭著章．英汉互译实用教程［M］．武昌：武汉大学出版社，1988.

[2] 王佐良．王佐良文集［M］．北京：外语教学与研究出版社，1978.

[3] 萧立明．新译学论稿［M］．北京：中国对外翻译出版公司，2001.

[4] 许建平，王鹏举．译字、译意与译味［J］．四川外语学院学报，2002(3)：119—121.

[5] 张英进．从现代文体学看风格与翻译［J］．外国语，1986(1)：4—9.

第四章

惯用语与翻译

英语字母习惯表达法及其汉译

汉语用点、横、竖、撇、捺等笔画组字，英语则用26个字母组词，举凡略懂汉英双语者皆知。但汉语中有“八字某一撇，九字某一钩”之类的习惯表达法，那么英语中是否有含字母的习惯表达法？恐怕知之者就不那么之众了，至于其汉译如何就更不必说了。在教学中，笔者通过问卷调查发现，非英语专业生中所有的人竟全然不知，即便在英语专业生中知之者也只是寥寥无几。有鉴于此，本文试做如下探讨。

1 A1

在美式英语中写作A NO.1或A number one，常用于口语中。该表达法原为英国劳埃德船舶年鉴中的符号标志，A表明船体质量是“最好的”，1表明铁锚、锚链、船舶用具的质量是“头等的”，因比在汉译时可译为形容词“天字第一号的，极好的，头等的，呱呱叫的”，等。译例：“He must be a first-rater.” said Sam. “A1”, Replied Mr. Roker. “他一定是个第一流的角色。”山姆说。“天字第一号”，洛克先生答道。但根据语境与搭配A1也可译为副词“完全地；恰好地”等。译例：Mereston：“［to Lady Frederick］ That'll suit me A1. I had an engagement, but it was quite unimportant.”梅勒斯顿：“［对弗雷德里克太太说］这时间对我非常合适。我本来有个约会，但是并不重要。”

2　from A to B

该表达法可译为“从一地到另一地”。译例：She uses her car simply as a means of getting from A to B. 她把自己的汽车仅用作从一地到另一地的交通工具。但当 from A to B 与 know 的否定式连用时，则译为“目不识丁，一字不识，什么都不懂”，与 not know a great A（或 B）from a bull's foot/ from a battledore 同义。译例：I was so ignorant that I didn't know from A to B. 我当时没有文化，一个大字都不识。

3　from A to Z（或 Izzard）

该表达法可译为“从头到尾，完全地，彻底地”。译例：They had the machine checked from A to Z. 他请人将机器彻底检查了一遍。但当 from A to Z 与 master，know 等词连用时，常译为“通晓，精通”。译例：A shop assistant used to serve a long apprenticeship，so that he knew his business from A to Z. 店铺伙计过去常常当很久的学徒，以便通晓全部业务。

4　know the A to Z of

该表达法见于口语中，可译为“对……十分在行”。译例：They have known the A to Z of dancing. 他们对舞蹈十分在行。

5　straight A

该表达法见于美式英语中，用来描述学生的成绩，可译为“成绩最优秀的，各门成绩全优”。译例：During your first year of college，did you make straight A's? 你在大学一年级时，是否各门功课全优？

6　the big C

该表达法多用于口语中，是 cancer 的委婉语，其中 big 可改为 Big。可译为“癌症”。译例：The doctor told us that that brave man had licked the Big C. 那位大夫告诉我们说那位勇敢的人曾战胜过癌症。

7　the ABC of

在不同语境中，该表达法可译为“字母表；初步，入门，基础知识”。译例：① He doesn't know even the ABC of philosophy. 他对哲学一无所知。② She is only at the ABC of geometry. 她对几何学刚刚入门。此外 as easy as ABC 则译为“极其容易”。

8　get the big E

该表达法是 get the elbow 的委婉语，其中 E 是 elbow（肘）的首字母的大写形式。可译为“被解雇”。译例：Last month she got the big E because she didn't obey his order. 她上个月被解雇了，因为她未服从他的命令。

9　dot one's（或 the）i's and cross one's（或 the）t's

原指“在 i 上打点，在 t 上画横线”。众所周知，在英语的 26 个字母中除了 i 须打点，t 须画横线外，其他字母都可笔不离纸地连写。一般说来，在书写时 i 上的点，t 上的横线易为初学者或不细心者忘掉。因此可译为“对细节一丝不苟；明晰地详述；补充细节”等。译例：① My teacher dots his i's and crosses his t's and polishes up his manuscripts. 我的老师一丝不苟地润色自己的手稿。② She has given a more or less accurate statement of the facts, though I hope she will not mind if I dot her i's for her. 她已对事实做了些比较准确的陈述，如果她不介意，我还希望做一些细节上的补充。

10 have（或 carry）an M under（或 by）one's girdle（或 belt）

该表达法表示一种劝告或轻微的责备，可译为“在称呼别人时使用 Mr.，Mrs. 或 Madame 等尊称”。译例：You might have had an M under your belt for Mistress Wilson of Milnwood. 你称呼米尔恩伍德的女主人威尔逊时原该加上“夫人”的尊称。

11 mind（或 watch）one's p's（或 P's）and q's（或 Q's）

该表达法原指提醒小孩或印刷厂的排字学徒勿将 p 与 q 弄混了；如今它常针对成人或小孩使用于日常的各个方面，可译为“谨言慎行，循规蹈矩，有礼貌”。译例：① Be sure to mind your p's and q's when the new department head is around. He doesn't care for loose talk or behavior. 当新来的部长在场时，你千万要注意自己的言行。他不喜欢自由散漫的言语和行为。② The children were told to mind their p's and q's when the preacher came to visit。家长告诉孩子们，当牧师前来造访时，他们必须规规矩矩，有礼貌才行。

12 on the q. t.（或 Q. T.）

该表达法产生于 19 世纪末的民谣，其中的 q. t.（或 Q · T）是 quiet 的首尾字母；如今它是一个非常口语化的表达法，除报纸、期刊之外，正式文章不使用它。可译为“悄悄地，偷偷摸摸地，秘密地”等。译例：① Don't tell anyone what I've said. It's strictly on the q. t. 不要把我讲的事告诉任何人，这是绝密啊。② It's no wonder that Rube's suddenly become such a good dancer. He's been taking dancing lessons on the q. t. 鲁布突然成为那么优秀的舞蹈家，也没有什么奇怪的，他曾经悄悄地上舞蹈班学习过。

13 to a T（或 t 或 tee 或 title）

该表达法中的 T 就是 title 的缩写形式，而 title 原指书写或印刷中加于字母上方标明变音的小符号或字母上的小点。to a T 常与 fit，suit 连用，但也可不与它们连用，汉译为“正合适；丝毫不差地”等。译例：① I don't know if the man I saw was the one you are looking for，but your description fits him to a T. 我不知道我看见的那个男子是否是你在搜索的人，只是他的特征与你讲的一模一样。②They compiled with the provision to a T. 他们不折不扣地履行该条款。

以上探讨了英语字母习惯表达法及其汉译，未免言犹未尽。这是因为任何一种语言中相同或相似的表达法都是极其丰富的，而且总是伴随社会的发展而不断增强自身的表现力，反映出语言本身所代表的独特文化。英语字母习惯表达法不能脱离英语本身而独立存在，它所反映的是英语语言文化的一个小侧面，离开了英语它非但得不到发展，反而要消失掉，从而失去了其本身存在的意义，因此对此所作的任何工作都将是毫无意义的。

英语典故性成语的来源与汉译

所谓典故性成语，指的是出自历史事件、寓言、神话、传说等一类的成语。其特点是源远流长，富含较浓厚的民族色彩，广为民间使用，是约定俗成的。如果说多以词、词组、句子形式出现是语言的结构特征，那么作为语言一分支的典故性成语多以词组形式而很少以句子形式出现。它虽然结构简单，但内容丰富，意义精深。其形式的固定性、意义的整体性表明不可随意改变它的结构，也不可随便将其中的各词分割开来。如 cat's paw，可谓最简单不过的了，但又绝非杜撰和臆造，而是出自法国拉丰丹的一则寓言故事，讲一只猴子利用猫为其从火中取栗子。在现实生活中则常用来指被别人当作工具或爪牙利用的人。又如 no respecter of persons 在用字方面也可谓比较简单，它出自《新约·使徒行传》第十章："Then Peter opened his mouth，and said，of a truth I perceive that God is no respecter of persons."原指上帝"不偏待人"，如今该成语在本义的基础上暗含"歧视"之义，然而在不同的语境中效果却不一样。柯尔曾在"Practical Economics"中用此成语来说明墨索里尼"不偏待人"，其实是对他的讽刺。如果能将此类成语运用得恰到好处，就会使文章、演说等大为增色，从而说明深刻的道理，使人受到深刻的教育。下面拟就典故性成语的来源与汉译作如下探讨。

1　源于历史故事或历史事件

历史上出现过众多的著名历史故事或事件，后人常用一简洁说法表达其内容，沿用久了就成了成语。如 Sword of Damocles 出自古代希腊的一则历史故事。精通古希腊历史、文学的罗马杰出作家与政论家西塞罗（106BC —43BC）在其论文《图斯库拉的谈话》中写道："纪元前 4 世纪西西里岛上叙拉古的统治者狄奥尼修斯一世（406BC —367BC）有个亲信的佞臣叫达摩克利斯，他很羡慕帝王的豪华生活，常说："君王是人世间最幸福的人。"狄奥尼修斯为了教训这个想得君位者，在一次宴会上，要他坐在国王的宝座上，当他猛然抬头，只见头顶上有一把用头发悬着的宝剑，随时都有刺到头顶的危险。他吓得战战兢兢，如坐针毡，时刻提心吊胆，惶惶不安。由此便产生了"达摩克利斯的宝剑"这个成语，它被用来比喻临头的危险或情况的危急，类似于汉语的"千钧一发"。又如 burnone's boats (bridges)，此成语中的 bridges 为美国人所使用，原指古罗马朱力斯・恺撒大军乘船越过 Rubicon 后就把船烧了，以此向士兵指明后路已断，不可能后退。现借用来比喻"不留后路，下定决心干到底"，同汉语的"破釜沉舟"。

2　源于寓言故事

寓言是用比喻的形式说明一定的道理，是文学作品中最为短小精悍的一种形式。如 kill the goose to get the eggs，源于希腊寓言，说的是曾有一个乡下人，因发财心切杀死了自己饲养的那只能下金蛋的鹅，以为如此就可一次获得全部想象中的金块，但其结果一无所获。现借此比喻只贪图眼前利益，没有长远打算。但汉语中不说"杀鹅取卵"而说"杀鸡取卵"，喻体不同，因此汉译时须遵循汉语成语的搭配规律。又如 Viper and File 出自《伊索寓言》，说的是一条蝰蛇（viper）发现一把铁锉（file），以为是一顿美餐。但铁锉说，它的天职是咬别人，而不是被别人咬。后人借此比喻"骗人者反受人骗"，汉译时可作直译或意译处理。

3　源于神话故事

神话是关于神仙或神化的古代英雄的故事，是古代人们对自然现象和社会生活的一种天真的解释和美好向往。如 rain cats and dogs，源于北欧神话，猫对天气有很大影响，英国水手至今说："猫尾巴藏大风。"据说驾暴风雨的巫士化为猫形。狗是风的信号，狗和狼都是暴风雨神奥丁的随从。在德国古画中，风被画成狗头和狼头。因此，猫被看作暴雨的象征，狗是伴随暴雨的强风，to rain cats and dogs 就是 to rain heavily/ hard，汉译便为“下倾盆大雨”。又如 Amalthea's horn，汉译常为“丰饶的羊角”。阿玛尔忒亚（Amalthea），希腊神话中一神女，是宙斯（Zeus 为主神，相当于罗马神话中的朱庇特 Jupiter）的保姆。婴儿时宙斯由神女阿玛尔忒亚喂以羊乳。为了感恩，宙斯敲下一羊角送给她，许诺让羊角主人永远丰饶。

4 传说

传说指的是人们口头流传下来的关于某人某事的叙述。如 swan song，据传说，音乐之神阿波罗（Apollo）的灵魂进入了一只天鹅，由此产生了毕达哥斯寓言：所有杰出诗人的灵魂都进入天鹅体内。另据相传天鹅（swan）在临终前唱的歌最优美动听。后人就用 swan song 来比喻诗人、作曲家、演员等的“最后作品”，这也是其汉译形式。又如 leave no stone unturned，相传公元前 447 年波斯将军马多尼奥斯在希腊的普拉蒂亚兵败被杀后，留下一大批财宝在军帐里，底比斯的波利克拉特斯搜寻却一无所获，请示德尔斐神谕后知道要“翻转所有的石头”，最后找到了财宝。现借此比喻想方设法等，汉译为“千方百计，想尽办法”。

5 源于民间习俗

如 a bird of ill omen，源出古代占卜风俗，延至今日，猫头鹰、乌鸦和渡鸟仍然被视为不祥之鸟（而燕子、鹳则被视为吉祥鸟）。渡鸟嗅觉灵敏，能确定远方死尸和腐尸地点。因此渡鸟象征死亡。猫头鹰在恶劣天气来临之前喊叫，而坏天气常带来疾病，故猫头鹰被视为丧鸟、阴森鸟。后人以此比喻“不吉利的人，常带来不幸消息的人”，汉译也是如此。又如 a feather in your cap，汉译为“值得荣耀的事、荣誉”。源于广泛流行于亚洲和美洲印第安人当中的一种风俗：每杀死一个敌人就在头饰或帽子上加插一根羽毛。古代吕西亚人和许多其他古人也有类似风俗，均以此来显示战绩与荣誉。

6 源于谚语

谚语是在人们中间流传的固定语句，用简单通俗的话反映出深刻的道理，是社会生活经验的总结。如 birds of a feather 一出自谚语 Birds of a feather flock together. 即“物以类聚，人以群分”，转义为“一丘之貉”。在《鲁迅全集》中有这样一句：“增加混乱的倒是有些悲观论者……将一切作者诋为‘一丘之貉’。”其英译为 In fact it is these pessimists who increase the chaos by …considering all writers birds of a feather. 又如 early bird，其汉译为“早起者，早到的人”，源出谚语 The early bird gets/catches the worm. 意为“捷足先登（得），先下手为强”。比较 First come，first served 意指“先到的先招待”，与前一个有所不同。

7 源于某些作品

英语中有较多的成语出自某些作品，有的是原封未动的摘引，有的是节选而成。如 wash one's hands of a thing，可译为“洗手不干……；与……断绝关系”。出自《马太福音》，犹太巡抚彼拉多主持审判耶稣，由于他判定耶稣无罪，一些犹太人不服，因此他当众宣布洗手辞职并交出了耶稣，以示自己与此案无关。又如 as significant as the shake of Lord Burleigh's head，其汉译为“像伯利勋爵晃脑袋般意味深长”。出自爱尔兰剧作家及政治家谢尼丹在《评论家》中的一幕模拟悲剧《西班牙无敌舰队》。伯利勋爵埋头于国事，日理万机，忙得连说话的时间都没有，靠晃脑袋表达思想。普夫则根据这个晃动解释他所表示的意思。

8 源于动物、植物、生活用品、人名、地名等

如：① shed crocodile tears，据西方古代传说，鳄鱼吃人畜，一边吃，一边掉眼泪，比喻坏人假装同情被害者。类似于汉语“猫哭老鼠假慈悲”，且人们常采用此语的前一部分作为其汉译。例如 All your piteous words for the tenants are no more than crocodile tears. 其汉译为“你这些怜惜佃户的话，都是猫哭老鼠”。② the apple of discord，其汉译为“争斗的原因或根源”。传说厄里斯女神未被邀请参加 Thetis 和 Peleus 的婚礼，她就把苹果扔在参加婚礼的神与女神中间。特洛伊王子帕里斯把它给了三个女神中最漂亮的维纳斯。这就间接地引起了古希腊人和特洛伊人之间的特洛伊战争。③ Simon Legree，此人是美国女作家斯托夫人所著《汤姆大伯的小屋》一书中管黑奴的工头，此人既尖酸刻薄，又吹毛求疵。其汉译为“尖酸刻薄、好吹毛求疵的人”。④ be in Burke，其汉译为“出身名门，贵族门第”。源于《贵族人名录》的作者爱尔兰人约翰·伯克（John Burke）之名，该名录自 1826 年以来一直被公认是研究英国贵族阶级及其家谱的权威著作。故列入伯克氏贵族人名录即为贵族出身。⑤ all Dutch/ Greek to me，其汉译为“一窍不通”，其中 Dutch 与 Greek 原为“荷兰语”和“希腊语”。⑥ have the free-simple of May Fair，其汉译为“不受出身等限制无条件继承取得的不动产”，其中 May Fair 乃“伦敦西区贵族住宅区”，18 世纪时该地区每年五月均有集市，因而得名。⑦ Life is but an empty dream，其汉译为“人生如梦”。源于美国诗人朗费罗的诗文。⑧ lose face 汉译为“丢脸”或“失面子”，源于中国成语，face 乃“面部”或“脸”之意。⑨ Jack of all trades 汉译为“杂而不精的人”，出自 Jack of all trades and master of none. 其中 Jack 原为“杰克”，trades 指“多种行业”。⑩ spill the beans，汉译为“泄漏消息（秘密）”，bean 原为“豆类；豆科植物”等。⑪ befond of the cup/ the bottle，汉译为“贪杯中之物；好酒”，cup 与 bottle 原为“茶杯”和“瓶子”。⑫ Roman holiday，汉译为“欣赏别人受苦的娱乐”，而非“罗马的假日”。⑬ as cool as cucumber，汉译为“十分冷静”，其中 cucumber 原指“黄瓜”。⑭ like a brick，汉译为“拼命地”，brick 原指“砖”。⑮ have a ball at one's foot，汉译为“有成功的机会”，源于足球运动。⑮ be off the track 汉译为“走入歧途，迷失方向”等，源于狩猎，原指猎狗失去嗅迹。

以上简要地谈了英语中典故性成语的来源与汉译。其实英语中还有许多这样的成语，而且掌握它们也并不那么容易，加上汉语中此类成语也不少，且它们具有类似的特点与作用，尤其是像“破釜沉舟”等一类成语，英汉两种语言的巧合，会使人误以为这两种语言彼此相通且文化背景一致。这样就错了。汉语中的“破釜沉舟”出自《史记·项羽本纪》：“项羽乃悉引兵渡河，皆沉船，破釜甑，烧庐舍，持三日粮，以示士卒必死，无一还心。”又如 kill the goose to get the eggs（杀鹅取卵），汉语中则说“杀鸡取卵 ”。因此，只要透析两种语言的渊源，就不难发现其不同所在。而要使学习者克服因这些不同所带来的困难，就必须引导他们从所学语言的角度去认识、去掌握与运用，切忌把两种典故性成语混为一谈，如汉语中的“猫哭老鼠”译为英语就须用 crocodile’s tears，否则很可能会叫人不知所云，反之亦然。有人常犯诸如生搬硬套的错误，主要原因是平时学习中不注意积累有关典故性成语来源的知识与汉译的技巧，不了解英语受世界文化影响的程度，故不能灵活运用。对于学习汉语多年的外国人，如不了解中国古代光辉灿烂的文化，不留心典故性成语之出处，肯定会弄不清像“请君入瓮”等一类典故性成语的来历。因此，要在英语教学中适当改进教学内容，利用课堂讲授或已有的园地刊载典故性成语来源的文章，从而更好地促进英语教学。

参考文献

[1] 岑立廷．国名构成特殊意义的词组 [J]．英语辅导，1989（4）．

[2] 陈德运等译．世界著名寓言一百篇 [M]．北京：中国对外翻译出版公司、商务印书馆香港分馆，1987.

[3] 陈文伯．英语成语与汉语成语 [M]北京：外语教学与研究出版社，1982.

[4] 牛津现代高级英汉双解辞典 [Z]．北京：商务印书馆、牛津大学出版社，1992.

[5] 钱歌川．翻译漫谈 [M]．北京：中国对外翻译出版公司，1980.

[6] 谭松，姚新学．中国成语汉英双解大辞典 [Z]．重庆：重庆大学出版社，1998.

[7] 王成群．英语常用词汇掌故解说 [M]．英语辅导，1987（6）．

[8] 西北师院中文系编．汉语成语词典 [Z]．1988.

[9] 张传德．专有名词成语 [M]．英语辅导，1984（3）．

[11] 钟锋编译．英汉典故辞典 [Z]．漓江出版社，1991.

试谈英语特殊惯用语的理解与翻译

英语中的惯用语究竟有多少，谁也说不清，但谁都不会否认，凡学习英语的人都是从惯用语的理解与翻译做起的。一般而言，对于常见的普通惯用语，我们熟悉且并不感到难以理解与翻译。但对于较为特殊的惯用语便感到棘手了，而且我们也发现它们妨碍了我们的译事，以致影响译文质量。本文拟从如下几个方面作简要的说明与探讨。

1 含字母的惯用语

英语中含字母（主要是大写字母）的惯用语一般不易为人所注意，教学中也似乎很少提到。结果如同汉语学习中不理解“八字有一撇，九字有一钩”的外国人一样，也不理解英语中的“the big/Big C”究为何意。其实，此处的C即cancer的委婉语。这样就知道整个惯用语之意就是“癌症”了。现将常见的这类惯用语举例如下，供参考。

例句1：She uses her car simply as a means of getting from A to B. 她把自己的汽车仅用作从一地到另一地的工具。

说明：句中（getting）from A to B（=from place to place）意为“从一地到另一地”；但它与not know连用构成not know from A to B时，意为“目不识丁，一字不识，什么都不懂”（=not know a greatA/B from a bull's foot）。

例句2：He had the machine checked from A to Z. 他请人将机器彻底检查了一遍。

说明：句中 from A to Z 意为“从头到尾，完全地，彻底地”；但当它与 master，know 等词连用时，意为“通晓，精通”（=know the A to Z of…）

例句 3：She is only at the ABC of English. 她的英语刚刚入门。

说明：句中 the ABC of 意为“入门，初步”，语境不同时，可指“字母表，基础知识”等，与 not know 连用构成 not know even the ABC of sth. 则意为“对某事物一无所知”。另外，as easy as ABC 意为“极其容易”。

例句 4：Last year she got the big E because she didn't obey his order. 她去年因未服从他的命令而被解雇。

说明：句中 get the big E 是 get the elbow 的委婉语（E=elbow），意为“被解雇”（=be dismissed from one's office/service，be given the sack，get/have the sack，be discharged from one's office/service，get/be canned，be/get booted out，get the gate/boot/chop/ax，etc.）。

例句 5：My teacher dots his i's and crosses his t's and polishes his manuscripts. 我的老师一丝不苟地润色自己的手稿。

说明：句中 dot one's/the i's and cross one's/the t's 意为“对细节一丝不苟”，也可指“明晰地详述，补充细节”，该惯用语源于人们书写 i 时易忘记在其上面打点，书写 t 时易忘记在其上面画横线。

例句 6：Don't tell anyone what I've said. It's strictly on the q. t. 不要把我讲的事告诉任何人。这是绝密啊。

说明：句中 on the q. t. 也可写成 on the Q. T.，意为“秘密的”，作表语用；作状语时意为“悄悄地，偷偷地，秘密地”。英语字母可用大小写形式出现的惯用语还有 mind/watch one's p's/P's andq's/Q's（谨言慎行，循规蹈矩，有礼貌），to a T/t（常与 fit，suit 等词连用，意为“正合适，丝毫不差地”，其中 T/t=turn）等。

2 某些因名词前有无 a（n）意义不同的惯用语

英语中有些带 a（n）与不带 a（n）的惯用语乍看意义差别似乎不大，但事实上意义完全不一样，据说曾经也有大手笔在此方面出过错。现将这类惯用语举例如下。

(1) He can speak English in a fashion. 他能勉强讲点英语。

比较：This style is now in fashion. 这种式样时下流行。

说明：句中 in a fashion 意为“勉勉强强地，马马虎虎地”（＝after a/some fashion，in some fashion）；in fashion 与 be 连用，意为“时髦的，流行的”（与 out of fashion 意义相反），但程度不及 be all the fashion（＝be very fashionable）。

(2) The Chinese younger generation is sound in body and mind. 中国年轻一代身心健康。

比较：We went to the movies in a body. 我们一道去看电影。

说明：句中 in body 意为‘身体（上）”，而 in a body 意为“一道”（＝together）。另外，句中的 go to the movies 意为“去看电影”（＝go to the cinema，go to the pictures，go to the films）。

注意如下惯用语的意义：

(3) in a word 意为“总之”（in one word，in short，in brief，to sum up，to conclude），但 in word 意为“口头上”（＝orally）。

(4) take a note of 意为“记下”（＝make a note of，take notes of，make notes of，note down，put down，take down，write down），但 take note of 意为“注意（到）”（＝take notice of，give attention to，observe）。

(5) have a word with 意为“与……交谈”（＝have a talk with，talk with，converse with，hold/have a conversation with），但 have words with 意为“与……争吵”（＝exchange words with，have a quarrel with，quarrel with）。

(6) a woman with a child 意为“一个带孩子的妇女（＝a woman holding/having/taking/carrying a child)”，但 a woman with child 意为“一个孕妇”，其中 with child 与 be pregnant/conceived/expecting，be about to become mother，in the family way，in an interesting condition，in a delicate condition 等同义。

(7) (have three babies) at a birth 意为“一胎生（三个小孩)”，但 at birth 意为“出生时”（＝when sb. was bron）；(give/pass three books) at a time 意为“一次（给/递三本书)”。

(8) in a kind 意为“有几分，在某种程度上”（与 in a sense，to some extent，somewhat，to a certain extent，in a degree，to a measure，in a sort，after a sort 同义），但 in kind 意为“性质上”，不与 in nature（事实上；究竟）同义。

3 某些因名词前有无 the 意义不同的惯用语

和 a（n）一样，在某些惯用语中 the 对名词具有限定作用，影响着名词的意义，从而使得整个惯用语意义发生大的变化。兹举例如下。

(1) I don't think. He is in the secret. 我认为他不知道内情。

比较：The president paid a visit to that country in secret. 总统秘密地访问了彼国。

说明：句中 in the secret 意为“知道内情（内幕）”（=in the know，be an insider），但 in secret 意为“秘密地”（=secretly，privately，on the Q. T. /q. t. ，in privacy，in camera）。

(2) After retiring from school，he kept the house. 他从学校退休后，居家不出门。

比较：If you stick to/keep to/insisit on/petsist in going/leaving，who will keep house? 如果你坚持要走，谁当家？

说明：句中 keep the house 意为“待在家里，不出门；看家”，但 keep house 意为“料理家务；有自己的固定住所”。

注意如下惯用语的意义：

(3) on the occasion 意为“在这（那）时”，与 on this occasion，on that occasion 同义，但 on occasion 意为“有时”，与 at times，sometimes，now and then，from time to time 同义。

(4) in the sight of one 意为“据某人的见解”，与 in one's opinion，in one's view，to one's thinking，to one's mind 同义，但（be）in sight of 意为“能看见”，与 within sight of 同义，与（be）out of sight of，lose sight of 意义相反。

(5) in the character of 常与 be 连用，意为“扮演”，与 play the part of，

play the role of，act the part of 同义，但 in character 意为“适合，和…相称”，与 out of character 意义相反。

（6）be on the watch for（sb.）意为“提防，警惕，当心，与 be on the lookout for（sb.）同义，但 be on watch 意为“站岗，值勤守夜”，与 on guard，keep guard，mount guard 有时同义。

（7）take the air 意为“户外散步，呼吸新鲜空气”，但 take air 意为“流传，传开”，与 get about/round/around，go about/round/around，spread 同义。

（8）out of the question 与 be 连用，意为“不可能的”，与 impossible 同义，但 out of question. 意为“无疑”，与 out of doubt，without doubt，without question，beyond question，undoubtedly 同义。

4 “the+具体名词”惯用语

在英译汉中，此类惯用语极易为译者望文生义，即译者极易照具体名词的本义来翻译，而实际上这类名词在加 the 后意义已抽象化了，往往具有深层含义。兹举例如下。

（1）He is fond of the bottle/the cup. 他贪杯（好酒）。

（2）She felt the mother in her breast. 她感到一种母爱涌上心头。

（3）He forgot the judge in the father. 慈父之心使他把法官之职责置于脑后。

（5）The pen is mightier than the sword. 文胜于武（文比武强）。

（6）We found the gentleman in him. 我们发现他具有绅士风度。

5 某些因名词前带 the 与带（a）n 意义不同的惯用语

此处所说的惯用语更易为人误译，因为译者第一得看清其各自的表达式，排除其中因冠词差异所致的障碍，第二是依据已积累的相关知识与经验进行理解。只有这样，才能获得正确的译文。兹举例如下。

（1）One's mind works fast in the moment of danger. 急中生智。

比较：You'll see him in a moment. 你马上就会见到他。

说明：in the moment of 意为“在…时刻（情况下）”，与 in time of 同义，但 in a moment 意为“马上”，与 in a second/while/minute，in no time，without delay，right now/away/off，straight away/off，directly，immediately，in an instant，on the instant，this instant 等同义。

（2）He is the greatest writer of the age. 他是当代最伟大的作家。

比较：The man and his wife are of an age. 丈夫与妻子同年。

说明：句中 of the age 意为“当代”，与 of the present age，of our time，of the contemporary era，of the time，of the day，of the moment 同义，但 of an age 意为“同年（龄）”，可写作 of the same age.

注意如下惯用语的意义。

（3）after the fashion 意为“追求时尚（髦）”，after the fashion of 意为“照看，模仿”，但 after a fashion 意为“多少；好歹还…一点；勉勉强强地，马马虎虎地”。

（4）for the moment 意为眼下，目前”，但 for a moment 意为“一会儿”，for a while，for a second，for a minute 等同义。

6　某些因名词前有无 one's 而意义不同的惯用语

one's 对名词具有限定作用，这是众所周知的。但 one's 在限定惯用语中的名词影响该惯用语的意义时，无论是在阅读还是教学中，我们是很少予以注意与重视的，因此值得一谈。兹举例说明如下。

（1）She was at her best with honest people. 她最善于跟诚实人打交道。

比较：He cannot arrive/get/reach home tomorrow at best. 即使最顺利，他明天无论如何也到不了家。

说明：句中 at one's best 意为“处于最佳精神状态”，除此之外，它可表示“（花等）在盛开时期，最美时期；最得意处，全盛时代；发挥最高技术水平”，不要将 in one's best 与此混为一谈，in one's best 意为“穿着最好的衣裳”，如 in one's Suday best 与 in one's holiday best 均为“穿着节日的服装”，但 at best 意为“在最有利的情况下，充其量”（＝at the very best）。

(2) He lost his heart to the young beautiful lady from Shanghai. 他倾心于来自上海的那位年轻貌美的女士。

比较：Don't lose heart. 别灰心丧气。

说明：句中 lose one's heart to 意为“爱上了，倾心于”，与 fall in love with 同义，但 lose heart 意为“失望，灰心丧气”，与 be disheartened，be discouraged，be disappointed 同义。

注意如下惯用语的意义。

(3) take one's time 意为“不慌不忙，从容，不急”，但 take time 意为“花时间”。

(4) for one's life 常与 run，fight，flee，ride 等连用，意为“逃（命），拼命地，为了活命”，与 for very life，for dear life 同义，但 for life 除间或表达“为了保全生命”外，更多地表示“终身，余生”。

(5) take one's place 意为“就座”，与 be seated，take a seat，take a chair 同义，但 take place 意为“发生；进行”，指“进行”时，与 in progress，be on，go on，go/get on with，carry on，be engaged in，in/at/under/on＋名词等同义。

(6) out of one's mind 意为“神志不清，神经错乱”，与 out of one's head，off one's head，out of one's senses，take leave of one's senses，lose one's senses 同义，与 in one's senses，come to one's senses 意义相反，但 out of mind 意为“忘记”。

(7) make one's way to 意为“向……走去（前进）”，与 take one's way to 同义，但 make way for 意为“给……让位（路）”，与 give way/place for，give room for，make way/place for 同义。

(8) in one's line 意为“某人精通……”，其主语是“精通”的内容，如 English is in his line. 但 in line 意为“排队，循规蹈矩”；be in line with 意为“相互一致，彼此相符”。

(9) a house full of ups and downs 楼梯多的房子

(10) (open) from within 从里向外（开）

(11) (seen) from without 从外面（看）

(12) a help from without 外援

(13) the when and the where (of the meeting) (开会的)时间与地点(复数为 the whens and wheres)

(14) know neither one's whence nor one's whither. 不知道从哪里来到哪里去。

(15) Never mind the whys and wherefores. 不用管什么原因。

(16) one's whereabouts 下落，行踪，所在

(17) She explained all the hows and whys of the issue. 她详尽地说明了问题的情况及理由。

7 某些由介(副)词或疑问副词转化为名词所构成的惯用语

由介(副)词、疑问副词转化成名词所构成的惯用语，一般来说，翻译时译者颇感为难，较难摆脱旧有思维模式的束缚。主要原因是平时未能获得或感知这种材料。为此特举数例如下，供参考。

(1) the ins and outs 执政党与在野党，在朝派与在野派；角角落落；里里外外

(2) (know) all the ins and outs of (the problem) (知道问题)的详情

(3) be at the ins with sb. 与某人闹翻了

(4) ups and downs (人生等的)盛衰，浮沉；(土地等的)高低，起伏

8 “抽象名词＋itself ”惯用语

此处的抽象名词不是源于动词而是源于形容词，此类惯用语相当于“very ＋形容词”，与“all ＋抽象名词”同义，在句中作表语。兹举例如下。

(1) She is kindness itself (＝all kindness，very kind). 她十分厚道。

(2) They are gladness itself. 他们非常高兴。

(3) She is goodness and politeness itself. 她十分亲切周到。

(4) The men are impudence itself (＝very impudent). 这些人非常唐突。

(5) Do you think they are stupidity itself? 你认为他们十分愚蠢吗?

(6) To his superior, he is humility itself (=very humble). 对于长辈，他极为谦逊。

(7) He thought that this book is simplicity itself (=very simple). 他认为此书最简单不过了。

(8) I am astonishment itself (=very much astonished). 我极其惊讶。

(9) He is diligence itself (=very diligent). 他非常勤奋。

(10) He was gentleness itself to her. 他对她十分温柔。

9 带专用名词的惯用语

初涉译事者多数认为英语中的专用名词神圣不可侵犯，只可译作本义，不可译作引申义。这就欠正确了。如下列惯用语中的专有名词就不可译其本义。

(1) That is all Greek/all Dutch to me. 我完全不懂（一窍不通）。

(2) I am Dutchman if I do. 我决不会干的（要是我肯干就不是人）。

(3) be in Burke 出身名门，贵族门第（此语源于编纂《贵族人名录》作者 John Burke）

(4) carry coals to Newcastle 多此一举（Newcastle 乃英国一产煤基地）

(5) He'll never set the Thames on fire. 他永远成不了杰出人物（他永远做不出惊人之举）。

(6) We can't admit every Tom, Dick and Harry to membership of the club. 我们不能让阿猫、阿狗都入会。

(7) A good Jack makes a good Jill/Gill. 夫善则妻贤（主贤则仆忠）。

(8) Roman holiday 欣赏别人受苦的娱乐

(9) Jack of all trades 杂而不精的人；三脚猫；万能博士

(10) not know sb. from Adam 全然不知；从未见过（某人）

(11) American crawl 自由式游泳法

(12) from China to Peru 到处；处处（=from place to place, here and there) take French leave 不辞而别

（13）Indian ink 墨汁

（14）meet one's Waterloo 遭到惨败（Waterloo 乃 1815 年拿破仑战败处滑铁卢）

10 动植物名称所构成的惯用语

含动植物名称的惯用语如同含专有名词的惯用语，由于其言外之意，在翻译时容易导误译。然而一般的翻译教程与指导书均很少涉及。兹举例如下：

（1）birds of a feather 一丘之貉（源于谚语 Birds of a feather flock together.）

（2）an early bird 早起者，早到的人（源于谚语 The early bird that gets/catches the worm.）

（3）shed crocodile tears 猫哭老鼠，假慈悲

（4）to separate the sheep from the goats 分清良莠；（此语中的区分好人与坏人）

（5）donkey's years 很久，多年

（6）rain cats and dogs 下倾盆大雨（＝rain hard/ heavily）

（7）a hot potato 棘手的问题。small potato（单数 a small potato）微不足道的人；无名小卒；小人物，与 nobodies/a nobody 义同，与 somebody，VIP “大人物”意义相反

（8）a bird of ill omen 不吉利的人，常带来不幸义，消息的人

（9）cut the melon 瓜分红利

（10）fly on the coach-wheel 狂妄自大的人（源于《伊索寓言》）

（11）talk horse 吹牛（＝talk big/large，boast，talk tall，say big/large words）

（12）a queer fish/bird 一个怪人，一个奇人

（13）That's your chicken. 那是你自己的事（与本人无关）。

（14）It's your pigeon to call for/send for a doctor. 派人去请医生来是你的责任。

（15）kill the goose that lays the golden eggs 杀鸡取卵 ；只顾眼前利益，

不顾长远利益

（16）the black sheep of the family 败家子；害群之马

（17）Chinese rose 月季花

（18）I have other fish to fry. 我还有事情要做。

（19）make a goose of sb. 愚弄某人

（20）see the elephant（美国俚语）开眼界；见世面

（21）as cool as cucumber 十分冷静

（22）full of beans 精力充沛（=full of go），兴高采烈（=happy and gay）

（23）Every bean has its black. 各人有各人的缺点。

（24）as like as two peas 一模一样

（25）take pepper in the nose 发怒，动气（=grow pepper）

（26）cabbage head 笨蛋（见于美语中）

第五章

词句与翻译

英语意义否定句表现法及其汉译

众所周知，英语中的否定句通常带有像 not，no，nothing，nowhere，none，nobody，never，no one，neither，nor 等否定词，或带有像 hardly，scarcely，rarely，hardly ever（any），scarcely ever（any），little，very little，few，very few 等半否定词，或带有否定前缀 de-，ir-，non-，in-，un-，dis-，il-等与否定后缀-less 的词。然而有一种否定句却与此大不相同，它表面看来酷似肯定句（无任何否定标志），但实际意义却表示否定，有人称之为“肯定转否定”[①] 或谓之“暗含否定（Implied Negation）”[②]，本文把它命名为“意义否定句”。笔者认为，这样也许更能启发人们对相关内容着重进行整体性或局部关键意义的理解，即当形式与意义发生有悖于常规时，突出意义的重要性。一些学过英语且又从事过翻译工作的同志认为，此类否定句的译法并非容易，其正确的译文并非举手即得，而必须经过仔细地观察、分析与理解，其中理解是首要的，即只有正确的理解，才有正确的翻译。由于意义否定句被视为翻译领域的难题之一，加之平时在教学中又很少提到，因此，就学习者而言，在他们之中误译之事常有发生。这也就不足为奇了。如在一套较正式的翻译竞赛卷中有这么两个要求汉译的句子：①I am <u>wiser than to</u> believe that. ②I haven't heard from him since he <u>lived</u> here.（句中线条系笔者所加）据说参赛者中没有几个译对了的。从用字来看，此两句算是比较简单，且组成句子的每个词均在常用词之例，凡是略备一点英语基础者必定会说它们之中确无一

① 吴琼．英语中的否定［M］．北京：机械工业出版社，1991：50.

② 王逢鑫．英语意念语法［M］．北京：北京大学出版社，1989：184.

个生词，我想谁都会赞成我的观点。既然这般浅易，那么为何难以正确翻译呢？个中奥妙原在句中的划线处，它们是妨碍译者进行正确理解与准确表达的难点，属于应做特殊处理之处，其总的特点是形式肯定，但实际意义却是否定的。“①”中 wiser than to 应译为“不至于”。由于它是一种习惯用法又具有特定意义，故排除了在理解与表达方面的想当然；“②”中 lived 应译为“离开”，显然译者须在译写中重“神似”而不是“形似”。关于 lived 的此种译法似乎鲜为人知，有众多学习者曾因此而表示过疑惑与不解，能否译作“离开”？笔者认为完全可以。《英语动词的时和体》（上海译文出版社出版）一书在第 67 页指出：“在 since 从句中，延续性动词或状态动词的一般过去时，通常表示动作或状态的完成或结束。”其实译题“②”也是出自该书；其中还可找到一句，本文将有关部分引入以资佐证，即“Since he was at Futan University，it has gone…”（自从他离开复旦大学以来……）（句中线条系笔者所加）看来意义否定，非要从其意义方面去着手处理不可，否则就会望文生义地乱译一通，译文与原文貌合神离。怎样才能避免误译乃至消灭误译呢？实践证明，只有通过对意义否定句表现法的深入学习、探讨与研究，才能获得正确的译文。下面列举的七个方面基本上概括了意义否定句的表现法，同时透过其汉译便可见其难译之一斑。

1　副词或相关词组表示否定

请看下面例句：

(1) If one can judge from the results of the municipal elections, things are going ill for the Conservative Government.

(2) His being higher in learning and birth than the ruck of soldiers is anything but a proof of his worth. (T Hardy, “Far from Madding Crowd”, Part I)

在上述句子中，副词或相关词组是句意否定的根源。句“(1)”中的 go ill，意为“不祥；不妙”，否定意义因 ill 而生，全句可译为“如果可以从地方选择的结果来判断的话，保守党政府的前途是很不妙的”。此外，含 ill 的一些惯用法常表否定，如 speak ill of sb. 指“不讲某人的好话”；go ill with sb. 指“对某人不利”；can ill afford 指“负担不起，经受不起，花不起”等意思。句

“（2）”中的 anything but 意为“绝不，一点也不”，与 for anything 同义，全句可译为“他受的教育和出身都比一般士兵高，但这决不能说明他的品质”。除此之外，像 reluctantly（不情愿地），independently（不依靠别人地），amiss（不恰当地），anyhow/somehow（不知怎的），still more（much more）（更不用说）等也是较难译的。

2　形容词或相关词组表示否定

请看下面例句：

（1）He is the last man to give up the experiment halfway.

（2）A wise man is superior to flattery.

在上述句子中，形容词或相关词组是句意否定的根源。句“（1）”中的（the）last，意为“最不愿意的”，全句可译为“他决不会中途放弃实验。”句“（2）”中的 be superior to，意为“不受……的影响，不为……所动，不向……屈服”，全句可译为“聪明的人不会被阿谀所左右”。此外，像 free of ice（不结冰），far from being rich（很不富裕），（be）null and void（无效），（be）averse to（不愿意；不喜欢），（be）alien/remote from the subject（与主题无关），（be）blind to（对……熟视无睹；看不见……），（be）a bit off（有点儿不舒服），（be）new to（对……不熟悉），（be）deaf to（不愿意听），（be）empty of meaning（没有意义），（be）foreign to（与……无关）等也是较难译的。

3　连词或相关词组表示否定

请看下面例句：

（1）But that I saw it，he would have been drowned.

（2）His being surprised at the news is more than I can describe.

以上句子中，连词或相关的词组表示否定。句“（1）”中的 but that 意为“要不是”，全句可译为“要不是我亲眼看见。他早就被淹死了”。句“（2）”中的 more than 意为“远非”，全句可译为“他对这个消息所感到的惊奇远非我所能描述”。此外，像 only that（要不是），other than（与……不同），

than（不至于），for fear that（以免），better…than（宁要……而不要）等也是较难译的。

4 介词或相关词组表示否定

请看下面例句：

（1）Ancient superstitions are at a discount in the new society.

（2）They gave us coffee of a kind，but we couldn't drink it.

以上句中的介词或相关词组均表示否定。句“（1）”中的 at a discount 意为“不值钱，不吃香”，全句可译为“旧的迷信在新社会吃不开（或不受人欢迎或无人过问）”。句“（2）”中的 of a kind 意为“极不好的”，全句可译为“他们给我们送来了极不好的咖啡，我们简直没法喝”。此外，像 in a bad humor（心情不好），out of the swim（不甚了解），in doubt（拿不准），barring（要不是），failing（如果不），but for/only for（要不是），（be）beyond sb.（非某人所能理解的），beyond/out of one's reach（power）（非……力所能及的），beyond words/description（无法形容），out of the question（不可能），out of humour（不高兴），out of sight（看不见），at a loss（不知所措），be off the beaten track（不著名），in two minds（犹豫不决），in the dark（不知道），be through with/off smoking（不抽烟），past all belief（不能置信），past patience（忍无可忍），above stealing（不会偷东西），above suspicion（无可怀疑），behind schedule（不准点），inside of two days（不到两天），wide of the target（未击中）等也是较难译的。

5 名词或相关词组表示否定

请看下面例句：

（1）Lord，what a far cry from this man to this woman.（Th. Dreiser，“A Gallery of Women”，Olive Brand）

（2）“…Poor Miss Gretty!” he observed，“Always the square peg in round hole.”（F. Norris，“The Pit”，ch. IV）

以上句中的名词或相关的词组均表示否定。句“（1）”中的 a far cry（或 a long cry）意为“大不相同”，全句可译为“上帝呀，这个男人和那个女人多么不相同”。句“（2）”中的 square peg in round hole（或 round peg in square hole）常有“跟环境格格不入的人；不适于从事自己所做的工作的人；不合其地位的人；不得其所的人”这些意思，全句可译为“……可怜的葛拉特利小姐!”他说，“总是跟周围的一切合不来。”此外，像 objection（不赞成），ignorance（愚昧无知），departure（不成为），must（必不可少的事物），contrast（与……不同），white lies（无害的谎言），hobson's choice（无选择余地），a sealed book（to sb.）（某人对……一无所知），anybody's guess（谁都说不上），a broken reed（不可靠的人或物）等也是较难译的。

6 动词或相关词组表示否定

请看下面例句：

（1）She is old enough to know better than to spend all her money on clothes.

（2）He feels cheap when he gets the g. b.

以上句中的动词或相关词组均表示否定。句“（1）”中的 know better than 意为“不至于”，全句可译为“她已经长大了不至于把所有的钱财都用于衣着上吧”。句“（2）”中的 get the g. b（或 get the go-by 或 get a g. b/go-by）意思是“不被人理睬”，全句可译为“他因被人不理睬而觉得丢人”。注意 give the go-by 意为“假装没看见；假装不认识；不理睬”，give 后带 sb. 作宾语。另外，像 let alone（更不用说），have a low（或 an ill）opinion of（对……评价不高），persuade/talk sb. out of（doing）sth.（说服某人不干某事），fall ill and die（一病不起），warn sb. against doing sth.（警告某人不要干某事），object to（不同意），keep off（不接近），grudge（doing sth）（不想干某事），overlook（未注意到），overhear（无意识听到），neglect（不顾；不注意），reject（不承认），keep out（使……不进入），doubt（怀疑……不是），be short on（在……方面不足），fall（或 come）short of（不足；未达到），shut one's eyes to（闭眼不看），turn a deaf ear to（充耳不闻），fancy（doing sth.）（真想

不到会干某事)，keep（或 stop 或 prevent）……from（使……不干)，get rid of（或 drop 或 quit 或 give up）smoking（不抽烟）等也是较难译的。

7 某些惯用句式

这类句子在英语中用得较多，也不易译正确。归纳起来有如下一些：

（1）由 if，if ever，as if，if only 等引出的句子。例如：

I am sure! If this is English manner. 我敢肯定这确实不合英国礼仪。

If ever I heard the like! 我从未听到过此种说法。

As if I cared! 我太不小心了！

If only he would come! 要是他能来该多好啊！（实际上他不能来）

If only that he were alive and could see the fruits of his labour! 要是他还活着，能看到其劳动果实，该多好啊！（可惜他不在了，不能看到了）

（2）表示反诘的修辞问句。这种句子多半是由一般问句与特殊问句充当。例如：

Is that man a fool?（含 The man is not a fool.）难道那人是傻瓜？

Who is there but may err? 人孰无过？

（3）only for/ but for 构成的虚拟语气。如 But for your help，they would have failed.（相当于 If it hadn't been for your help，they…）要不是你的帮助，他们早就失败了。

（4）含“情态动词＋have ＋过去分词”作谓语的句子。例如：

I should have thought of that. 这一点我早该想到的。（实际上过去未想到，有后悔之意）

You might have gone more considerate. 你本来可以考虑得周到些。（实际上考虑得不周到，有埋怨之意）

（5）含“be，expect，intend，wish，mean，want，suppose，think，plan 等动词后跟不定式完成时”的句子。这类句子表示原打算、计划、安排要干的事没有实现。例如：

I was to have come yesterday. 我昨天本打算来的。

He planned to have crossed Lake Michigan during the day. 他原计划白天

横渡密歇根湖的。

（6）“Take care+ what，how”等引出的句子。例如：

Take care what you are doing. 你万万不可做你不应该做的事。

Take care how you cross these busy streets. 千万不要横过这些拥挤的马路。

（7）含 might as …的句子。本句式表示前后两者都是不可能的事，从而加强了后者的否定。例如：

You might as well have lunch in our coal cellar. 你们决不能在此煤窑里就餐。

You might (as) well have spared yourself the trouble. 你大可不必自找麻烦。

（8）用含口语中表婉转否定词的句子。如It is interesting but I have to lay it down. 这有趣，但我不得将其释手。He has come off second best. 他失败了。（此句中使用了两人在选举中一个落选的婉转词）

（9）被当作固定语收入词典中的句子。这类句子几乎很少在翻译教学中提到，某些书籍中也未曾见到过，但在英美口语、谚语、俗语及文学作品中则经常可以用到，其义与字面形式有异，有时甚至相距甚远，一般不易译准，故只有多多接触并充分了解此类语言材料才能克服翻译中的困难。以下是笔者所收集到的一些典型材料：

Tell me (us) another! （=You don't tell me ! /Don't tell me! /Never tell me!）用于口语中，意为“不见得吧！靠不住吧！哪有这种事！别瞎扯啦！”萧伯纳（B. Shaw）曾在 *Back to Methuselah* 的 Part V 就使用了它，即“…Oh，come! Tell us another.”。

Tell it (that) to the marines! 用于口语中，意为“谁信你那一套！我才不信呢！”埃·奥·奈尔（E. O'Neill）在其作品“Ah，Wilderness!”的 act IV 也用到了它，即“And I suppose you just sat and let yourself be kissed! Tell that to Marines!”。

What do you know about that (this)?（相当于 What do you know?）表示惊讶或不信，意为“你看怪不怪？真想不到！”西奥多·德莱塞（Th. Dreiser）在其作品 *A Gallery of Women* 中就用到了它，即“Now what do you know about this? Such colours!”。

Let sleeping dogs lie. 是谚语，意为“莫（别）惹是生非”。J. Galsworthy 在其作品“To Let”的 Part I 就用到过它，即“His second impulse therefore was to let sleeping dogs lie.”（转念一想，他就不惹麻烦了。）

以上例子足见词典中的这类固定语与文学作品的关系是多么的密切。因篇幅关系笔者不再列举文学作品了，而只把重要且又易译错的句子写出，它们是 Mind your own business!（不要管闲事!）/For all I care.（我不管；不关我的事。）/Do you see any green in my eye?（你以为我可欺吗?）/Take (wipe) that grin off your face!（别笑我!）/Get staffed!（够了！别烦我了!）/Search me!（美语）（我不知道!）/Catch me (at it / doing that)!（看吧，我决不会干的!）/The sands of life are running out.（来日无多。）/The rot sets in.（事情开始不妙了。）/As I live and breathe.（真没想到。）/I'll see you dead (in hell) before that happens!（我绝不答应!）/Mum is the word!（别响！别声张!）/I'll be damned if I will!（我决不会!）/A (fat) lot you know!（你懂个屁!）/Spare my blushes.（别使我脸红了。）/I'll eat my hat (my boots/ hands/ head)!（我决不会!）等。

以上探讨了意义否定句的表现法及其汉译。各方面的情况说明，这种否定句的确与其他任何形式的否定句不同，如前所述其他类否定句总是要用到否定词、半否定词及含否定前缀、后缀的派生词，除派生词外，它们多半是从语法的角度强调对句中某个成分的否定，包括一般否定、部分否定、半否定、全部否定、延续否定、双重否定、排除否定、加强否定、特指否定。而意义否定句不能冠之以此类名称，更无语法规则可觅。这就决定了它只能从词语所属类别的角度出发，看它们在句中所处的临时性位置与作用去进行判断，至于那些表示否定的固定语句，其中否定哪个部分实在难说清，因为其中用来构成句子的每个词都是密不可分的。从译法的角度来看，其他任何形式的否定句使人在理解时很快得出“这是个否定句”这样的结论，故译写时一定要按否定句式来译，并使译文既符合中国文化特点，又使不谙英语的中国读者感到仿佛在读原文。而意义否定句一开始就令译者感到困难重重，“是否否定”这个信息不易得到，像 cry for the moon 与 cry sour grape，不了解它们、不知其义否定者是无法翻译它们的。cry sour grape 字面义为“说酸葡萄”，而确切内涵为“把得不到的东西说成不好的”，sour grape 则是“可望不可即的东西；得不到的东西”。得此义者必知其来龙去脉。它源自伊索的著名寓言：“狐狸竭尽全力但仍吃不到葡萄后，只好无可奈何地离开，边走边说：‘我看它们都是酸的。’”cry for the moon 意为“渴望得不到的东西”。原指不懂事的孩子哭喊着要摘月亮玩。又如 do it on one's head，指“毫不费劲地干某事”，若事先不知道此种表现法及其意义，当它出现在句子中时，是无法理解与翻译的，更不用说在语篇结构中了。因为句子的理解以词语为基础，语篇的理解以句子为基础。从本文所谈到的表现法可以看出，词语与句子是语篇理解的基础与关键，它们之间存在一种相互依赖的互补关系，是不可分割的有机体。此外，多注意汉英两种文字在表述方面的不同，既要掌握一般用语，又要掌握特殊的习惯表达法，要刨根问底的非刨根问底不可，以便从中找出规律，达到正确理解、准确翻译的目的。

英语数词词组虚指及其汉译

数词词组虚指，是指该词组中的数词并不表示它字面上具体的数目概念，而是表示某种引申义（或叫作虚义）。有人将 like / as forty 译为“像四十一样”，此类译文究竟表达何义？我想读者不知道，译者本人也不见得就知道，否则，译文就不会这样非驴非马、不伦不类。其实此处应译着“非常厉害地；猛烈地”（见于口语、美式英语中）。因此，不难发现，数词词组虚指时不易汉译，从而使得整个译事变得较为艰难、复杂，这种艰难性与复杂性又往往体现在其深层含义（而不是其肤浅的字面）上，倘若置之不顾地简单对号入座，那么无论花多大的力气，所译也会令人不知所云。

陈廷佑先生说：“翻译的任务在于用一种语言文字忠实而流畅地传达出另一种语言文字所包含的思想，就英汉笔译工作来说，就是用中文忠实而流畅地传达英文所包含的思想。这不是一项轻而易举的工作。”① 尽管汉语中也有数词词组表虚指的情况，如“千钧一发”“五光十色”“三心二意”，又从含“一”至“十”乃至“百、千、万、十万”等的大量汉语词语或成语、谚语等之中，我们足可窥见其一斑，但由于“中国和英国相隔万里，历史、文化不同，风俗习惯不同；汉语和英语各属一大语系，它们各有自己的起源和发展过程，可以说没有丝毫的‘亲属关系’”。② 因此，那种认为我们用汉语译英语是基于两种语言有相同的渊源与发展之观点，笔者认为是值得讨论的。陈文伯先生认为，外来新词之所以几乎占汉语词汇总数的一半，是因为自鸦片战

① 陈廷佑. 跟我学翻译——英语汉译技巧［M］. 北京：华龄出版社，1994：2，4.
② 陈廷佑. 跟我学翻译——英语汉译技巧［M］. 北京：华龄出版社，1994：2，4.

争之后人们一直都在向西方学习，但是“为了驾轻就熟（翻译的人省事，读者也易于理解）”①，又常常不得不使用汉语中固有的成语来译英语成语。其实英汉两种语言分属两种不同的符号，使用这两种语言的人也属于两个不同的民族，文化、习俗有差别，甚至是迥异的，对于没有掌握英语的人来说，若作者不使用能为他们所接受的母语是不行的。但是有一点是显然的，即人们属于同一个宇宙，又处在同一个地球上，对客观世界的认识不是没有相同或相似之处的，如今谁也不会说“太阳绕着地球或月球转”，谁也不会赞成“水往高处流”等之说法。然而这一切又并不意味着在处理表虚指意义的数词词组之汉译时，译者可以照搬汉语或仅凭表层意义轻易地来个“一锤定音”，当然我们也反对夸大翻译的复杂性，因为这样只会有碍于这项工作的正常进行。张经浩先生说：“现在有的人或把一些简单现象用玄而又玄的理论来解释，让读者与听者越搞越湖（糊）涂；或专追求理论上的新名词术语，就象（像）爱时髦的女人不断换时装；或说翻译与这个学那个学有关，叫你得先懂得这个学那个学才能搞翻译。”请看下列：It seemed the great Black Parliament sitting in Tophet. A hundred black faces turned round in their rows to peer.（Moby Dick）就此句来说，有人提出要做简单处理，但也有人觉得其中有复杂的一面，理应有相应的处理办法。至于是否得先把一套套的翻译理论搬来，把某边缘科学用上，笔者以为没有这个必要，关键在于对原句中 a hundred faces 的理解，若从表层意思来看，汉语之表达非“一百张脸”莫属，但若细读原文并作深层理解，不难发现它实在不止一百张脸或刚好是一百张脸，而是指“许多张脸”，曹庸先生的译法为“这倒象（像）是陀斐特的伟大的‘黑人议会’在开会。许多黑脸成排地转过来凝视”。这是正确的，而望文生义者往往在翻译中走两个极端，不像曹文那样译得恰到好处，他们要么“生搬硬套西方的纯语言形式”② 不看语词的深层所指，要么就担心译文欧化而使得造成背离原文原义的“汉化”。译文欧化究竟可否？这是一个颇值得讨论与研究的问题。请看国内外有关专家对此所作的评述，刘重德先生是我国著名的翻译家，先生一生致力于翻译理论与实践的研究工作，为我们写下了许多宝贵

---

① 史式．汉语成语研究［M］．四川：四川人民出版社，1979.

② 刘重德．三湘译论［M］．湖南：湖南出版社，1995：186.

的著作。先生在《爱码》重译版中写道："欧化也不是绝对的坏，例如'鳄鱼眼泪'（crocodile tears）、'武装到牙齿'（armed to the teeth）之类词语和放在句尾的条件状语从句（……，假若……）和让步状语从句（……，尽管……）之类欧化句法，不是已经被相当广泛地接受了吗？通过恰当的欧化，我们的汉语吸收了新营养，增加了新的表达法，何害之有哉？如欧化过分，无可讳言，也会产生诘屈聱牙、晦涩难懂不能被接受的弊端，也同样不可取。所以我认为，无论是'汉化'（归化），还是'欧化'（保存洋气），都要力求做到恰如其分，适可而止，方成佳译。'过分'或不及，即所谓'过犹不及'，均不足为训。"① 李建新先生认为："从翻译的目的来看，汉译欧化现象的出现不仅是必然的，也是必要的。因为，出于文化交流的需要，翻译应当尽可能准确地传达原文的思想和艺术信息，全面介绍和表现原作的民族文化，同时把外族文化（包括外族的语言文化）引进我们的本族文化中来。"② 李先生接着引用了美国翻译家海伦·雷恩所说过的一段话，指出："理想的译作应当'充分地保留原著的风味，向读者揭示本族语作家尚未开掘的领地。所谓尚未开掘的领地，视所译作品的内容而定，可以是语言方面的、风格方面的、韵律方面的、题材方面的或文化方面的'③。"④ 本文讨论的内容属语言方面，但任何孤立存在或使用的语言是没有的，必然要涉及包括文化在内的诸方面，"语言是长期历史发展的产物，它代表着一种民族的文化。英语说'To learn a second language is to learn a second culture.'（学习另一种语言，就是学习另一种文化。）就是这个道理。"⑤

翻译的过程是一个进行透彻理解、灵活加工及引进外来文化等的复杂过程，译者须能正确对待千百年来的国内外文化，思想要有一定的开放度，力排各种不利因素的影响，既反对"全盘西化"，又注意"洋为中用"，善取他人之长，竭力丰富本族语言与文化，外来（族）语言的确丰富了我们的本族

---

① 刘重德．浑金璞玉集［M］．北京：中国对外翻译出版公司，1994：152.

② 刘重德．三湘译论［M］．湖南：湖南出版社，1995：188.

③ 罗纳·克里斯特．美国翻译家海伦·雷恩访问记［J］．北京：中国翻译，1983.

④ 刘重德．三湘译论［M］．湖南：湖南出版社，1995：189.

⑤ 刘重德．三湘译论［M］．湖南：湖南出版社，1995：51；厦门大学外文系．综合英语成语词典［M］．福建：福建人民出版社，1984：921；陈文伯．英语成语与汉语成语［M］．北京：外语教学与研究出版社，1982：11.

语言，当然我们的本族语言也对外族语言产生了极其深刻的影响，包括政治、经济、文化、风俗习惯等，这是众人有目共睹的。英语中数词词组所表达的虚指意义，从某种程度上说，它反映了英语这种外族语的语言、文化、习俗等特征及在使用过程中所起的修辞作用。at sixes and sevens 可以说是关于数词词组虚指方面的一个典型例子，它最早由大名鼎鼎的英国作家乔叟（Chaucer）（？—1400）使用于传奇小说《特罗勒斯和克丽西德》中，当时的表达形式为 set on six and seven，直到 18 世纪才演变成现在这种形式，真是无巧不成书，“6”与“7”之和刚好为“13”（thirteen），而“13”又是英国人等最忌讳的。那么 at sixes and sevens 的意义如何，与 thirteen 有何关系呢？请看如下两个译例：1. Everything is at sixes and sevens in our house after last night's party. 昨天晚会之后，家里一片狼藉。2. The committee is split over the scheme. They are at sixes and sevens. 委员会在这个方案上意见分歧，各说各的。从译例可以看出，at sixes and sevens 在各句中不能直译，因为它所表达的是一种虚指性意义，不实指“6”与“7”，若译为“六与七”则有悖原义，尽管“六与七”在汉语中存在。此处两例之译文还告诉我们：13 是消极的，at sixes and sevens 也是如此，同时也表达某种特殊的内涵。这种特殊的内涵还表现在虚指性数词词组具有表达夸张与强调等的修辞特色与效果，汉语中的诸如“白发三千丈”与“一万年太久”以及“十万火急”等早已给了我们这方面的新启示。I have a thousand and one things to do before we set out for our holiday; Seventy times seven did I take counsel with my soul. 从 one thousand and one things 与 seventy times seven 在句中的译法（即前者译为“许多的事情”）与 a hundred and one things 译法相同，只是此处语气更强而已，后者译为“许多次”，表示很大的数目（此语出自《圣经》），可以看出其夸张与强调的修辞作用，它的确使得语句本身的气势大增。

总之，任何一门语言都有其自身的巨大作用与功能，且其表达形式丰富多彩，并在社会的发展中不断得到增强。英语学习者在写作中若注意恰当使用这类虚指性数词词组，哪怕寥寥数语，文章也会增色生辉，凝练生动，形象逼真。

英汉数词词组的虚指义及其翻译

数词词组的虚指义（下文简称虚指义）是指该数词词组中的数字并不表示它本身的具体数目的实指意义（即数词本义），而是一种脱离数字实指的引申义，或者说，它实际上是一种脱离本义的文化意义。对它不能从字面上的意义去理解，而应从文化意义上去领会。如汉语数字词组的虚指义大致可以分为五类①：

（1）表示“多”：五花八门，三令五申，三思而后行；

（2）表示“少”：三言两语，三句话不离本行；

（3）表示强调：一干二净，一差二错；

（4）表示顺序：一穷二白，一不做、二不休；

（5）习惯表达：一五一十，正经八百。

显然，对这类数词词组虚指义的翻译，不可以按一般理解去操作。如果望文生义地去理解，则不仅不能译出这种数字词组的真实含义，反而会闹出许多笑话。有人将英语数词词组 like/as forty 译成“像四十那样”。此类译文究竟表达何义？我想读者不知道，译者本人也不见得就知道，否则，译文就不会这样非驴非马，不伦不类。其实此词组在美语口语中的意思是“非常厉害地、猛烈地”。因此，不难发现，这个数词词组的虚指义不宜直译，从而使得整个译事变得较为复杂、困难。这种艰难性与复杂性又往往体现在其深层含义（而不是其字面）上。倘若置之不顾地简单地对号入座，那么无论译者花多大力气，译文读者对此仍然会不知所云。

---

① 程工．语言共性论［M］．上海：上海外语教育出版社，1999：59.

数字词组的虚指用法出现在文章中，多半具有夸张、强调或比喻等修辞功能。作者恰当地运用这类词组可使文章语言凝练生动、生辉添色，达到言简意赅、渲染气氛的效果。有些词组还具有易于上口、听之悦耳或形式工整、前后对称的美感功能。从一定意义上说，文学作品中的生动性、形象性和艺术性，在很多情况下来自作品的语言的模糊性，而数字词组的虚指义则起了至关重要的作用。正因为如此，研究数词词组的虚指义的形成、特点及其翻译便有着非同一般的价值。

1　虚指义的文化阐释

1.1　虚指义的文化性质

虚指是一种特殊的语言现象，它是数词词组的历史演变的结果。这正是语言与文化密切关系的反映。众所周知，语言是一种社会文化现象，是社会文化发展的产物。任何语言的生存发展都离不开其赖以生存的社会文化环境。社会文化又在一定程度上制约着语言的表现形式。刘宓庆认为，语言在本体论上是文化的（ontologically cultural）：语言的文化性和人文性就是它的本质，语言是特殊的文化现象①。语言与文化这种密切关系决定了虚指义的文化性质。

1.2　虚指义的文化渊源

如本文开头所言，虚指义是一种脱离本义的文化意义。这种文化意义在层级性上有不同的“疏离度”（Distancing）。按照与词语本义的疏离度大小不同的等级，刘宓庆把词语的文化意义按“疏离度递增模式”图示如下②：

---

① 姜焱．汉语成语中数词的语义分析及翻译［J］．松辽学刊（哲社版）．2000，12（6）：28—30.

② 刘宓庆．文化翻译证纲［M］．武汉：湖北教育出版社，1999.40/108.

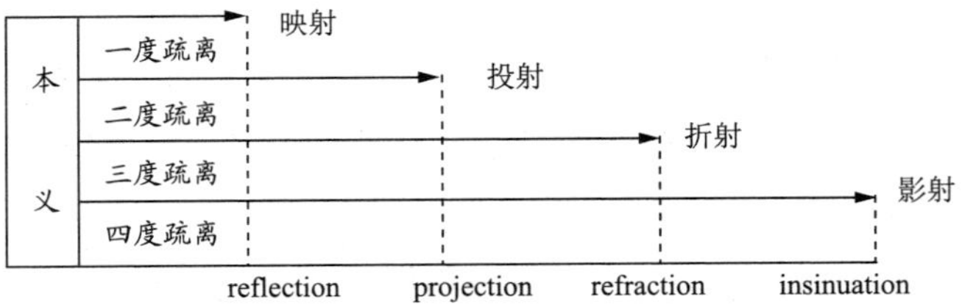

从映射到影射表明了词语的文化意义脱离其本义的“疏离度”递增的过程。

映射是直接借助物象反映或勾绘出实体指称，而使词语获得文化意义最基本的方式。如汉语中的象形词的文化意义是以映射方式将文化意义“映”在字（词）上。因而，映射可以提供相当强的提示性文化意义（文化物象）。由于映射是以直接的方式使词语获得文化意义，因而它与本义的关系最为紧密。该文化意义反映了该民族的语言特色和思维方式等。但由于语言的历时性变化和文化物象本身的演变，该文化特征有时也很难从它的语言符号上看出来。由映射产生的数词词组的虚指义离本义最近，与本义有较为直接的文化渊源。汉语中的“三三两两”“三天打鱼，两天晒网”“三心二意”“一箭双雕”，等等，以及英文词组 to have two strikes against one，to not get the first base，four-letter words，be on a cloud nine 等均由文化映射所至。

投射指文化群体、地域、人种、阶层、种性（caste）、职业等的文化特征、特色或异质性（特质）间接作用于语言各层级使之产生“文化着色”（Cultural Coloring）。（刘宓庆，1999：94）投射产生的文化意义与词语的本义之间若即若离，恰如光影投射到屏幕上一样，我们可能看得很清楚，也可能看得不太清楚，尽管是同一个物体发出的光源。由投射产生的数词词组的虚指义虽然不能从数目的本义所指去理解，但它与本义的联系仍然不难想象。这类数词词组在汉语、英语中均可以找出不少的例子。汉语词组，如：三思而后行、四面楚歌、女大十八变；英文词组，如：forty-eleven，one hundred and one things，seventy times seven 等。投射与映射二者的疏离度，前者远远大于后者，但投射性文化意义还是可以从字面上分析出来。而且，很多投射性文化意义产生于指称提供的有趣的联想，从上述例子中可以很明显地感受这一点。

由折射产生的文化意义已相当曲折，读者不易从字面上分析出来，它需要对源语文化，尤其是典故有一个较为深刻的了解，否则根本无法理解词语的文化意义。属于这类情况的汉语数词词组，如：三下五除二、五十步笑百步等；英语数词词组，如：thirty pieces of silver，a catch-22 situation，等。

四度疏离是由影射产生的。影射产生的意思最隐晦，疏离度最大。这时，语言表面的文化意义与深层文化意义由于历史演变或引申、转用等原因往往很不一样，甚至大相径庭。属这类情况的汉语词组，如：不三不四、不管三七二十一、七上八下，等等；英语词组，如：at sixes and sevens，like forty 等。

2　虚指义的翻译原则及策略

虚指义是一种脱离数字本义的文化意义。因此，虚指义的翻译实际上是一种文化翻译。对于文化翻译，历来有“异化”和“归化”之争，即译文是以源语文化为中心还是以的语文化为中心的问题。

异化派代表人物 L. Venuti 主张“阻抗式翻译”(resistance translation as a solution)①。他的理由是：① 译文读者有必要了解外国文化，这也是他们阅读译文作品的目的。② 译者应相信读者有理解另一种文化异样性的智力和想象力。③ 将源语文化移入的语文化不仅丰富了的语文化，也丰富了的语表达法。④ 翻译的基本目的之一便是起文化交流的作用。

归化派代表人物是美国的奈达。他主张翻译应该是使译文与原文“最接近的自然对等”(the closest natural equivalence)②。他的理由是：① 把一种语言的规则强加给另一种语言是比较不切实际的。同理，把源语文化的价值体系强加给的语文化是危险的。因而，翻译应当扫除语言和文化障碍。② 既然翻译是沟通，那么译者的工作就是避免两种文化的冲突。③ 译文读者在自己的百科知识范围之内或以自己的生活方式会更好地理解译文。因而尽可能使源语文化向译语文化归化是有必要的。④ 鉴于源语作者与的语读者的文化差异，译者不应过于指望他的读者的智力和想象力。⑤ 在一定意义上，译意

① Lawrence Venuti. The Translator's lnvisibility [M]. Routledge, London, 1995.

② Eugene A. Nida. The Theory And Practice of Translation [M]. E. J. Brill, Leiden, The Netherlanes, 1969: 13.

也就是获取源语文化和的语文化之间的“文化对等”。

异化和归化两种完全不同的翻译策略在文化翻译中都是必不可少的。实际上，任何翻译大师都不是单独依靠某一种翻译策略来进行文化翻译的。近年来在我国评论界对归化和异化的讨论声中，异化的声音稍微大一些。问题是我们应该如何确定该采取何种翻译策略的条件。这就需要一个翻译原则作指导。

对虚指义的翻译同样应该在一个翻译原则指导下采取灵活的翻译策略：归化、异化，甚至归化和异化相结合。那么我们如何界定这个原则呢？笔者认为，上文分析的虚指义（与本义）的“疏离度”应是一个恰当的依据。疏离度越小，译文越接近源语文化；疏离度越大，译文越接近的语文化。这一原则兼顾了异化、归化两种翻译策略，让译者有充分的理由做出策略选择。因为疏离度是一个客观依据，不是人们的心理推测。对于那些从字面上可以（直接或间接地）推断出的属于一度、二度疏离的虚指义的数词词组应尽量异化翻译；反之，对于从字面上很难推断出的属于三度、四度疏离的虚指义的数词词组则应尽可能归化翻译。

3 数词词组虚指义翻译例证

3.1 一度、二度疏离的数词词组的翻译

（1）一个和尚挑水吃，两个和尚抬水吃，三个和尚没水吃。

该成语中的数目“一、二、三”已由原来的实指义引申为虚指义，但读者仍然可以从字面上理解它们用在该句中所代表的“文化意义”。因而译文可以异化翻译成：

A lone monk brings his own bucket of water to drink, two monks carry their bucket of water jointly, but when three monks are together, there is no water at all.

此外，英语谚语“Everybody's business is nobody's business.”以及“Too many cooks spoil the broth.”虽然也表达与上句相同的交际意义，却失去了源语的文化特色。

《红楼梦》中也有许多属于映射生成虚指义的数词词组，如：

（2）王夫人笑道："……俗语又说'女大十八变'，况且有本事的人，未免就有些调歪，老太太还有什么不曾经历过的？"

对该句中的"女大十八变"，杨宪益夫妇的译文是：A girl changes eighteen times before reaching womanhood. 译文是完全的异化翻译法。

英语数词词组也有虚指义与本义紧密相连的情况。例如：

（3）I have a thousand and one things to do before we set out for our holiday；seventy times seven did I take counsel with my soul.（此语出自《圣经》）

该句中出现了两个数词词组，从上下文来分析，它们均属虚指现象，表示"多"的意思，用在句中起夸张与强调的修辞作用。所以"a thousand and one things"应译"许多事情"；"seventy times seven"应译成"许多次"。

（4）I've listened to the arguments of both men and I still don't know which one is at fault；It sound like six of one and half a dozen of the other to me.

此句中的"six of one and half a dozen of the other"很明显表示"结果相同，相差无几"的意思。直译为"一边是六，另一边是十二的一半"。有人将此句归化译成汉语成语"半斤八两""五十步笑百步"，这其实是不准确的。因为英语词组并不含有"两者都没有什么了不起"的轻蔑意味，只是强调"差不多"而已。

3.2　三度、四度疏离的数字词组的翻译

由投射和影射生成的虚指义与本义相差较大，宜采用异化加归化或归化翻译策略，以便正确传达源语的文化意义。

（1）Everything is at sixes and sevens in our house after last night's party.

（2）The committee is split over the scheme. They are at sixes and sevens.

以上两句中均有的数词词组 at sixes and sevens，它可以说是关于数词词组虚指义方面的一个典型例子，它最早由大名鼎鼎的英国作家乔叟（Chaucer）（？—1400）使用于其传奇小说《特罗勒斯和克丽西德》中，当时的表达形式是 set on six and seven，直到 18 世纪才演变成现在这种形式。无巧不成

书，6与7之和刚好为13，而13又是英美人最忌讳的。因此该词组在英美人的文化里的含义是消极的。这两句便可以译成："昨天晚会之后，家里一片狼藉。""委员会在这个方案上意见分歧，各说各的。"

(3) But the traitor got his thirty pieces of silver.

该句中的数词词组 thirty pieces of silver 是由一个典故，出自《圣经》：叛徒犹大（Judas）为了30块银币把耶稣出卖给犹太教祭司。因而该词组是指"因叛卖获得的钱财或其他报酬"。如果译者仅把它译成"30块银币"，则没有传达出该词组的虚指义，并可能造成误解。因此，不妨采用归化策略将此句译成："这个叛徒却因出卖别人而得到了可耻的钱财。"

(4) 我说，这实在是"五十步笑百步"。

该句中的数词成语属中国古代文化典故，语出《孟子·梁惠王上》。此词组的真正意思是"自己跟别人有同样的缺点或错误，只是程度上轻一些，却讥笑别人"。由于它的虚指义与本义相差甚远，对于异语文化读者来说，这是很难理解的。因此，应该采用归化的译法，把它译成英语里意义相似的谚语：It's the pot calling the kettle black, I'd say.

任何一门语言都是与文化密不可分的，把数词词组虚指义的翻译纳入文化翻译中来讨论有利于正确理解和表达源语的虚指义。对虚指义与本义之间的"疏离度"的探讨，有利于把虚指义的"虚"实化，使译者在翻译时有充分的依据。翻译的过程是一个透彻理解源语文化意义并以恰当的翻译策略和手段将其传达给的语读者的复杂过程。译者应具备跨文化的素质，努力使译文忠实于原作，再现原作的文化内涵，实现文化交流，做一名文化的传播者。

英汉语言中数词及数词词组的语义模糊

模糊性是语言的一种属性。这种模糊性并不像过去人们认为的，是语言的缺点，而是语言整个复杂体系的基本属性。语言的模糊性包括语音、语法、语义的模糊性及模糊词语等，我们在此主要研究词义模糊，并且是关于“数”的词义模糊。

数，在科学的数学世界里，它的功能是计算，毫厘分明，精确严谨，是实数；而在人们心灵的语言世界里，它的功能是表义，许多数字经过“泛化”，表情达意，增强语势，是虚数。这种泛化的虚数就是数字的语义模糊现象。

1 汉语中的数字模糊

汉语中模糊意义的数字广泛用于成语或词组中，作为夸张或比喻的修辞手段，使语言凝练生动、生辉添色，达到言简意赅、渲染气氛的效果。如成语中的“半斤八两”“三头六臂”“三言两语”“三番五次”“三教九流”“四面八方”“七上八下”“七嘴八舌”“九死一生”“九牛二虎之力”“千军万马”“千疮百孔”“万水千山”等都是语义模糊的实例，又如一些耳熟能详的名句：“千里之行，始于足下”“一失足成千古恨”“千山鸟飞绝，万径人踪灭”“白发三千丈，缘愁似个长”“飞流直下三千尺，疑是银河落九天”等都是数字模糊语义在文学作品中的运用。又如一些脍炙人口的作品：

（1）将军百战死，壮士十年归……同行十二年，不知木兰是女郎。（《木兰诗》）

（2）后宫佳丽三千人，三千宠爱在一身。（白居易：《长恨歌》）

（3）想当年，金戈铁马，气吞万里如虎。（辛弃疾：《永遇乐·京口北固亭怀古》）

（4）北国风光，千里冰封，万里雪飘。（毛泽东：《沁园春·雪》）

（5）胜似春光，寥廓江天万里霜。（毛泽东：《采桑子·重阳》）

（6）千呼万唤始出来，犹抱琵琶半遮面。（白居易：《琵琶行》）

（7）一望二三里，烟村四五家，楼台六七座，八九十枝花。

“千里”和“万里”泛指范围之广，距离之遥，并非实指有一千里或一万里。相似的“千山”“千古”“万径”形容数量多，程度深，也非实指。至于李白作品中的“三千丈”则是夸张手法的妙用。《木兰诗》里的百、十、十二也非实指，在古汉语中，“百”经常形容数量之多，表示难以计数，“十”代表很长的时间，“十二”不是说明木兰参军作战十二年，而是一个表达多年军营生活的叙述，因此绝不能仅仅按数字的字面意义去理解，特别在翻译时要加倍注意。“千呼万唤”中的“千”和“万”也是描绘次数之多，至于（7）句中的数字是形容静寂、寥落，不是数量的具体描绘。由上可以看出正是数字词义的这种模糊性发人联想，让人回味，在句中突出形象，烘托环境，渲染氛围。在特定的语境中，数字的模糊语义还可以随语境扩大延伸，给人以更大的思索和想象空间，同时也给译者更大的发挥和再创造余地。

2 英语中的数字模糊

语言是相通的，英语中也有大量的数词在词语中其语义具有模糊性，这些数词词语的模糊语义是指，数词在交际中其自身的因素不起主要作用，数词与其他词语一起使用，产生了相对其自身而言的模糊意义，这与汉语中的数词模糊有很大的区别。例如：second sight（超人的视力，也指个人对事物的预见力）

five and ten（廉价商店）

sixes and sevens（乱七八糟）

on cloud nine（洋洋得意）

eleventh hour（最后一刹那，最后关头）

feel like a million（精力充沛）

上面几例中其数量词的数量意义有的已凝为一体，浑无所指，有的已模糊到感觉不出其确指的意义来了。

客观中的许多事物并没有清晰的界限，往往是处于亦此亦彼、寓此于彼、难分彼此的状态，这种不确定的事物和概念就是模糊事物或概念。用于表达这些事物或概念的词语就称为模糊性词语，如：

put two and two together（根据现有的事物或材料推断，根据逻辑推断）

in two twos（立刻，一转眼）

ten to one（十有八九）

not a hundred miles away（离……不远）

two of a trade never agree（同行是冤家）

此外，英语中利用语义的模糊性，在修辞中起到了积极作用，有很好的修辞效果。如：

（1）委婉表达

No. 1 job，No. 2 job（美国人喜欢把大便称为 No. 1 job，小便称为 No. 2 job）

Third sex（同性恋）

（2）隐喻

three-ring circus（热闹非凡，犹如马戏大观）

no simile runs on all fours（一切比喻都是跛脚的）

to be dressed up to the nines（穿得整整齐齐）

the upper ten（贵族）

the submerged tenth（贫民）

（3）明喻

go like sixty（飞快地跑，起劲地干）

feel like two cent（自惭形秽）

此类例子，不胜枚举。

3　模糊词的种类

模糊词的种类根据伍铁平提出的依照词的外延是否有上限和（或）下限

可以从结构形式的角度分为三种类型，这种划分在一定程度上也适用于解释数词的词语的模糊性。

（1）外延的下限无明确界限，上限却有一定限定的模糊词。如 hundred miles 上限到一百英里，而下限却没有明确界限。汉语“千呼万唤始出来，犹抱琵琶半遮面”中上限到千和万。

（2）外延的上限无明确界限，下限却有一定限定的模糊词。如 two of trade（下限为两个同行或竞争者），而上限没有明确人数，可以是三个人、四个人，或许许多多。中文中的“三言两语”下限到“两、三”，也许可能是更多的几句，四五句什么的，只形容话说得不多。

（3）外延不论上限还是下限均无明确界限的模糊词，如“sixes and sevens ”这类词语，上下限都没有明确界限，再如“后宫佳丽三千人，三千宠爱在一身”“女大十八变”“三头六臂”等，都没有上下限可言。后宫佳丽可能少于三千，也可能多于三千。十八变是虚数，不存在上下限。三头六臂中的三、六也不是具体的，没有明确的上下限。

4 数词词语模糊语义存在的原因

（1）语言所反映的客观现实是无穷无尽的，而语言单位却是有限的。我们可以说数词是用之不竭的，单纯用这些数词表达不了复杂的概念。因此，数词不再是反映一一对应的清晰的概念而是别更多地组合、搭配运用在一起来表达一些抽象的、含蓄的、不明确的概念，从而产生新的语义。这是数词词语中存在模糊语义的客观根源。

（2）人具有进行模糊思维的能力。人类可以接受各种模糊信息，对模糊事物进行识别。这为数词词语中存在模糊语义提供了先决条件。

（3）人们对数词词语的引申意义和象征意义的运用。很多幽默由此产生，如 What does a monster do when he loses a hand?

He goes to a second-hand store.

（4）历史遗留的习惯用法和特定的生活、生产环境是数词词语具有模糊语义的另一个客观原因。如 two and a plack（小事情，极少的钱），plack 是一种苏格兰铜币，值四个苏格兰便士，流通于十五六世纪。a thousand and one,

此词语来自阿拉伯故事《一千零一夜》，现在这个词语多用于口语中，表示“无数、非常多”。

数词的语义模糊给语言带来很多色彩，但同时也给跨文化的理解带来了一定的困难，因此我们在理解和翻译的过程中要从原作品所要表达的意境出发，结合不同的语言习惯和民族特色进行灵活处理，以便达到更好的交流目的。

参考文献

[1] Ballmer T. & Pinkal, M (ed) . Approaching Vagueness [M]. Elsevier Science Publishers B. V. 1991.

[2] 包惠南．文化语境与语言翻译 [M]. 北京：中国对外翻译出版公司，2001.

[3] 汪福祥．现代英语妙语语林 [M]. 北京：石油工业出版社．1999.

[4] 伍铁平．模糊语言初探 [J]. 外国语，1979 (4) .

[5] 伍铁平．模糊语言再探 [J]. 外国语，1979 (5) .

[6] 厦门大学外语系编．英语成语词典 [Z]. 北京：商务印书馆．1980.

英语连词 or 的用法和译法

or 是英语中使用率较高的一个连词，其用法较复杂，译法也多样。现根据笔者在教学与学习中的所得，拟对 or 的用法与译法作一初步的探讨。

1. 表示选择，可译为“或、或者、还是”等。例如：

Which do you like better，tea or coffee？你喜欢喝茶还是咖啡?

Take it or leave it. 要不要由你。

但 or 在表示选择时的用法有下面三点值得注意。

(1) or 所连接的主语都是单数时，动词也用单数。例如：

John，James or Andrew intends to accompany you. 约翰，詹姆斯或安德鲁想陪你。

(2) 当 or 所连接的主语只有两个时，or 应译为“不是……就是”。例如：

Mary or Tom is wrong. 不是玛丽错了就是汤姆错了。

(3) 主语的人称、数不一致时，动词随着比较接近的主语而变化。例如：

He or I am in the wrong. 不是他错了就是我错了。

2. 表示不确定含义时，or 通常不译出。例如：

He can walk four or five kilometers in an hour. 他一小时能走四五千米路。

They can finish writing the composition in an hour or two. 他们能在一两小时之内写完这篇作文。

3. 如果在否定句中有两个对等的宾语或状语时，习惯上不用 and 连接，而用 or，把两个对等的成分都否定掉。例如：

He could not speak clearly or correctly.

他讲得既不清楚又不正确。

She could not read or write at that time.

在那时她不会读，不会写。

4. 起解释或补充说明作用，常用来连接同义词或说明语，可译为“即、也就是、换言之”等。例如：

Mike majors in zoology，or the science of animals. 麦克主修动物学，也就是有关动物的一门科学。

It's one hundred and twenty kilometers，or two hundred and forty li，f rom here to my home town. 从这里到我家乡有一百二十千米，即二百四十里。

5. 表示假设，可译为“否则、要不然”等。例如：

Don't approach a step nearer，or you will be killed. 不许走近一步，否则你将会送命。

A body must move，or no work is done. 物体必须移动，否则就没有做功。

6. 表示条件意义，用“ … or … ”形式，译为“不论……”。例如：

Yes or no，you must answer this question. 不论对否，你总得回答这个问题。

Rain or shine，we must go to the plant. 不论晴雨，我们一定要下厂。

7. or 构成的固定短语

（1）or so 一般说来有两层意思：一是置于数词后，译为“ ……左右”，二是置于第二个句子之前，so 代替前句，译为“至少……这样……”。例如：

Five hundred dollars or so will do. 五百美元左右的钱也行。

He is twenty or so. 他二十岁左右。

Prisoners are treated humanely and are being reformed through productive labour and study rather than punished. There is no physical punishment，or so we were told. 犯人受到人道的待遇，与其说是惩罚，不如说是通过生产劳动和学习正在得到改造。对犯人没有体罚，至少我是这样听说过的。

（2）or thereabouts 可译为“约合、大约、左右”。例如：

The whole journey of 25,000 li or thereabouts 8,000 miles was covered on foot. 全程二万五千里，约合八千英里完全步行。

They need a thousand dollars a year or thereabouts. 他们每年需要大约一千美元。

(3) more or less 一般说来它有两层意思：置于数词之前、后，表示大约数，可译为“……左右、……上下”；不与数词连用，不表大约数，译为“或多或少、多少”。例如：

I read more or less forty pages last night. 昨晚我看了大约四十页书。

He looks thirty, more or less. 他看上去三十左右。

They speak English more or less. 他们多少也讲点英语。

(4) “数词＋ or more” 表示不确定，译为“有……或多一点”。例如：

The plant is a mile or more from here. 工厂离这儿有一英里或一英里多点路。

It will take an hour or more to do the work. 做此活要花一小时或一小时多点时间。

(5) either... or 表示选择，译为“不是……就是、要么……要么、或者……或者”。例如：

Either you or I am wrong. 不是你错了就是我错了。

Either you or he is wrong. 要么是你不对，要么是他不对。

(6) whether... or not (no)

一般说来 whether... or not (no) 有两种用法：一译作“是否”，相当于 in either case，用来引导一个从句；二是译作“无论如何”，不引导从句。例如：

Whether or not they designed this kind of machines, I don't know. 他们是否设计了这种机器，我不得而知。

I shouldn't do it, whether or no. 我无论如何都不该做这事。

英语表示强调的词汇及其汉译

在英语中表示强调的词汇较多，现将笔者在教学与研究中所见到的若干归纳如下。

1　Very

它通常与定冠词 the 或指示代词 this，that 或人称代词 my，his，your 等连用，加强其后名词的意义，可译为“正好是、恰好是”。例如：We had our discussion in this very room. 我们正是在这间房里开的讨论会。//It was my very thought! I didn't sleep a single moment that night (Mark Twain). 我正是此想法，那天晚上我一眼未合。

注意：very 也可置于形容词最高级前，加强该词词义，可译为“最高程度地、完全”。如：I'll do the very best I can to serve them. 我要尽最大努力为他们服务。

2　and how

它为表强调的收尾词，说明受话者对施话者所述情况的反映，如赞成、惊奇、反感等。可译为“真的；可不是；当然”。例如：A：He is sick! ——B：And how! 甲：他生病了！——乙：真的！// A：Were you on duty? ——B：And how! 甲：你那时在值班吗？——乙：当然啦！

3 and that

它加强前句的意义，其中 that 为替代词，替代前句主述内容以免重复。and that 可译为“而且”。例如：You must tell me，and that at once. 你必须告诉我，而且必须马上就告诉我。// He can speak French，and that very fluently. 他会讲法语，而且讲得很流利。注意：指多数的场合时，and that 须改为 and those。如：Our commune had only two tractors and those not of the best. 我们公社过去只有两部拖拉机，而且都不是最好的。

4 do 及其适当形式

强调主要动词，要重读。一般用于肯定陈述句与祈使句中；在祈使句里，主要动词可以是行为动词或系统词，可译为“真的，的确”。例如：I do believe him. 我的确相信他所说的话。// He does speak English very well. 他的英语的确讲得很好。// He said he would come and he did come. 他说他会来，而后来他真的来了。// Oh，do be patient！啊，千万要耐心点儿！注意：① do（does，did）置于 never 之后则强调 never，如：The course of true love never did run smooth. ② do 有时可单独使用表强调，如：Make it liberal —— do，dear，that's a good fellow. 大方一点吧——千万千万要大方，亲爱的好人儿。③ does，did 不用于祈使句中，如：Wrong：Does be careful！Wrong：Did be careful！Right：Do be careful！

5 yes，and

加强下文的意义，可译为“是的；说真的；而且”。例如：He has read，yes，and studied the article carefully. 他不但阅读而且仔细研究了那篇文章。// I could endure，yes，and enjoy it. 我忍受得了，而且心安理得。

6　Just

置于间接问句前，表示对该问句的强调，可译为“究竟”（=precisely）。例如：I do not know just what he is. 我不晓得他究竟是干什么的。// Just how many there are remains to be seen. 究竟有多少还有待调查。注意：just 置于祈使句首，重读，也表强调。如：Just fancy meeting you here! 但：Just（=Please）wait a moment.（不重读，不表强调）

7　let alone 等

补充前句，加强后句意义，可译为“更不用说”。例如：He can't speak Chinese well，let alone / to say nothing of / not to mention / not to speak of / much less / still less English. 他连汉语都讲不好，更不必说英语了。// She can speak English，much more / still more German. 她会讲英语，更不用说德语了。

8　begin to

与否定词连用置于谓语动词前，加强否定意义，可译为“根本不”或“毫不”。例如：I can't begin to believe him. 我根本不相信他的话。// We could not begin to tell him what we had done. 我们根本不想告诉他干了什么。

9　There

置于句首引起他人注意或表强调，其译法得看其所使用的场合。例如：There fell a deep silence. 忽然一片静默。// There's a fine dress for you.（表示赞赏）// There，there，don't worry about that.（表示安慰）注意：there 有时可与另一副词连用放在句末，如：I am not sorry I said it，so there. 我这样说不感到后悔，你拿我怎么样。

10 Such

置于名词前加强该名词的意义，可译为“这样，那么”。例如：You gave me such a fright. 你真把我吓死了。// I have never seen such a large one. 我从未见过这样大的东西。

11 Ever

与 so 连用加强其后的形容词，与 such 连用加强其后的名词（短语），可译为“非常”；ever 置于疑问词（如 what，who，which 等）之后加强该疑问词，可译为“究竟、到底”（=in the world，on earth，the devil，the deuce，in the nations，etc.）。例如：The man is ever so strong. 他这人真是强壮。//Who ever can it be? 到底是谁？// What ever did you do just now? 你刚才究竟干了什么？注意：ever 用于动词 to be 作谓语动词的倒装句里，强调其后的形容词，可译为“非常、极”，如：Was he ever delighted！他高兴极了！

12 Something

与 like 连用置于动词 to be 后强调 to be，be 要重读，可译为“了不起，好极了”。例如：Dickens was something like an author. 狄更斯是位了不起的作家。// That was something like a dinner. 那是丰盛的一餐。注意：something like 也可单独用作表语，如：That's something like！那真是妙极了！

13 Only

强调句子的主、谓、宾、状语，置于这些成分前，可译为“只是、只有”。例如：① 强调主语：Only you saw the girl coming up to him. 只有你看到那个姑娘向他走来。② 强调谓语：French people only come to England to make money. 赚钱才是法国人来英国的目的。③ 强调宾语：I know only Xiao Li among them. 他们中我所熟悉的只有小李。④ 强调状语（从句）：Only in this way can we learn English well. 只有这样，我们才能学好英语。Only when the war was over in 1918 was he able to get happily back to work. 只有一九一八年战争结束后，他才能愉快地回来重操旧业。注意：only 置于句首强调状语（从句）时，句子要部分倒装。

14　Some

在美语、英语俚语里用来加强其后名词的意义，可译为“很大的；了不起的，惊人的”。例如：He is some scholar. 他是位了不起的学者。// I call that some picture. 我看那张画挺不错。

15　It

无实际意义，置于不及物动词或由其他词借用过来的暂时性动词之后时，表示强调。例如：Go it while you are young! 趁年轻的时候，努力前进吧！// We will battle it together. 我们决心并肩战斗。// We'll have to foot it. 我将只得走着去。

16　oneself 等反身代词用来强调名词或代词

例如：He is kind itself（=very kind). 他很厚道。I myself said so.（=I said so myself.）我自己这样说的。

17　Even

置于副词、代词、名词、动词、连词、形容词、介词短语之前，强调这些词或短语，可译为“甚至，连……都”。例如：①强调副词：Even now he doesn't believe it. 甚至到现在还不相信。②强调代词：Even I myself can do the work. 连我都能干这项工作。③强调名词：Even a child can understand it. 这个连小孩都能懂。④强调动词：I can't even remember the name of that old friend of mine. 我连老朋友的名字都忘了。⑤强调动词不定式：She forgot even to ask you about that. 她竟忘了向你问起那事。⑥强调连词：I'll help you，even if / though I don't sleep for a night. 即使我一夜不睡，我还是要帮你。⑦强调形容词：They are ready，even eager，to fight. 他们准备随时出战，甚至跃跃欲试。⑧强调介词短语：It is cold there even in summer. 那里甚至夏天都冷。

18 Indeed

置于形容词或副词（短语）后，表强调，可译为"确实，实在"。例如：It is very kind indeed of you to help us. 你帮我们真是太好了。//Thank you very much indeed. 万分感谢你。注意：indeed 也可单独用来表强调。例如：That's so，indeed！的确，是这样！

19 Most

置于形容词前强调该类词，不带 the，也无比较意义，可译为"非常，极"（=very / extremely）。例如：It is a most dangerous trick to play with fire. 玩火是非常危险的把戏。// This is most difficult. 这非常困难。

20 Same

常与 this，that，these，those，very 连用并置于名词前，强调该名词，有时含贬义，可译为"刚才说的，所谓"。例如：What's the use of these same lamps? 这所谓洋灯有什么用呢？// I felt unwell on the Monday and did not go to the office on that same day，the office was wrecked by a bomb.

21　Really

置于形容词、副词、动词前强调这些词，可译为“实在，确实”。例如：Do you really want to go? 你真的要去吗？// It's really good. // It is really not his fault，but mine.

22　all 或 much

置于“the ＋ 比较级”前强调该比较级意义，可译为“反而更……，倒更……”，其中 the 等于 to that degree。例如：I like him all the better for his faults. 因为他有缺点，我更加喜欢他。// It had become much the better when I saw it. 我见着它时，它变得更好了。此外，all 与抽象名词连用也表强调，可译为“非常，十分”。如：I am all anxiety（＝very anxious）. 我十分焦急。

23　at all

用于疑问、否定、条件句和隐含否定意义的肯定句中，表强调，可译为“一点；完全；究竟”等。例如：Does the wound hurt?（伤痛吗？）——Not at all（＝Not in the least / Not a bit.）（一点也不。）// Do you know him at all? 你到底认不认识他？// If you do it at all，do it well。要干就干好，否则就别干。// I was surprised at his coming at all. 他竟然来了，我很惊奇。

24　exact，particular，precise 等形容词

常与 the，this，that 连用置于被强调的名词前，可译为“正是，就，恰好”。例如：At the exact moment when we turn on a lamp in the dark room，everything in the room seems to light up. 就在我们把黑暗房间里的电灯开亮的一瞬间，房间里的一切似乎都亮了起来。// It happened on that particular day. 事情就发生在那一天。

25　exactly，precisely，right 等副词

置于被强调的成分前，可译为“正是，就，恰好”。例如：A molecule of water contains exactly two atoms of element hydrogen and atom of the element oxygen. 一个水分子包含恰好两个氢原子和一个氧原子。（exactly 强调其后整个短语）// This is precisely why atoms can transfer electrons to other atoms to form molecules.（precisely 强调其后整个从句）

26　the last

置于被强调的名词前，常含否定义，可译为“最不……的”。例如：He is the last man I wanted to see. 他是我最不愿意见的人。// That's the last thing I should do. 那样的事我哪里会干。

27　Whatever

（1）引导名词从句，词尾 ever 强调 what，可译为“凡是……的”（＝anything that）。例如：Do whatever you like. 你爱干什么就干什么吧！// We'll do whatever the Party calls upon us to do. 党叫干啥就干啥。

（2）whatever 省略用法＝What it，he，etc. may be，用来强调 any 或否定词，相当于 at all；亦作形容词处理。例如：①可译为“究竟”。Is there any chance whatever? 究竟有没有机会？②可译为“什么也”。There is no doubt whatever. 什么疑问也没有。

28　And

使用 and 连接两个或两个以上相同词语，译法较灵活。①连接两个相同的复数名词，强调质量、特性的差异。例如：There are books and books.

（=There are good and bad books.）书有种种，好坏不一。// You can find doctors and doctors. （=You can find good and bad doctors.）你可以找到良医，也可见到庸医。但如果连续重复（即使两个 and 以上），就不表质量、特性差异而表数量之众。如：There are cattle and cattle all over the place. 遍地是牛羊。// There were books and books and books here and there. 到处是书。②连接两个相同的动词，强调动作的连续与反复。例如：They walked and walked. 他们不断地走着（走了又走）。// He talked and talked and talked. 他说个没完没了。（语气更强）③连接两个相同的名词、数词，表连续、反复。如：They walked for hours and hours. 他们干了很久很久。// They came into the room two and two. 他们一双一双地来到房间里。④连接两个相同的形容词或副词，强调程度的不断加深。如 more and more（…），less and less，better and better，worse and worse，on and on，through and through 等。Things are getting more and more favourable. 形势越来越有利了。// They read it on and on. 他们不停地读它。

29　on（upon）

利用 on（upon）连接两个相同名词，表消极意义，强调多次发生。例如：Broke oath on oath，committed wrong on wrong. 违背了一个又一个誓言，犯下了一个又一个错误。//They suffered from defeat upon defeat. 他们屡遭失败。// The enemy were surrounded ring upon ring. 敌人陷入重围。

30　Like

利用 like 短语表强调，可译为“拼命地，极其”。例如：He was proud like anything. 他骄傲得不得了。（强调形容词）// She would work like anything. 他会拼命地工作。（强调动词）He was working like blazes. 他在拼命地工作。// He ran like hell（=very fast）。他跑得极快。//They worked like fury / like mad. 他们拼命工作。// He was running like the devil. 他在拼命地跑。// I apologized like a madman. 我拼命道歉。

31 For

使用"for +数词 +名词 +on end，etc."短语，可译为"连续……"例如：It has rained for three days on end // It has rained for three days running /at a stretch / in a row // It has rained for three straight / successive days 连续下了三天雨。

32 使用不同种类的叠词

叠词多由同义（近义）词构成，但也有由反义词或意义对称的的词构成的，其译法视具体情况而定。例如：It is my one and only wish to join the work. 我唯一的愿望是参加这项工作。（one 与 only 为近义词）// Mathilde worked night and day / days and nights to pay for the debts. 为了还债，玛蒂尔德不分昼夜地工作。（day 与 night 互为反义词）// Every white has its black. 有利必有弊。（white 与 black 成对出现）

33 in / with al

使用"in / with all +抽象名词"短语等，可译为"很……地"。例如：We thank you for your help in all sincerity. 我们由衷地感谢你的帮助。// This should be done with all promptitude. 此事应迅速完成。// The class are listening with all attention. 全班同学在聚精会神地听着。注意：这类短语也表强调：in / with great surprise，in / with great amazement (astonishment)，in all silence，with great satisfaction，with great success / pride / fluency，with great care / warmth，with great courage，of great interest，of great importance，of great use / value，with curiosity，等等。

34 运用表示夸张的 world, death 等词

如：a world of 可译为“无数的，许许多多的”，to death 可译为“到极点，至极”。例如：There was a world of reproach in her eyes. 她眼里饱含着无限的责备神情。// He was frightened to death by the strange noise. 这个奇怪的响声把他吓得要命。

35 使用“the ＋名词＋ of ＋同一名词的复数”形式

强调最典型的人或事物。例如：

Grain is the treasure of treasures. 粮食是宝中之宝。He is the student of students. 他是出类拔萃的学生。另外“one / a ……＋in a thousand / hundred ”也可表示最典型的人或事物。例如：Jurgis' huge shoulder，his youth and health marked him out as one workman in a thousand. 尤吉斯的宽肩，他的青春，他的健康，都标志着他是千中挑一的好工人。

36 在形容词、副词的比较等级前加程度副词、词组

修饰比较级时，可译为“……得多”，修饰最高级时，可译为“最……”。例如：This is by far the best I have ever read. 这是我所读过的最最好的书。far / even / much / very much superior to that. 它比那个要优越得多。注意：常见的程度副词还有 the，still，yet，any，a lot，a great (good) deal，by a long shot，a sight，a little，slightly，a head (taller)，all / so much the (better，etc.)，far and away，out and away，等等。

37 not 与其他词汇的用法

将 not 与 for the world / for anything / for the life of one / in the least / a bit / at all 等连用表强调。例如：I wouldn't do it for the world. 我决心不干

它。// I can't for the life of me recollect where I put it. 我怎么也记不起把它放在哪儿了。// I am not tired at all /in the least. 我一点儿也不累。// I don't mind a bit. 我一点也不在乎。

任何一种语言都有其丰富的表达法，英语也不例外，就强调的表达法而言，有语法手段、语音手段与词汇手段三种，每种手段中又包括若干内容，本文仅择其一种即词汇手段。由于用词汇手段表示强调的词汇十分丰富，因此本文难免有疏漏之处。但愿本文能在词汇表示强调的教学与研究中起到抛砖引玉的作用。

从汉英量词互译
看形象意义在双语转换中的保留

翻译的实质是双语间意义的对应转换。根据刘宓庆先生的分类，要转换的意义可以分为：概念意义（conceptive meaning）；语境意义（contextual meaning）；形式意义（formal meaning）；风格意义（stylistic meaning）；文化意义（cultural meaning）和形象意义（figurative meaning）。形象意义指的是词语的修辞比喻意义。它是词语从字面意义（literal meaning）到比喻义（metaphorical meaning）的发展和转移，是一种重要的语义着色手段（colouring）使之不同于白描词（plain word）。形象意义可以丰富语义使其具有鲜明的形象性和浓烈的情感色彩，它是意义转换中不能忽视的修辞意义，在文学作品中应用尤广。因为它“状理则理趣浑然，状事则事情昭然，状物则物态宛然，状难写之景如在眼前，含不尽之意，见于言外”。如果在转换过程中忽视了形象意义而造成形象色彩的丧失，那么原文的生动性、作家的独特风格及深层情感内涵都有可能随之丧失殆尽。如汉语“一派胡言”中的“派”暗示宽度、广度、强度、鲜明度，含有感情色彩。若将其勉强译为 a pack of nonsense 则情感意义就丧失了。如 a whiff of fresh air，whiff 形容短促、细微，具有鲜明的形象性。若译成“吸口新鲜空气”则生动性就丧失了。英汉语中存在着大量有丰富形象意义的表数量的词。翻译时一定要从语义深层寻求信息通道，尽量保持源语的形象意义。下面本文将从汉英量词互译来探讨形象意义保留的一些手段。

1 汉、英量词的分类及特征

黄伯荣在《现代汉语》中将汉语量词分为物量词和动量词。这两类又都可以再细分为专用量词和借用量词。物量词的专用量词包括度量衡单位如尺、丈、米、升、平方米等；个体单位如对、双、副、群等；不定单位如些、点。物量词的借用量词有的借自名词如头、口、尾，有的借自动词如挑（一挑水）、担（一担柴）。动量词专用量词有回、趟、阵、番等。它的借用量词也包括借自名词的如笔（画一笔）、枪（开两枪）和借自动词的如踢、看等。一般来说专用量词又可称为计量性量词而借用量词则可称描写性量词。

英语中没有量词类，但有与之相对应的概念即"单位名词"（unit noun），属于名词范畴。这类词有着丰富的表现力，因此它们能从名词的大海中挑选出合乎特定语境的词来不断扩充自己使之更为丰富多彩、生动鲜明。英语量词的这一特色使得形象意义的保留成为可能。计量性量词一般都可以直接找到对应体，转换时几乎不会丧失什么意义，但描写性量词在转换中的可译性障碍比较明显。这类量词不仅表量而且还状形即描写所加名词的形态或者使抽象事物具体化突出其形象性等。如"一钩（弯）新月""一丝微笑""一缕情思""一抹微云""一包眼泪""一闪光艳"等。形象性这一特点（即语言具有具象性或描绘性）使得这类量词不仅能唤起人们的理性思维而且还能为人们的理性思维提供一个有形、有色、有声的映象（image）。这类量词数量不多且多用于文学作品中，作为一种表现力很强的意义表现手段，它是文学作品中很重要的一个修辞特色。如果它所承载的形象意义得不到有效转换，译作就难免大为失色。如何在语际转换中运用各种手段将此类量词"映象"下的意义保留就成了方法论的重要课题。

2 汉语量词英译的常见手段

形象意义一般可分为明喻意义（simile meaning）隐喻意义（metaphorical meaning）和换喻意义（metonymic meaning）。三者都是以事物的形状（形象）作为描绘手段而产生的意义，根据不同意义可分别采用对应转换、替代转换和增补转换。

2.1 对应转换

有的量词对其后名词的外形进行了描写、比拟，给读者留下了鲜明的视觉印象，属明喻意义。如“一叶扁舟”，“叶”是比喻小舟的形状就像一片轻巧、扁平的树叶漂浮在江面上。“一弯新月”，乐府诗里有“新月如眉”的句子，那月牙儿不正似弯弯的柳眉吗？“一针青草”一个“针”字写活了春日初生绿草纤细如针、生机勃勃的样子。“半丘黄土”点明了黄土的形状。再如白先勇先生描写一个邋遢女人戴着假发，说她顶着“一球红发”，这个“球”字将女人头发的蓬松、邋遢的样子描绘得淋漓尽致，使读者仿佛亲眼所见。由于这类量词所描绘的都是非常具体的形象，而“扁舟”“新月”“青草”这些事物在源语和译语读者眼中都能唤起同样的视觉印象。因此翻译时只需在的语中找到同等形象的对应词即可。“一叶扁舟”可译为：a leaf-like boat；“一针青草”：a fine blade of needle-like grass。由于英语单位名词具有丰富的表现力，可以从中挑选出很多与中文量词相对应的名词。如 cresent 一词指新月形（物）(a thing with a narrow curved shape that tapers to a point at each end like a new moon）所以“一弯新月”就可以通过对应转换译成：a cresent of moon。“半丘黄土”也可译成：a little mound of yellow earth。而“一球红发”可译成：a ball of red hair。由于英汉语之间确实存在相等的成分（equivalent）和相当成分（corresponding）这就使得对应转换成为可能，形象意义也随之得以完整地保存。但正如范存忠教授在《漫谈翻译》中所指出的一样：双语之间相等、相当的部分固然有大多数是既不相等又不相当的。此时我们就要用译语读者所熟悉的形象来替代源语形象从而使译文与原文产生相同或相近的表达效果，并在一定程度上弥补因不能再现源语形象所造成的损失。

2.2 替代转换

汉语中有一类量词是“以实写虚”如“寸寸柔肠”“一段痴情”“一缕相思”等。“寸寸”“一段”“一缕”本是用来表现实体的，如“一寸布头”“一段时间”“一缕棉线”，但它们描写“柔肠”“痴情”等抽象事物时应用的就是其暗喻意义。“寸寸柔肠”就含有心思细密、千回百转的情感意义；“一缕相思”用“缕”的形状暗喻相思之情悠长、缠绵，剪不断，理还乱。此类量词都有着浓烈的情感色彩。若是照着字面意思直译就会使这种情感色彩丧失殆尽。李商隐的名句“春心莫共花争发，一寸相思一寸灰”中一个“寸”字把这份相思带来的哀怨、深情、忧郁写尽了。但若要译成：an inch of lovesickness 英文读者不但体会不到那段缠绵悱恻的柔情，恐怕还会奇怪：“lovesickness 也可以用 inch 来丈量吗?”“缕”“寸”等暗含意义在英语中找不到相对应的词来表达。此时，我们只能弃“形”而求“神”，得“意”而忘“形”，追求“意合”了，即应用替代转换。

替代转换是极重要的变通手段，也是最常见的语际转换行为模式。所谓“替代”是指广泛的调整、变通，以替代源语的措辞或语句结构，即“易词而译”。如原词是抽象词就以具体词代之；原词是比喻词就译为一般性词语使语义还原等。使用替代词（substitute）可以通行文，化阻滞，常常产生易一词而使全文生辉的效果。如果说对应转换是“以形象易形象”，那么替代转换就是“易词以存形象”了。如“寸寸柔肠”就译成 broken，tender heart，broken 写出了心碎神伤而 tender 则描绘了情感的细腻；沈复在《浮生六记》中是这样描写新婚之夜他与心慕已久的芸娘终成伉俪时的喜悦心情的：“便觉一缕情思摇人魂魄。”林语堂先生没有用 strand 来直译“缕”，而是将其译成 Our souls were carried away in a mist of passion. 用 mist（fine spray of liquid）来替代 strand，能使英文读者也感受到那似水柔情真如涓涓流水般细密悠长。再如“一闪光艳”，“闪”是个借自动词的描写性量词，它生动地描绘了光突然出现又倏忽消失的情景。因此可以把抽象的“闪”字译成具体的带有动作意义的名词 flicker（quick sharp movement），整个词组译成 the flicker of gaudy hues。同样“一抹微云”中“抹”字描写了云的轻盈、灵动和仿佛转瞬就会逝去的神态，可将其译成：a fleeting of gossamer cloud。“一朵微笑”就是以花喻笑，微笑就像含苞待放的鲜花一样迷人。读者眼前马上可以浮现出一张如花笑靥来。可将其译成 a winsome smile，winsome 含有 attractive and pleasant 的意义。

2.3 补转换

汉语中还有一类特殊的量词，既不是明喻其状也非暗喻其情（即通过相似性引起情感上的联想）。而是借用该量词引出并未言明的相关事物从而表达出更多的言外之意，这种用法多见于诗歌中。如“一竿风月”，若将其直译为：a rod of wind and moonlight. 就会使英文读者难以理解：无影无形的wind和moonlight如何能用细细长长的rod来丈量？其实“一竿风月”是指诗人月下垂钓却一无所获，尽管如此他仍能尽兴而归，因为他空空的鱼竿上已浸满了山间的明月清风。这个“竿”字将诗人的洒脱、豁达以及自然界清风明月的灵秀轻盈表达得十分传神。但这种量词在转译中的可译性障碍较前两种更甚。因为汉语重意合表层逻辑结构松散，在文学作品尤其是诗歌中这类缺字、省字现象很常见。有时顾及译语的可读性和约定俗成若不加变通地直译就会导致形象意义的缺失。因此，增补转换在此时就非常必要。一定要通过深层语义的添补来保留形象意义。比如上文的“一竿风月”就应译成a fishing rod in wind and moonlight，in补上之后rod与wind and moonlight的逻辑关系才清楚。再如苏轼的名句“一蓑烟雨任平生”，乍看令人费解：一件蓑衣如何能丈量烟雨？原来它另有深意：诗人虽然仕途失意痛感世情险恶但他已能将一切置之度外，只需蓑衣一领抵挡烟雨便可潇洒过一生了。翻译时应补全这类缺失信息译成：a cloak of straw against the mist and rain。《红楼梦》中宝玉大观园题诗有两句赞沁芳亭的：“绕堤柳借三篙翠，隔暗花分一脉香。”“篙”是撑船的工具与翠色没有什么联系，但细看诗意：水光澄碧，好像借来了堤上杨柳的翠色；泉质芬芳，仿佛分得两岸花儿的香气。原来这里是借用“篙”的长度来形容水的翠色之深仿佛可量可测。量词的借用写活了水色之翠为全句增色不少，无怪乎贾政都会点头微笑。但翻译时要将“深度”这一信息补全：Three pole thrust lengths of bankside willow green.

3 英语量词汉译时保留形象意义的手段

由于“单位量词”丰富的表现力，英语中同一名词可以根据不同语境由很多不同的量词来修饰，从而使他们各具特色形态各异。如goose就可由wedge，skein，shoal，plump等词来修饰。其中wedge是指排成“V”字形的雁群，在中文里用“人”字形来代替；skein是指（纱、线）的一束(length of silk or wool)，用来形容排列成队的雁群；shoal是指水边栖息的雁群；plump的本义是浑圆、肥胖，这里是指一群肥硕、模样好看的雁。可见，这类量词具有鲜明的形象性，虽然还保留着量词的词形，但内涵已经发生了变化。翻译时要做适当增补保留其形象意义。再看下例：a crash of rhinoceroses, crash (noise made by a violent fall, blow or breaking) 将一群庞然大物行走时横扫一切的气势描写得呼之欲出。若只译成"一群犀牛"则生动的形象性丧失殆尽，所以应略加增补译成"一群横冲直撞的犀牛"。又如：an exaltation of larks, exaltation (state of spiritual delight) 将一群轻盈歌唱，振翅飞升的云雀描绘得栩栩如生。这种用法生动形象，量词被赋予了一种暗喻含义，让人仿佛亲眼看见高翔的雁群，感受到精神上的愉悦。因此将其译成"一行欢歌高飞的云雀"。A smother of spiders 中 smother (causer sb. to die from lack of air, or from not being able breathe) 将那群蜘蛛的可怕形状写活了，看了让人连大气都不敢出。当然要译成：一群令人毛骨悚然的蜘蛛。

通过以上分析，我们也可以看出英语量词一个新的特点，即意合成分越来越多，用法也比较自由。常常可用表示名词的形态、动作的动作意味或形容词意味很强的名词、动名词甚至是动词来充当量词。如上文中 smother 就是一个动词。再如 a blunder of boys, blunder 也是一个动词 (move about clumsily or uncertainly as if blind)。

这类量词都是对其后名词的特征、动作的描写，因此汉译时可以增加一个"的"字做定语。下面列举的都是这类量词的汉译；

an eloquence of lawyers：一群口若悬河的律师

an obeisance of servants：一群唯唯诺诺的仆人

a lamentation of swans：一群哀号的天鹅

通过以上分析我们发现：虽然汉语量词和英语的单位名词在表层结构上存在着很多差异，但只要进行深层语义分析，找出信息通道，应用对应、替代、增补等手段，量词的形象意义是可以保留的。

参考文献

[1] 黄伯荣，廖序东．现代汉语 [M]. 兰州：甘肃人民出版社，1990.

[2] 蒋吕昌．常用英语量词词组用例 [M]. 上海：上海翻译出版，1990.

[3] 刘宓庆．当代翻译理论 [M]. 北京：中国对外翻译出版公司，1999.

[4] 杨旬红．英语量词新用法及翻译 [J]. 中国翻译，1996 (7)．

关于“许多”类词语的英语表达

说到“许多”，我们并不陌生。首先因为汉文化中不乏其例。在汉语中，像“多如牛毛、数不胜数、许许多多”等词十分常见常用，《北史》中就有“学者多如牛毛，成者如麟角”，《李自成》中就有“老百姓痛恨官府催粮催捐，苛捐杂派多如牛毛”。

当然，“许多”类词语在英语这类西方语言文化中也常见，J. Glasworthy 的作品 *To Let* 中就有“You can do it，Father，I know you can”“You know a great deal then”。英国谚语中也有“Plenty is no plague”（多多益善）。

目前国内外公开出版的各类书刊中，“许多”虽时有所见，未见系统研究者，甚至还出现了使用域上的混乱，结果弄出了似难为人所能接受的问题。以下从三个方面进行讨论。

1 多种英语表达法

“许多”的英语表达法有 much，many，enough，a great deal，a good deal，a large sum of，an amount of，a large amount of，not a little，quite a little，rather much，a sight of，a heap of，many a…，more than one…，a number of，a large number of，a great number of，quite a number of，any number of，in numbers，in large numbers，in great numbers，a good few，not a few，a great few，a good many，a great many，plenty of，in plenty，a large quantity of，in great quantities，in good quantities，in large quantities，a lot，quite a lot，a world of 等。

2 变体与用法

（1）“许多”类词语的变体在上述表达法中，a great deal，a good deal，a lot 除作主语或宾语相当于一个名词外，还可用来修饰比较级词，可作为“……得多”的译文，如“小孩子，你身体好吗?”格林威先生说。“好多了，谢谢你，先生。”奥里佛回答。“How are you，boy?” said Mr. Grinwig. “a great deal better，thank you，sir.” replied Oliver.，其变体为a great deal of，a good deal of，a lot of，后跟名词，a heap of 可变为 heaps of，“many a ＋单数名词”可变为“many＋复数名词”，a number of 等带 number 的表达法均可省去 a，并将其中的 number 改为复数形式，a large quantity of，a great quantity of，a good quantity of 均可去掉 a，并将其中的 quantity 改为复数形式。

（2）从是否跟可数与不可数名词来分，many，many a…，more than one…，a number of，a large number of，a great number of，quite a number of，any number of，(复数名词) ＋in numbers/in large numbers/in great numbers/in good numbers，a good few，not a few，a great few，a good many，a great many 均与可数名词连用；much，an amount of，a large amount of，not a little，quite a little，rather much 均可与不可数名词连用；enough，a great deal of，a good deal of，a sight of，a heap of，plenty of，(名词) ＋in large quantities/in great quantities/in good quantities，a lot of，quite a lot of，a world of 均可与可数名词或不可数名词连用。

3 在使用中出现的问题及说明

“许多”类词语的表达法除 many，much，enough 可用于肯定句、疑问句、否定句、条件句之外，其他词组型习语均只用于肯定句中，但在实际运用中常被误用。其次是在某个习语用法上的争论与误导。现举两例：

例 1：《英语学习中常见错误的分析》（熊建国等编著，1980 年版）一书的第 18—19 页在说明“英语中还有些数或量的词组”时列出了“后跟不可数名词”的词组“a (good，great) deal of water”。现在的问题是 a (good， great）deal of 之后是否只跟不可数名词？笔者查阅了国内外已出版的大量辞书与相关著作，结果发现《牛津现代高级英汉双解词典》（1988 年版）与《实用英语句型变换》（邹世诚编著，1980 年版）中有 a（good，great）deal of 与 much，many 同义与转换的说明，还可找到这样的例子：We have a great deal of/a good deal of friends//spend a good deal of money.

例 2：《财经英语》（下册，王振芳主编，1995 年版）第 142 页说："every，each，each of，one of，many a，a great many 等不定代词或限定词作主语或修饰主语时，谓语永远是单数"。作者对其中 a great many 作如此定论性说明，笔者有相反意见，即作修饰主语用的 a great many（+复数名词）之后谓语动词永远是复数。请看下面佐证：

（1）《牛津现代高级英汉双解词典》第 693 页在 many 条下有如此注解："a great/good many，a large number（of）."众所周知，a large number of 修饰主语时谓语总是用复数。

（2）张道真教授编著的《现代英语用法词典》是至今最好的词典之一，其中的每个例句取自国外出版的有关著作，具有权威性。张教授在词典第 3 卷第 2612 页认为：a great many 等于 a good many，意为"很好，多些"，并可找到这样的例句：A good many of the beggars were blind.（RCD）//It seems there are a good many people out of work.（Galsworty）//The sky was indigo blue，and a great many stars were shining.（Mansfield）因此，《财经英语》中的提法是站不住脚的。

第六章

术语与翻译

功能翻译理论关照下的机电专业词汇翻译

机电翻译，指的是对相关机电技术资料、合作协议以及商业文件等的翻译，涉及机电产品生产、销售过程中的各种翻译工作。

改革开放以来，机电产品或设备（以下称机电产品），可以说已经成了人们生活中不可或缺的一部分。有小型家用器具如钟表、熨斗和吸尘器；有大型家用器具如冰箱、洗衣机、微波炉、电风扇；信息技术和远程通信设备电脑、复印机、打印机；有建筑设备如挖掘机、粉碎机、切割机、搅拌机；运载设备如电梯、升降机、机车；甚至于用于生产各种产品的生产线，等等。

近年来，我国机电产品（设备）进出口业务不断扩展，改变了以进口为主的局面，国内涌现出了许多机电制造企业，他们在经营国内市场的同时，不断开拓国际市场并占据了一席之地，因而大大地刺激了相关企业对机电翻译人才的需求。然而作为科技翻译中日趋重要的组成部分，机电翻译似乎并没有引起相应的重视，相关译论如凤毛麟角。

机电翻译属于科技翻译范畴，译者要遵循科技翻译的一般准则，译文必须反映科技文体的一般特点。然而要做好机电翻译工作，特别是在翻译机电技术资料以及机电产品使用说明书、导购书时，最首要、最基本的问题就是机电专业词汇的翻译问题，这往往也是困扰翻译人员（特别是英语专业出身的翻译人员）最多的问题。翻译机电专业词汇时，既要遵循科技翻译的一般准则，又要从功能翻译理论的角度出发，考虑译文的具体功能，采用相应的翻译策略。

1 功能翻译理论①

功能翻译学派的代表人物主要是德国翻译界的几位著名学者，其研究重点是文本/译文功能、翻译行为及其目的、翻译策略。功能翻译学派颇具里程碑意义的理论是莱思的功能主义批评理论，即文本类型理论（Text Typology），费米尔的目的论（Skopos Theory），贾斯塔·赫兹·曼塔利的翻译行为理论（Theory of Translation Action）和诺德的功能加忠诚理论（Function Plus Loyalty）。

卡塔琳娜·莱思（Katharina Reiss）是一位经验丰富的翻译家和翻译教师，按她的观点，语言文本类型理论可以帮助译者确定翻译目的所需的合适的对等程度，她把文本类型分为三种：信息型（informative）、表情型（expressive）、操作型（operative）。莱思认为原文的主要功能决定了翻译的方法，即翻译的方法因文本类型的不同而不同。根据她的理论，操作指南倾向于信息型。

费米尔（Hans J. Vermeer）于 20 世纪 70 年代提出了目的论。Skopos 是希腊语，意为“目的”。目的论的核心概念是：决定翻译过程的最主要因素是整个翻译行为的目的。根据费米尔的分析，翻译行为就可能有三种目的：(1) 翻译过程中译者的基本目的（如可能是为了谋生）；(2) 目标语环境中译文的交际目的（如可能是“为了启发读者”）；(3) 以及使用特定翻译策略或翻译程序的目的（如为体现源语结构上的特点而采取直译法）。

在目的论的理论框架中，决定翻译目的的最重要因素之一便是受众——译者心目中的接受者，他们有自己的文化背景知识，对译文的期待以及交际需求。每一种翻译都指向一定的受众，因此翻译是在“目标语情景中为某种目的及目的受众而生产的文本”。费米尔的理论中较少提到原文，他认为原文只是为目的受众提供部分或全部信息的源泉。他指出：“目的论所规定的是：译者必须自觉的、前后一致的、按照有关译文的特定原则进行翻译。目的论

① 本文“功能翻译理论”中有关功能翻译理论的介绍参考了张美芳《翻译研究的功能途径》第三章第 63—93 页.

并未说明是什么原则，这应视各种具体情况而定。”例如，翻译某些实用文献如操作说明、广告等，译者就可能用替换、释义、省略、扩充等方法，即任何能够增加译文的可理解性或可接受性的方法。

贾斯塔·赫兹·曼塔利（Justa Holz Mänttäri）是德国籍芬兰专业翻译家、翻译学者以及培训专业译者的翻译教师。在翻译理论方面，曼塔利是一位比较前卫的人物。她根据交际理论与行为理论提出了翻译行为理论的模式。在她这个模式中，语际翻译被描述为“源于原文的翻译行为，是一种涉及一系列角色和参与者的交际过程”，其中包括发起人、委托人、原文作者、译文生产者、译文使用者和译文接受者。翻译行为理论把视野拓宽到译者以外的许许多多人甚至机构，而且视翻译为一种目的明确、重视结果的人类交际行为，认为翻译过程主要是传递信息以进行跨文化交际。

克里丝汀·诺德（Christiane Nord）是当代德国翻译研究界的重要人物，她把忠诚原则引入功能主义模式，希望解决翻译中的激进功能主义问题。因此，她的功能主义方法论建立在两大基石之上：功能加忠诚。功能指的是使译文在译语环境中按预定的方式运作的因素；忠诚指的是译者、原文作者、译文接受者及翻译发起者之间的人际关系。忠诚原则限制了某一原文的译文功能范围，增加了译者与客户之间对翻译任务的商议。诺德说，忠诚“使译者双向地忠于译源与译入目标两方面，但不能把它与忠信的概念混为一谈，因为忠信（fidelity/faithfulness）仅仅指向原文与译文的关系，而忠诚（loyalty）是个人际范畴的概念，指的是人与人之间的社会关系”。

根据以上功能翻译的相关理论，机电翻译的对象特别是相关机电技术材料以及机电产品说明书、导购书等倾向于信息型文本；机电翻译的主要目的是准确无误的传达信息，机电翻译人员应通过各种办法增加译文的可理解性和可接受性；整个机电翻译行为的参与者包括译者（机电翻译人员）、发起人（机电产品生产商或进出口商）、委托人（企业专门负责管理和联系机电翻译人员的部门或责任人）、原文作者（可能是机电产品的设计人员或相关技术人员）以及译文使用者（机电产品销售商）和译文接受者（最终购买和使用机电产品的顾客）。机电翻译人员除了必须根据译文功能进行翻译之外还要协调好原文作者、译文接受者和翻译发起人之间的关系，尽量做到功能加忠诚的原则。

2 机电专业词汇及其翻译

首先请看以下一些机电方面的专业词汇：

Air Break Switch	空断开关
Audible Cab Indicator	驾驶室音响示警器
Automatic Gate	自动闸门
Back Contact	后（背）触点
Bogie Washer	转向架清洗设备
Cab	驾驶室
Cab Heater	驾驶室加温器
Cab Signal	驾驶室号志
Camera Signal	影像信号
Car Body	车体
Chimney Effect	烟囱效应
Circuit Breaker	断路器
Civil Speed Limit	轨道速限
Clear (Free)	开通
Closed System	闭合式系统
Closed Type Track Circuit	闭路式轨道电路
Closed-Loop Design Principle	闭路设计原理
DC/AC converter	直流电/交流电转换器
I/O channel	输入输出通道

不难发现，以上词汇多利用现成的词或词根通过复合构词或缩略构词等构成新词，表达全新的概念，其搭配结构是固定的。以上这些专业词汇的翻译，大部分情况下采取了简单的对译法，即将英语词汇（概念）与汉语词汇（概念）一一对应，顺序相同。然而，机电翻译属于科技翻译范畴，机电翻译的对象更多的是信息型文本，译作的主要功能是为了准确传达原文的信息。因此，根据功能翻译的相关理论，在机电专业词汇的翻译过程中，既要能正确表达其真实含义，保持译名和语义的单一性，又要做到专业规范，同时简明易懂。

2.1 译义精确单一性

由于汉语词汇与英语词汇构词法的不同，会造成汉语词汇不能与英语词汇所表达的信息完全吻合，使两者之间存在细微的区别，甚至会造成理解的困难。如 sensor，transmitter，detector 常被人译为传感器，单独出现还好，如果同时出现在一份英语技术资料中，就会令人疑惑：为什么同样是传感器却要用三个不同的表达形式；如果是同时出现在一份中文译本的设备清单中，就更让人犯难：既然都是传感器，为何不一次列出所需总数，而要分三次列出？

仔细分析，英文的这三个词分别是由 sense，transmit，detect 这三个动词通过词缀法加后缀而构成，它们的词典解释依次分别是：感知、感应；传导；探测。基于这些动词内涵的差异，分别改译为感应传感器、传导传感器和探测传感器。从而保持了译义的精确与单一，减少了误解和歧义的产生。

2.2 译名专业易懂性

机电专业词汇大多是一些技术词汇，在翻译表达时要保持其译名的专业性，这是情理中的事，然而在做到译名专业规范的同时，还必须注意尽可能地使其简明易懂。

一位就业于某大型机电设备制造企业的专业人士曾讲到过这样一则实事。企业的机电设备必须通过相关部门检验合格、确认达到了国际质量标准后才能获准出口。一次，申报检验工作受阻，原因是国外检测部门的专家不理解有关技术资料中一英文表达“knife switch”，即“刀开关”，亦称“闸刀开关”，外国专家们仔细搜索了整台设备也没找到一个带“knife”的或是“knife”状的“switch”。翻译人员咨询了有关专业技术人员之后，才知道“刀开关”是技术人员之间口口相传的习惯表达词，因为老式的电闸总开关是通过一个类似刀片的金属片来控制整个电路的通、断电的，因此，老一辈的电工师傅们便称其为“刀开关”，其实就是总开关。现在总开关的设计在形式与材质上都较以前有了很大改进，不存在那个类似刀片的部件了，可是“刀开关”的称呼却沿用至今，这正是使得国外专家误解的原因所在。于是，翻译人员根据“刀开关”作为“总开关或主控开关”的具体功能将其翻译成“master switch”，这才解释了疑惑，专家的检测工作也得以顺利进行。

上例充分体现了功能翻译理论中目的论的相关观点。说明在实际中翻译机电专业词汇时，译者必须通过各种办法增加译文的可理解性和可接受性，从而实现其翻译目的，为译文读者提供准确无误、简明易懂的信息。

2.3 词典的局限性

也许有的译者认为，翻译机电术语不难，只要有一本专业的机电词典就行。然而，虽然市面上有专业的“机械词典”和“电子（电气）词典”，却很难找到两者统一的“机电词典”，即使是业内人士，在进行相关翻译时，也是手握两种词典。更值得一提的是，专业词典并不总能给出令人满意的答案。

还是以“刀开关”的翻译为例，先来看看翻译人员最初译的“knife switch”是否可以被理解为“刀开关”：

①《正文机械工程名词大辞典》（1984：722）

knife switch （一）闸刀开关（二）刀形开关〔电〕

②《英汉机电工程词典》（1990：939）

knife—switch 闸刀〔刀形〕开关

③《英汉技术科学词典》（1999：761）（2004：749）

knife switch 闸刀（刀形）开关

④《综合英汉科技大词典》（2001：986）

knife switch 〔电〕闸刀开关

由上可见，用“knife switch”来翻译“刀开关”和专业词典是互相吻合的，然而正是这形式和内容都对等的译名却成了国外检测专家的困扰。除了“knife switch”以外，还有一些可用来指“刀开关”的英文表达：

breaker contact 刀形开关 （《正文机械工程名词大辞典》1984：147）

edged switch 闸刀开关 （《正文机械工程名词大辞典》1984：411）

contact breaker 接触断路器，刀形开关断路器（《综合英汉科技大词典》2001：245）

但是翻译人员并没有选择其中的任何一种，而是根据“刀开关”作为“总开关或主控开关”的具体功能翻译为“master switch”。事实证明，这样的翻译是可行的。

这也说明，专业词典是有其局限性的。在翻译机电产品或设备的部件名称时，不能只参照一种版本的词典；同时，当词典不能满足翻译需要时，最好与专业技术人员进行商讨，根据这些部件的具体功能给出合适的译名，从而实现译者对译源与译入目标两方面的“忠诚原则”，达到协调原文作者、译文接受者及翻译发起者之间的人际关系的目的。整个翻译过程或翻译行为就如曼塔利所主张的，是一种涉及一系列角色和参与者的交际过程。

2.4 避免缩略随意性

科技英语词语的缩写大多是约定俗成的，机电专业词汇自然也不例外，如 DC（direct current），AC（alternating current），I/O（input and output），RPM（round per minute）等。机电技术资料以及机电产品说明书、导购书的编写者们，为了表达方便，会对一些在上下文中经常出现的专业词汇进行缩写，一般的做法是先写出词语的完整形式，然后再在括号里写出它的缩略形式，或另外给出词语缩略语表。但是如果技术资料或说明书的编写者们过高地估计了读者的理解力，想当然、随意地对相关机电专业词汇进行缩写，则必然会造成阅读的困难，最终增加相关机电产品使用者的误解和困扰。这种随意缩写的现象在其他行业或场合也同样存在，如某市领导在做工作汇报时就说道：“我们要全面启动铁公机（铁路、公路、机场）”，乍一听使人误以为是“铁公鸡”。为了方便读者对机电技术资料或说明书的阅读理解，机电翻译人员在翻译过程中应避免这种随意缩写的情况发生并进行适当更正。

3 结论

本文之所以要讨论机电专业词汇的翻译问题，是因为在机电翻译，特别是机电技术资料以及机电产品使用说明书、导购书的翻译过程中，最首要、最基本的问题就是机电专业词汇的翻译问题。翻译机电专业词汇时，要从功能翻译理论的角度出发，做到译名准确单一没有歧义；保持译名专业性的同时尽量还要做到简明易懂；在翻译机电设备或部件的名称时，翻译人员不能过于依赖相关专业词典，而要多与专业技术人员商讨，根据设备或部件的具体功能进行翻译；译者还必须注意的是，要避免和纠正对机电专业词汇的随意缩写行为，从而方便读者的阅读和理解。

参考文献

[1] 戴文进．科技英语翻译理论与技巧［M］．上海：上海外语教育出版社，2003.

[2] 冯志杰．汉英科技翻译指要［M］．北京：中国对外翻译出版公司，1998.

[3] 萧立明．《英汉比较研究与翻译》［M］．上海：上海外语教育出版社，2002.

[4] 王有志．英汉科技翻译中的术语定名规则探讨［J］．科技术语研究，2005（4）：10—15.

[5] 杨寿康．论科技英语与科技翻译［M］．合肥：安徽文艺出版社，2003.

[6] 张美芳．翻译研究的功能途径［M］．上海：上海外语教育出版社，2005.

模因论视角下外来科技术语的汉译

1　模因论的研究

模因论是基于达尔文进化论观点解释文化进化规律的新理论。它借用生物进化模式探讨模因的复制、传播和进化，对事物之间的普遍联系以及文化中出现的诸多一脉相承的相关现象进行了诠释。语言模因论揭示了语言发展的规律，为我们对语言的进化问题提供了新的视角。对于模因（meme）的定义，学者们根据自己的研究并在前人的基础上纷纷地提出了自己的见解。1976 年，英国生物学家、牛津大学教授 Richard Dawkins 在他的著作 The Selfish Gene 中提出模因（meme）是文化传播单位，或模仿单位。他认为人是基因赖以生存的肌体之一，是基因得以不断复制和永存的一种载体。同样，人类也是模因赖以生存的载体（但不是唯一的载体），是最便捷、最有效的模因传播机器。心理学家 Blackmore[①] 认为人类语言甚至大脑的发展都是由于模因的驱动。“文化”和“信息”的介入使“模因”的解释更加宽泛。我们说基因是储存于生物体细胞之中的合成蛋白质的生化信息（Blackmore 2001：30），通过繁殖而实现代际间的传递。模因是储存于人脑之中的指导行为的文化信息，通过模仿实现人际传递，依靠认知和记忆传播。所以，前者是生物进化，

---

① Blackmore，Susan. 1998. Imitation and the Definition of a meme. Journal of Memetics：Evolutionary Models of Information Translation Transmission. *http：//jom-emit. cfpm. org/1998/vol2/blackmore _ s. html*

后者是社会进化。综上所述，模因是一个信息单位，它能够通过非遗传的方式，特别是复制和模仿在人脑之间相互传染而进行传播，这个过程将影响人们的思维，改变人们的行为，以达到其传播文化的目的。

2 翻译中的模因传播过程

翻译过程可以看作是异国文化的模因通过语言向本国传播的过程。首先，原作者的作品是一个模因综合体的载体，负载着作者的思想、文化背景和写作意图。作者的思想理念是核心模因，存在于作品中的还有体现文化背景和写作意图的各种模因。译者了解了源语信息，就自然成为模因的宿主（host）。译者既是源语模因的解码者和被感染者，也是源语模因的重要传播者。根据Bjarneskans[①]对模因的生命周期的研究，模因存在于其载体阶段，称为遗传阶段。未经阅读的源语信息处于遗传阶段，读者理解并接受作品的阶段是模因的解码和感染阶段。读者受到感染，成为宿主，便会对模因进行重新编码和传播。译者属于特殊的宿主，用新的语言对源语模因进行编码，为其更换新载体，构成模因的新遗传阶段。因此理想的翻译是：模因的新载体能使新的宿主通过转换过的语言，成功地解码这些模因，使源语模因由此得到传播。图 1 是模因通过翻译传播的过程。

宿主解码和受感染阶段是模因传播最重要的过程。如果译者所编码模因的新载体，即译本不为读者所接受，模因也就无法感染这些新宿主，从而中断传播而消亡。以何种方式对源语模因进行编码，最大限度地复制源语模因，并同时让新宿主所接受，是翻译活动的焦点所在。

① Bjarneskans, Henrik & Bjarne Gr∅nnevik & Anders Sandberg. 2000. The lifecycle of memes. Transhumanist Resources. *http://www.aleph.se/Trans/Cultural/Memetics/memecycle.html*

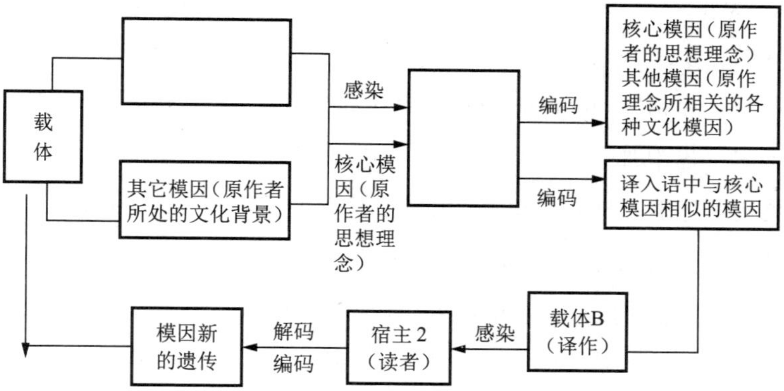

图 1 模因通过翻译传播的过程①

3 模因的传播和外来科技术语的翻译

随着社会的发展，人们之间的贸易往来、文化交流、移民杂居等各种形态的接触，必然会引起各民族语言的接触。随着各国之间科技文化交流的加深，大量的科技术语被借入到汉语中并成为汉语文化非常重要的一部分。外来科技术语体现了科技的交流、文化的融合，是科技文化发展的必然。

3.1 外来科技术语的借入形式

- 音译：Siemens（西门子）、nylon（尼龙）、黑客（hacker）、克隆（clone）等。
- 半音半意：呼啦圈（hula-hoop）、因特网（internet）、道林纸（Dowling paper）等。
- 音译附加汉语语素：高尔夫球（golf＋球）、保龄球（bowling＋球）、桑拿浴（sauna＋浴）、拷机（call＋机）等；小巴（小＋bus）、中巴（中＋bus）等。

---

① Chesterman, Andrew. 1997. Memes of Translation. Amsterdam: John Benjamins
Chesterman, Anderew. 2000. Memetics and Translation Strategies. Synapse 5: 1—17
http: //www. helsinki. fi/～chesterm/2000iMemetics. html

- 音意兼顾：施乐（Xerox）、香波（shampoo）、销品茂（shopping mall）等。
- 意译：超市（supermarket）、毫微技术（nano-technology）等。
- 英文字母附加汉字：CT 检查、BP 机等。
- 英文字母缩写形式或单词：GPS、DVD、TV、PC、CD-ROM、DNA 等。
- 借用大量的希腊、拉丁词素构词：synchrotron 同步加速器（由希腊词素 syn-（共同）和-tron（器）构成；subsonic 亚音速的（由拉丁词素 sub-和-son 构成）。

3.2 模因的传播与科技外来词的汉译中的两种倾向

外来词进入汉语文化后有一个接受融合的过程。外来词翻译方法变迁的过程产生了两种倾向——归化与异化，因此外来词的汉译也存在异化和归化两种倾向。

3.2.1 归化倾向

历史上，翻译的外来词（尤其是音译词）大多经历从异化到归化演变。首先，汉语独特的表意特征，使汉语文化更倾向于接受意译词。因此，意译借词历来在丰富汉语词汇、借译外来词方面占据主导地位，即使是采用音译借词的方式，在使用的过程中也会逐渐趋于采用意义接近或相关联的汉字或语素。另外，意译词取代音译词也是借词史上常常出现的现象。在两种文化接触的初期，由于译入语体系与源语体系相差极大，读者对源语的文化极其陌生，很可能无法理解异国语言的模因而拒绝受到感染。

21 世纪初，在中国文化引进西方文化初期存在一些异化的表达方式，如“laser ”一词，最初译为“莱塞”，纯粹的拟音处理，无法让人产生任何与词义相关的联想。后采取拟音与字义结合，译作“雷射”，与本义有所接近。最恰当的还是采用意译，译作“激光”。cement（水门汀：水泥）、telephone（德律风：电话）、engine（引擎：发动机），这些例子都充分说明了汉语对外来科技术语的汉化改造趋向。

归化翻译是通过在本国文化中寻找相似的模因来帮助读者理解异域模因，归化翻译有助于读者理解源语中的核心模因，同时也体现了对本国语言文化的保护心理。

3.2.2 异化倾向是最终趋势

近年来，来自英语的外来词不仅在量上有变化，在质上也发生了飞跃。借词大有直接借用英语原词，主要是字母缩略语而无须翻译的异化倾向。汉语外来词的异化中最典型的是音译。音译外来词接受的文化机制有如下几种：

（1）民族的审美需求：可口可乐（CocaCola）、席梦思（Simmons）、雪碧（Sprite）、耐克（Nike）；

（2）民族的“求吉”“求雅”心理：保龄球、伊妹儿、特富隆；

（3）民族的“求新”“求异”“求简”心理：峰会（summit meeting）、超市（supermarket）；

（4）民族的文化“互文”：露华浓、几何。

外来词翻译方法的变迁也体现了异化倾向：

佛典翻译时期的翻译方法——意译为主、少量音译

↓

科学翻译时期的翻译方法——严译、日译争锋①

↓

“新文化”运动时期的翻译方法——日译为主、兼备音译

↓

改革开放以来的翻译方法——多元共生、音译回潮（重点）

由于很多译者坚持异化的翻译，汉语已吸收了很多外域语言的优质元素，如：

音位层上：欧佩克、咖啡

词头层上：负增长、软科学、微循环

---

① 严译和日译：19世纪末期，西方的各种概念同时进入中国和日本，迫切需要翻译成汉语和日语。当时在中国，熟悉西方的人很少，精通英语的人更少，汉译工作主要由严复先生（1853—1921）完成。而在日本，熟悉西方、精通英语的人比较多，日译工作由许多学者共同完成。于是，同一个西方概念，在中国和日本有完全不同的译文。

词尾层上：文化热

词汇层上：热身赛、空间站

语义层上：鼠标、驱动器

词组层上：黑市、摊牌

习语层上：潘多拉盒子

这些都是异域的模因在中国文化中成功繁殖的结果，中国的文化模因也由此得到极大的丰富。因此，作为文化传播宿主的译者，要意识到作为文化模因传播人的职责。归化翻译只是阐释极陌生文化的权宜之计，而努力接近编码的异化翻译才应是译者不断追求的目标。翻译是一种文化传播活动。从模因这个新的角度看翻译，也许能对当今翻译界的归化异化之争提供一个新的分析工具。

对模因的生命周期的分析表明，翻译的过程就是将异域模因复制到本国文化的过程。译者作为宿主，解码以源语言为载体的模因，并受其感染，再努力将此模因编码为目标语载体。归化翻译是通过在本国文化中寻找相似的模因来帮助读者理解异域模因，在文化接触的早期有其存在的阶段合理性，然而只有努力忠实复制源语文化综合体的异化翻译才是模因传播的最终趋势。

3.3 模因嬗变和外来科技术语翻译中的双域整合现象

嬗变是模因增强自身活力和传播力的主要手段之一，尤其在跨文化传播中，理解式的传播有时是解构和创意式的重新建构，是模因本身的嬗变。这在以跨文化交际为特征的翻译中表现得尤为突出。当译语文化中找不到与源语文化相应的概念时，只有创建新的语义结构来表达来自域外的新概念。当然，新语义结构的出现并非都源于概念的空缺，也可能出自修辞考虑或其他因素。如 Google 被翻译成“谷歌”，Benz 被翻译成“奔驰”是典型的双域整合的结果，是音与意的完美结合。

- 源域（mental space 1）——Google
- 的域（mental space 2）——瞪眼看（瞪大眼睛看需要有回音，这是 Google 公司急需的）

- Goo—gu　gle—ge（析取源域的音）
- 山“谷”中的“歌”就有了回音，只要唱歌的声音大，山谷里的音就一定不会小，还会余音袅袅。（析取的域的文字符号和语义结构）
- 整合的结果：Google——谷歌
- 源域（mental space 1）—Benz
- 的域（mental space 2）—汽车的品牌，必须具有强大的号召力和广告效应 Benz——benchi（析取源域的音）
- “奔驰”让人联想到马的奔跑，速度快而且很有气势（析取的域的文字符号和语义结构）
- 整合的结果：Benz——奔驰

因此，整合空间的组织框架既有来自源域的意义框架，又有来自的域的意向性框架，它还析取了源域的读音和的域的语义结构以及文字符号。由此可见，“谷歌”和“奔驰”既不完全来自原域，也非的域的照单全收，它们是双域相互整合的结果，是模因嬗变后的新概念。

此类译法在翻译中早已有之，而且比比皆是，如：Cocacola（可口可乐）、pampers（帮宝适）等，这些都是模因嬗变的典范例证。

4　结语

翻译是一种文化传播活动，模因论为外来词的汉译提供了一个新的视角。外来科技术语的汉译中存在着两种倾向：异化和归化。归化翻译是指通过在本国文化中寻找相似的觅母来帮助读者理解异域觅母，它是核心模因传播的生存需要。外来科技术语汉译中的归化倾向体现了一种民族文化的保护心理。随着两种文化的日益熟悉和融合，读者的求新、求真心理和模因的复制本性将不再满足与于归化翻译，尽量靠近理想的编码 1 的异化翻译成为模因传播的趋势。归化翻译能够在文化接触的早期有其存在的阶段合理性，然而只有努力忠实复制源语文化综合体的异化翻译才是模因传播的最终趋势。每一模因既是对以前模因的复制和继承，但又存在一定的“突变”。模因在传播过程中产生变异，在变异中得以发展。因此，模因传播是动态的。模因在文化传播中的嬗变为外来词汉译中的双域整合现象提供了一定的理论依据。因此模因论对外来科技术语的汉译具有一定的指导意义。

参考文献

[1] Blackmore , Susan. 谜米机器 (The Meme Machine) [M]. 高申春，吴友军，许波译. 长春：吉林人民出版社，2001.

[2] Dawkins, Richard. The Selfish Gene (revised and edition) [M]. Oxford: Oxford University Press, 1989.

[3] Heylighen F. 1992. Selfish Memes and the Evolution of Cooperation [J]. Journal of Ideas, 1992 (2): 77—84.

[4] 陈琳霞，何自然. 语言模因现象探析 [J]. 外语教学与研究 2006 (2): 108—114.

[5] 韩江洪. 切斯特曼翻译规范论介绍 [J]. 外语研究，2004 (2): 44—47.

[6] 何自然. 语言中的模因 [J]. 语言科学，2005 (19): 56—64.

[7] 黎昌抱. 英汉外来词对比研究 [J]. 外语教学，2001 (5): 92—96.

[8] 刘正琰，高明凯. 汉语外来词词典 [M]. 上海：上海辞书出版社，1984.

[9] 史有为. 汉语外来词 [M]. 北京：商务印书馆，2000.

[10] 王斌. 密母与翻译 [J]. 《外语研究》，2004 (3): 38—44.

[11] 王斌. 密目・基因・语言，[J]. 《外语研究》，2006 (5): 65—71.

[12] 尹丕安. 模因论与翻译中的归化和异化 [J]. 西安外国语学院学报，2006 (1): 16—19.

[13] 张莹. 从觅母的角度谈异化翻译的趋势 [J]. 深圳大学学报，2003 (6): 109—113.

目的论与中医药术语英译

中医药学是中国传统文化的一个重要组成部分，由于其对草药的巧妙运用，独特的理论系统及有效的疗效而备受世人瞩目，其重要地位和科学价值已经被世界公认。使得中医药学的地位与自身价值得到提高的功臣应该是有关中医学的翻译，其中特别是中医药术语的翻译，因为它是外国人了解中国医药学的最直接的手段。

目前，中医药术语的翻译还存在很多问题，翻译质量良莠不齐。如何做好中医药术语翻译已经成为广大中医译者普遍关注的一个问题。就中医药术语的翻译来说，要求译者在具备一定英文功底的前提下，必须具备相关的中医药学的专业知识，并在相关翻译理论的指导下，实现对外推广与普及中医药文化的真正目的。作者认为，在众多的翻译理论中，德国功能派翻译理论的目的论对中医药术语的翻译具有重大的指导意义。

1　中医药术语翻译中的问题

中医药术语翻译中存在的问题可以概括为以下三个方面：

1.1　同一术语的译文尚待规范

中医药术语的翻译还存在不统一的问题。在作者所见到的几部汉英中医词典中，同一术语的英译文表达方法也不尽相同。例如，“三焦”一词被译为 three warmers，three heaters，triple warmers，triple heaters，triple energizers，Sanjiao，等等。再如“相火”一词，有译作 prime minister fire，有译作 premier fire，有译作 minister fire，也有译作 xiang fire，等等（李照国，1996：32）。中医养生学中的“气功”一词，有将其译成 Qigong 的，也有译作 meditation 的，还有译作 Chinese Yoga，等等。相应的“气功疗法”则出现了 Qigong therapy，breathing technique therapy，fresh air therapy 等多种译法。（曹山鹰，2002：13）

类似这样的例子已经不胜枚举。对于同一名词术语的多种解释往往使不了解中医药文化的外国读者无所适从。

1.2 译语冗长

中医药用语的一个最大特点就是言简意赅，但在英译时，它的这一特点便丧失殆尽。如“八纲辨证”在几部较为流行的汉英中医词典中分别被译作 differential diagnosis in accordance with the eight principle syndromes，analyzing and differentiating pathological conditions in accordance with the eight principal syndromes，diagnosis according to the eight guiding principles 等。（李照国，1996：32）

以上对“八纲辨证”这一术语的翻译简直就像是对该术语的解释，但是却仍然没有清楚地表达出该术语的意思。这种冗长的译法是目的语读者所排斥的。

1.3 译语生搬硬套，释义不明

中医药术语有其特定的表达法，在中文特定的语境里有其自身的医学意义。若对一些中医药术语照其字面死译，则会使目的语读者不知所云或误入歧途。这只数目译者缺乏基本的中医理论知识。

例如，有人将“失笑散”译为“powder for lost smiles”。而中医的“失笑散”，按《医方发挥》的解释，应为：“本方具有行血止痛祛瘀，推陈出新的作用，前人用此方，每于不觉中病悉除，不禁欣然失声而笑，故名‘失笑散’。”由此可见，“powder for lost smiles”的译法明显欠妥，纯粹是望文生义的结果。（曹山鹰，2002：14）又如“金实不鸣”，在一些汉英中医词典中都被译作 solid bell cannot ring，令人不知所云。（李照国，1996：32）

2 目的论——功能翻译理论的核心

20世纪70年代，德国功能派翻译理论家卡塔琳娜·莱思（Katharina Reiss）、汉斯·费米尔（Hans Vermeer）等著名学者提出了翻译行为理论（Theory of Translation Action）与翻译目的论（Skopos Theory），这无疑为翻译研究和翻译批评提供了一个全新的视角。

卡塔琳娜·莱思在其于1971年出版的《翻译批评的可能性与限制》一书中提出了功能派理论思想的雏形。她把对等理论作为她的整个理论的基础，提出翻译批评的依据应是原文和译文两者功能之间的关系，她认为理想的译文应该从概念性的内容，语言形式和交际功能上与原文对等。但是在实践中，赖斯发现有些等值是不可能实现，而且有时也是不应该追求的。翻译应该有具体的翻译要求（translation brief）。有时因特殊需要，要求译文与原文具有不同的功能，在这种情况下，莱思认为译者应该优先考虑译文的功能特征，而不是对等原则（Nord，2001：9）。

莱思的学生费米尔突破了以源语为中心的对等理论的限制，发展了功能派的核心理论，即该流派理论中最重要的理论：目的论（Skopos Theory）。他根据行为学的理论提出翻译是一种人类的行为活动，而且还是一种有目的的行为活动。翻译时，译者根据客户或委托人的要求，结合翻译的目的和译文读者的特殊情况，从原作所提供的多源信息中进行选择性的翻译。费米尔还特别强调因为行为发生的环境置于文化背景之中，不同文化又具有不同的风俗习惯和价值观，因此翻译也并非一对一的语言转换活动（Nord，2001：11）。

费米尔所提出的目的论是功能派翻译理论中最重要的理论。“skopos”一词源于希腊文，它的意思就是“目的，动机，功能”。这一词语在目的论中有三种解释：译者的目的（如赚钱）；译文的交际目的（如启迪读者）；使用某种特殊翻译手段所要达到的目的（如为了说明某种语言中语法结构的特殊之处而采用按其结构直译的方法）。在通常情况下，“目的”指的是译文的交际目的（Nord，2001：27—28）。

目的论包括三个基本法则：目的法则（skopos rule），连贯性法则（coherence rule）和忠实性法则（fidelity rule）。目的论者认为，所有的翻译遵循的首要法则就是目的性法则，目的性法则指的是任何翻译行为都是由翻译目的决定的，即“结果决定方法”（Nord，2001：29）；连贯性法则指的是译文必须符合语内连贯的标准。所谓语内连贯是指译文必须能让接收者理解，并在目的语文化以及使用译文的交际环境中有意义；忠实性法则指原文与译文之间应该存在语际连贯一致。语际连贯类似于通常所说的忠实于原文，而忠实的程度和形式则由译者对原文的理解和译文目的决定。目的性法则是目的论的最高法则，其他的两个法则都从属于目的性法则，忠实性法则又从属于连贯性法则（Nord，2001：32）。

3 目的论法则在中医药术语翻译中的应用

依据目的性法则，译者应该依据译文的预期目的，选择最佳的译法，根据译文在译语语言和文化里的预期功能，调整自己的翻译策略。中医药术语翻译的目的是向国外推广我国的中医药文化，使国外读者了解中医药文化。这一目的决定了译者在翻译中医药术语时应采用多种译法，而非单纯地采用一种翻译策略。

中医文化博大精深，中医的五行学说和阴阳学说在西医中无对应的概念。就那些在英语中找不到对应词汇的中医药术语而言，译者宜采用音译法，如“阴”“阳”可音译为“yin”与“yang”。因不同的文化背景，一些中医名词是不可以逐字翻译的，否则会使目的语读者误解其意思，此时也应该采取音译法。如“青龙白虎汤”，如把它译成“blue dragon and white tiger decoction”，则会使目的语读者误以为是用青龙和白虎做成的汤药。这便达不到对其翻译的预期目的了，为避免出现这一情况，译者可将其音译为“qinglong baihu decoction”。

就能在英语中找到对应语的中医药术语而言，译者可使用意译法，这样能使读者一看就懂。例如，“疳积”可译为“infantile malnutrition”，“伤寒”可译为“a febrile disease”。

忠实性法则说明译文和原文之间应该存在某种对应关系，但并非要求二者在内容上一字不差，认为原文不再是译者首要考虑的因素，而仅仅是为其提供的信息。但这并不否定原文的重要性，忠实性法则强调的是内容上的忠实，而非形式上的忠实。中医用语的文学色彩很浓，许多译者主张译中医药术语时应尽量保持其文学风格，原汁原味地译以便体现中医的特色，如有人将“带下医”死译为“the doctor underneath the skirt”，这种翻译使不了解中医文化的外国读者一头雾水，无法理解其真正含义，从而无法实现翻译的最终目的。由此可见，单纯地追求形式上的忠实是不可取的，如果译者根据其含义，将其意译为“gynecologist”，则会使读者一目了然。

另外，中医药的“心、肝、脾、肺、肾”的概念与西医有所不同，西医中这五个概念仅是指五个器官，中医中，这五个器官不但是解剖概念，也是功能概念，中医书籍上对其解释是：心主神志；肝主疏泄；脾主运化；肺司呼吸，通条水道；肾主精。因此，译者若将其直译为与西医相对应的“heart、liver、spleen、lung、kidney”，就不能将中医中的这五个概念的意思完整地表达出来，译者应依据目的性法则和忠实性法则除将其译为“heart、liver、spleen、lung、kidney”外并加注释以准确表达其含义。

4　译者在中医药术语翻译中的地位

目的论对译者在翻译过程中所起的作用给予了充分肯定。目的论是首次提出把译者看作专家的理论，认为译者是翻译链上最重要的一个环节。在翻译过程中，他首先得到原文和翻译要求，然后研究分析翻译要求是否可以接受，是否可行，译文是否必要，最后做出决定并执行。简单地说，译者要以翻译要求为指导，从特殊的翻译任务中总结出译文的交际目的，在交际目的的指导下完成翻译任务。译者要对其翻译负责，要精通源语和目的语，并掌握与翻译内容相关的知识。

中医药术语的特点决定了其翻译难度大，对译者的要求也比较高。译者不仅要掌握基本的英语表达法，还要有较高的汉语修养（包括古汉语和现代汉语），此外，他还要懂得大量的医学知识（包括中医和西医）。

在早期的中医翻译中，因译者的水平有限，且缺乏相关的中医药知识，所以中医药译文中错误百出。如前面所说的将“带下医”译为“the doctor underneath the skirt”，可能就是因译者本人不了解“带下医”是指妇科医生所致的误译。译者只有具备了中医翻译所需的素质，才能正确地表达出中医药的本意。

5 结论

中医药学是中国传统文化的一个重要组成部分。在今天，它的医学价值已经得到世界医学界的公认。在这样的背景下，做好中医翻译显得尤为重要。为了更好地将中医推广到全世界，向全世界介绍中国的传统医学，必须对中医药术语的翻译进行认真地规范。目的论创立者费米尔等在翻译行为理论的基础上所创立的目的论，拓展了翻译工作者的眼界和思维，为翻译理论提供了新的思路。它作为实用性很强的理论，为中医药术语的翻译提供了指导作用，能有效地避免翻译中的盲目性，并能提高翻译的质量。

参考文献

[1] Nord，Christiane. Translating as a Purposeful Activity：Functionalist Approaches Explained [M]. Shanghai：Shanghai Foreign Language Education Press，2001.

[2] 曹山鹰. 中医文化的翻译 [J]. 中国科技翻译，2002 (2)：12—14.

[3] 李照国. 中医术语英译的原则与方法 [J]. 中国科技翻译，1996 (4)：32—35.

[4] 欧阳勤. 中医翻译探析 [J]. 福建中医学院学报，2003 (5)：57—58.

[5] 张锦兰. 目的论与翻译方法 [J]. 中国科技翻译，2004 (1)：35—37.

第七章

杂谈琐义

语法与翻译

时下流行的各种翻译理论及各种相关学科理论在翻译实践中的运用，几近把各类从译者带到了一个用先进理论武装自己的境地。在翻译教学中，教者更是津津乐道于向学生们推崇这种或那种理论。这无疑有助于其翻译理论水平的提高，令人可喜可贺。但是，据笔者所知，在高校翻译专业的教学中，有部分师生往往因过分强调翻译理论学习而忽略了翻译实践，因而有空泛之嫌，更有甚者，出现了部分学生在接受某种新的翻译理论与新的翻译手段的同时，否认语法理论与语法手段在翻译过程中所起的作用。

前不久，给某校翻译专业班上课时，笔者和该班的全体学生讨论了翻译实践中怎样借助各种手段实现源语与的语等值转换的问题，其中特别谈到了在其译文中借助语法手段实现翻译目标的意义与可行性等。可惜，有些学生对此持相反的看法，认为传统翻译法中借助语法手段的做法是落后而又不可取的，应将其从译法中剔除。的确，时下流行的某些翻译手段固然于翻译有益，甚至其作用不可低估，但是，我们不能因此而摒弃传统翻译法中确已给我们带来过实惠的有效手段。

实践证明，在翻译中使用语法手段并非过时又不可取，它依然是我们可凭借的重要手段之一，其作用不可低估。陈廷佑先生曾在谈英文理解难是学习、使用英文的人的共同感觉时说，在英美人看来顺理成章的一个句子，在中国人看来却是颠三倒四、断断续续、零零碎碎的，别扭得很。陈先生认为，下面这个句子，中国读者读来是颇感费劲的：

“Roosevelt”, said Summer Welles, “a close observer at the time, demonstrated the ultimate capacity to dominate and control supreme emergency, which is the rarest and most valuable characteristic of any statesman."

所提供的译文是"当时一位注视形势的观察家萨姆·威尔斯说，罗斯福表现了驾驭和控制最紧急事件的高超能力，这种能力在任何政治家身上都是难能可贵的品质"。陈先生说该句英文由31个字组成，4次被切断，主、谓语又被2个插入语隔开。若照英文翻译就成了叫人难懂之句，即"罗斯福，萨姆纳·威尔斯说，他当时是一位密切注视形势的观察家，表现了最高超的能力，足以驾驭和控制最紧急的事件，这在任何政治家身上都是最少见的、最可宝贵的品质"①。

翻译是个非常复杂的过程，在此过程中起关键作用的是理解，因为没有理解就没有翻译。换言之，理解有助于摆脱歧义影响，避免表达错误或表达含糊，正确区分话语的理性意义或逻辑意义及话语的语势（即话语的言外之意）。② 但是，在某一特定的语域中语法手段是理解的基础与前提条件之一，是获取通顺而又正确译文的必要条件。如陈先生对上文所作的说明：原文由31个字组成，4次被切断，主、谓语又被2个插入语隔开。这实际上是在作语法分析，是语法手段在翻译中的具体运用。还有语法上的毫厘之差会带来截然不同的两种译文，一旦译者未予足够注意，就必然会导致误译的产生。事实上，这种情况在翻译专业的学生中经常出现，从教学的角度来看其内容丰富多彩，数不胜数。

英语语法从宏观上看包括词法与句法。从微观上看，英语语法包容甚广，本文也无法涉及方方面面，而只是通过有关词法方面的某些较典型的译例探讨语法的影响，语法手段于翻译而言的重要性。诚然，在词法方面误译大量存在，举不胜举。本文只想就学生中较典型的一些误译举例说明如下：

1. He forgot the judge in the father.

误译：他忘记了父亲是法官。

正译：慈父之心使他把法官的职责置于脑后。

说明：导致误译的主要原因是译者对"the +单数名词"的两种特殊用法

---

① 陈廷佑．英文汉译技巧［M］．北京：外语教学与研究出版社，1980：4—5．

② ［英］杰弗里·N·利奇．语文学［M］．李瑞华，王彤福，等译．上海：上海外语教育出版社，1987：471．

不甚了解。第一种用法是指同类事物共有的抽象性质（如本译例）。又如：He has very much the diplomatist in him. 可译为“他很有几分外交家的气派”。第二种用法是它涉及实物名称象征抽象概念。如：The pen is mightier than the sword. 可译为“文胜于武”。What is learned in the cradle is carried to the grave. 可译为“童年所学，至死不忘”。He is fond of the bottle（或 the cup）. 可译为“他爱酗酒”。He is in the flower of his age. 可译为“他正处在年轻力壮的时期”。

2. In the case of him，he has nothing to complain about（或 of）.

误译：若是他，他没有什么可抱怨的。

正译：至于他，他没有什么可抱怨的。

说明：导致误译的主要原因是译者对定冠词 the 在某些短语中的作用未引起足够注意，以致翻译时分不清有无 the 的意义差异。从正译可知，in the case of 意为“至于，就……而言”，与 as far as…be concerned（be 有人称与数的变化）同义，而 in case of 则意为“若是，万一，如果”。又如：She made her first appearance on the stage in the character of the white-haired girl. 可译为“她第一次登台扮演白毛女”。而 in character 意为“适合，和……相称”，后跟 with。请再看几例：

（1）The land came into the possession of（＝was in the possession of） the firm. 那块土地为该公司所占有。

比较：The United States came into possession of（＝was in possession of）Louisiana by purchase from France. 美国从法国买得路易斯安那州。

说明：come into possession of sth. 意为“占有某物，获得某物”，come into the possesion of sb. 意为“为某人所有，为某人占有”。

（2）I don't think he is in the secret. 我认为他不知内情。

比较：A resistance movement was already being organized in secret. 反抗运动已在秘密地进行筹备。

说明：in the secret 意为“知道内幕（或内情）”，“in secret” 意为“秘密地”。

（3）Then he…rested his chin upon his hand，and opened his eyes so wide that it appeared quite out of the question that he could ever close them any more. 然后他……用手支住下巴，把眼睛睁得大大的，看来是休想（或不可能）再把它们闭上了。

比较：It is out of question that he will be appointed Chief Engineer of the railway. 毫无疑问，他将被任命为那条铁路的总工程师。

说明：out of the question 意为“不可能的”，out of question 意为“无疑的”。

(4) They had to sell the building because for years they had operated it in the red. 因为这座楼的经营几年来不断亏损，所以他们只好将它卖掉。

比较：Now that I reflect upon it，I believe the girl in red is right. 我仔细想了想，认为穿红衣服的那个姑娘的意见不错。

说明：in the red 意为“亏损，亏空，有赤字”，in red 意为“穿着红衣服”。

3. Mr Wang will take the chair at the next meeting.

误译：王先生将列席下次会议。

正译：王先生将主持下次会议。

说明：导致误译的主要原因是译者未分清 take the chair 与 take a chair 之间因冠词 a（n）与 the 带来的意义差异，即 take the chair 指“主持会议，做主席”（=preside over），take a chair 指“坐一会儿”。另外，勿弄错 get the chair 的意义，其意为“被处死，上电椅”（=go to the chair)，见于美语中。一旦弄错了，就会出现误译。事实上，该短语在文学作品中是存在的。如：

…if you would talk right out to Mason，he could do more for you with the judge and the governor than anyone——could get you off，maybe with life or twenty years，while this way your're likely to get the chair，sure. 要是你跟梅逊谈好，他比谁都替你在法官和州长面前说话——替你减免死罪，说不定就只判一个无期徒刑或是二十年徒刑；可你现在这样子，多半要上电椅，没错。

请再看几例。

(1) We were both about of an age；to be exact，he was six months youn-

ger than I. 我们俩差不多同岁，说确切一点，他比我小六个月。

比较：He is the greatest writer of the age. 他是当代最伟大的作家。

说明：of an age 意为“同年（龄）”，of the age 意为“当代的”。

(2) It was so easy and in a way so legitimate. 这是多么容易，并且在某种意义上十分合法。

比较：Would you ask your mother whether I should be in the way if I came down for the last weekend this month? 劳驾问一问你母亲，要是我在本月最后一个周末到你们家里来做客，会不会妨碍你们？

说明：in a way 意为“在某种意义上；稍微”，in the way 意为“挡道，碍事”。

(3) Kent Mckibben was thirty-three years old，tall，athletic and，after a fashion，handsome. 肯特·麦吉本现年三十三岁，高个儿，结实，而且还勉（勉）强（强）地说得上漂亮了。

比较：This kind of hat is after（或 in）the fashion. 这种帽子现在很流行。

说明：after a fashion 意为“勉强地，马马虎虎地，略为”，after the fashion 意为“流行的，时髦的”。

(4) This is a great international question of the day. 这是当代的一个重大国际问题。

比较：That invention is something of a day. 那种发明是不会长久的（或是短暂的）。

说明：of the day 意为“当代的”，of a day 意为“短暂的”。

(5) How in the world did you manage to get in the hole for a sum like that? 你究竟怎么搞的，欠了那么大一笔钱？

比较：You have put me in a hole. 你使我处境尴尬。

说明：in the hole 意为“亏损，拖欠”，in a hole 意为“处境尴尬”。

(6) I believe one has to play the game—but that's ethics 我认为（一个）人必须光明正大——不过这是伦理学了。

比较：Would you mind their playing a game? 您介意他们表演一个节

目吗？

说明：play the game 意为“行动光明正大；公事公办；规规矩矩地比赛”，play a game 意为“表演一个节目”。

4. Tess's heart ached. There was no concealing from herself the fact that she loved Angel Clare，perhaps all the more passionately from knowing that the others had also lost their hearts to him.

误译：苔丝心里很难过，事实上她明明爱上了克莱，也许因为她知道她那三个伙伴也都对她失去信心，她就更热烈地爱他。

正译：苔丝心里很难过，事实上她明明爱上了克莱，也许因为她知道她那三个伙伴也都钟情于她，她就更热烈地爱他。

说明：导致误译的主要原因是译者不清楚形容词性物主代词 one's 会给某些短语的意义带来较大的差异。如本译例中的 lose one's heart to sb. 指“爱上某人，钟情于某人”；而 lose heart in 则指“对……失去信心（或勇气）”。请再看几例：

（1）He got on excellently well with the “old salt” whose boat they used，for he was at his best with simple folk. 他跟那个把船借给他们用的老水手非常合得来，因为他善于跟质朴的人打交道。

比较：At best，this car will go only fifty miles an hour. 这种汽车每小时最多也只能跑五十里。

说明：at one's best 意为“在最出色的状态下，处于最佳精神状态”，at best 意为“充其量”。

（2）“Take a seat，and here is a glass of wine for you，” said the lawyer，“Now take your time，and tell me plainly what you want.”“坐下，这是给你喝的一杯酒，”律师说，“现在你不必着急，坦白告诉我你要什么。”

比较：It will take time to finish it in good time. 要及时地完成它还得花时间。

说明：take one's time 意为“不慌不忙，从容，不急”，take time 意为“花时间”。

（3）“I was out of my mind for a day or two，” he said，“I kept thinking I was back in Oxford.”“有一两天我神志不太清楚，”他说，“我一直以为我回到了牛津。”

比较：Out of sight，out of mind. 离久情疏。

说明：out of one's mind 意为“发狂；精神错乱”，out of mind 意为“忘记”。

（4）If a person had once been taken to her heart，she would hear nothing said against him. 她一旦喜欢上了一个人，就听不进任何有关这个人的坏话。

比较：Poor little Sylvia！She took things awfully to heart. 可怜的小西尔维亚！她什么事都放在心上，想不开。

说明：take sb. / sth. to one's heart 意为“非常喜爱（某人或某物）”，take sth. to heart 意为“把某事放在心上，想不开；对某事过于认真；对某事伤心不已”。

5. We'll lose our bearings in our advance if we fail to grasp the laws of development of things that exist objectively.

误译：如果我们不掌握客观事物的规律性，就会失去冷耐。

正译：如果我们不掌握客观事物的规律性，就会迷失方向。

说明：导致误译的主要原因主译者未将名词 bearing 的单复数形式的意义区分开来，即 bearing 意为“忍耐，忍受”，而 bearings 意为“方位，方向”。请再看几个译例。

（1）It is understandable that she might be accused of “putting on airs” and of being “affected”. 不难理解，人们也许会说她“摆架子”，“装腔作势”。

说明：本译例中 airs 意为“高傲的架子”，而非 air 所指的“空气，风度”等。

（2）Though dilapidated，the house has great capabilities. 虽此房已破损，但还在很大的利用价值。

说明：capabilities 意为“潜力，才华；利用价值”，而非指“性能，才能”的 capability。

（3）We should put the interests of the people above everything else. 我们应把人民的利益放在首位。

说明：interests 意为“利益”，而非指“兴趣”的 interest。

另外，我们在教学中还看到过许多类似的因单复数所致的不同意义的名词，例如：

单　数	复　数
freedom 自由	freedoms 放肆，调戏
possession 占有，所有	possessions 所有物，财产
ash 灰	ashes 灰烬，骨灰
button 扣子	buttons 服务员
attention 注意	attentions 殷勤
iron 铁	irons 脚镣，手铐
jaw 颌，颚	jaws 嘴巴
sweeping 扫除	sweepings 成堆的垃圾
due 应得物	dues 应付款
matter 物质	matters 情形，情况，事态
authority 权威，威信	authorities 当局
reminiscence 回忆	reminiscences 回忆录
possibility 可能（性）	possibilities 可能（发生）的事
shoulder 肩膀	shoulders 背部

6. Rumour has it that there will be a General Election in the autumn.

误译：今秋要举行全国大选是一派胡言。

正译：传说今秋要举行全国大选。

说明：本译例涉及代词 it 在句中表示模糊意义的用法，即 it 在此种用法中的意义要依据一定的场合和上下文才能确定，如本译例中 it 的意义模糊、不确定，但 rumour has it that…则意为“传说……，盛传……”。请再看下面几例及其译文。

(1) Go it while you are young! 趁年轻的时候努力前进吧!

(2) The explorers had to rough it when they got into the jungle. 勘探队进入丛林后，就得过艰苦的生活。

(3) Anne will catch it for breaking that vase. 安妮把花瓶打破了，这下她可要挨骂（或受责备）了。

(4) The days are gone when the colonialists could lord it over the people. 殖民主义者在人民头上逞威风的日子已一去不复返了。

代词 it 的模糊意义及其运用在英语中极常见，如 foot it home（走回家去），make it（办成功，达到预期目的），hotel it（在旅馆里住下），beat it（走，滚），brave it out（拼命干到底），boat it（乘小艇航行）等。有时作家们也使用模糊 it，如在 Dickens 的作品中就有“We will battle it together”（我们决心并肩战斗）一句。

7. I noticed that, as usual, there were more shes than hes in this room.

误译：我注意到，这屋里同往常一样，她多于他。

正译：我注意到，这屋里同往常一样，女人多于男人。

说明：导致误译的主要原因是译者未能注意到用作人称代词的 she 与 he 已名词化了，意义已发生了变化。又如 Shakespeare 的作品 *Twelfth Night* 中就有此句：Lady, you are the cruelest she alive. 小姐，你是世上最残酷的女人。请再看几个译例：

(1) They are Is and always thinking of themselves. 他们是一些极端自私的人，总是考虑自己。

说明：I 用作名词时，其复数为 Is 或 I's，意为“极端自私的人，自我，利己主义者”。又如：The we should always precede the I. 集体总应先于个人。He is just a big I. 他是个十足的利己主义者。

(2) Do you mean to tell me you don't know his name? Why, among biologists, he's it. 他真的不知道他的姓名？在生物学家当中，他还是个名人呢。

说明：it 用作名词时（和其他用作名词的代词一样，用斜体），可以表示正面意义与反面意义。在译例中，其意为“在某一方面是了不起的人物，是杰出的专家”，它也表示“理想极了，好到极点，登峰造极”。如：The steak was really it. 牛排好极了。In a lilac sun bonnet she was it. 她戴着一顶紫色遮阳帽，漂亮极了。For barefaced lying you are really it. 就无耻造谣而论，你真算得上天下第一。He is perfectly it. 他太讨厌了。She was IT. 她很自负。

8. The hows and whys of this growing economic interdependence will un-

fold in the remaining chapters.

误译：经济上日益增大的这种相互依赖的怎么样与为什么，将在其余各章中展开讨论。

正译：经济上日益增大的这种相互依赖的方式及原因，将在其余各章中展开讨论。

说明：导致误译的主要原因是译者把充当名词的 how 与 why 仍看作是连接副词。充当名词的 how 意为“方式，方法”；why 意为“原因，理由，（理由的）说明，难解的问题”。如 all the great whys of life 一切难解的人生问题。请再看几个译例。

（1）They had decided that they didn't want my whereabouts to be known to the world. 他们已决定不让我的行踪公之于世。

说明：whereabouts 充当名词，意为“行踪，下落”，充当副词时，意为“在什么地方”。

（2）We must always go into the whys and wherefores of anything. 我们对任何事情都要问问个中缘由。

说明：why 与 wherefore 充当名词时，均意为“原因，理由”，是同义词；充当疑问副词时，意为“为什么”。

（3）Avery had recently been in all sorts of corporation work, and knew the ins and outs of the courts… 近来亚佛利干过各种各样的法人业务，他了解法院的底细……

说明：ins and outs 均为副词 in 与 out 转化而来的名词所组成的词组，在本译例中意为“（事情等的）详情，细节，底细，来龙去脉”。其实该名词词组还可指“（道路等的）迂回曲折；执政党与在野党；政府与反对党”。

（4）…the family suffers…those ups and downs to which the great houses of Scotland have been ever liable. 这个家庭遭遇的兴衰，是苏格兰许多大家族难以避免的。

说明：ups and downs 中的 ups 和 downs 是由副词 up 与 down 转化而来的名词。ups and downs 在本译例中意为“兴衰”。除此而外，它可表达“上坡与下坡，（地形）高低，起伏；苦乐；胜败；（价格）涨落；（条件，情况等）好坏”。

9. He told me how he read about it in The People's Daily.

误译：他告诉我他是怎样在《人民日报》上读到此情况的。

正译：他告诉我他是在《人民日报》上读到此情况的。

说明：导致误译的主要原因是译者混淆了充当连接副词的 how 与充当连接代词的 how 的语法作用及其意义。一般而言，how 充当连接副词时，引导主语、宾语、表语从句，译作“怎样，如何”；充当连接代词时，引出一个间接陈述句（introducing an indirect statement），how 相当于连接代词 that，若译为“怎样，如何”，是误译。又如：You say how you loathe typing and shorthand. 你说你不喜欢打字、速记。

以上译例仅是学生们许许多多误译或易使他们误译的一些例子，在翻译教学的理论与实践中，学生们易误译的例子肯定还有很多，也许很具有典型性与代表性，也许存在的问题仍会是语法问题。如有人将 He is clean crazy 一句误译为“他又干净又疯了”。此处导致误译的主要原因是译者将表达“完全（地）”这个意义的副词 clean 误判为形容词。再如 When we said goodbye，I thought it was for ever. But we were to meet again，many years later，under very strange circumstances. 该句出自《英语用法指南》一书，其正确译文是：“在我们道别时，我想我们不会再见面了。可是命不该如此，许多年后，在一个极不寻常的场合，我们竟又相会了。”乍看，谁也不会想到会有误译发生，然而从学生的作业来看误译者还真不少。个中原因依然是语法问题，即译者未能将 But we were to meet again 一句译好，乃对其中“be＋不定式”的过去式的含义理解不深所致，其思维总是停留在“be＋不定式”表示计划或安排好的动作这一层面上，只知道将其译为“约定，将要，向往”；未能根据语境想到“be＋不定式”的过去式可用来描述当事人回首过去事先未料想到的事时所带的惊讶或不解，表达“（命中注定后来）竟……”这一较深层的含义。总之，翻译离不开理解，也离不开使用语法手段。那种丢弃语法手段来做翻译并想得到“准确，流畅”的译文效果的行为是不可思议的。在翻译教学中，教师应时刻提醒学生在运用其他翻译手段时，正确使用语法手段提高翻译质量与翻译水平。

联想法在英语词汇教学中的应用研究

联想是指由一事物想到另一事物的心理过程。心理学认为，联想客观地反映了事物之间的联系，对促进人脑的记忆、想象、思维等活动起着举足轻重的作用。在英语词汇教学中，如能恰当地运用它，可以优化教学手段，使学习者在向词汇的深度与广度进军的过程中，时刻辨明方向，不断积累知识与经验，提高学习效率；根据“语言教学（包括外语教学的初级阶段）的最重要任务之一就是使学生获得基本的语言词汇，从而获得初步的语言交际能力”[①] 的理论，词汇教学中就得遵循“词汇——句子——语篇”的原则，在使学习者扩大词汇量的同时着实诱导培养其运用词汇的能力，实现掌握英语、服务于社会交际等的目的。掌握一门语言的过程是一个复杂纷繁的过程，其中构成语句的“词是一个复杂的单位”[②]。而“语言主要是词的体系，而词是互相有联系的、结构上有组织的”[③]。不言而喻，“我们通常所说的一句句话是运用一个个的词构成的”[④]。此处的“词”与前述“词汇”是否相矛盾呢？这是在研究词汇教学时非回答不可的问题。事实上，“词与词汇（vocabulary）之间的关系是个体与总体之间的关系。一般说来，词的总和构成语言的词汇。

---

① 张健颖等．论核心词汇的判别标准［J］．外语界，1995（2）：19.

② ［苏］柯杜霍夫．普通语言学［M］．常宝儒等译．北京：外语教学与研究出版社，1987：61，197.

③ ［苏］柯杜霍夫．普通语言学［M］．常宝儒等译．北京：外语教学与研究出版社，1987：61，197.

④ 陆国强．现代英语词汇学［M］．上海：上海外语教育出版社，1983：1，5，145，148，149，150.

但词汇这一术语不仅指语言中所有的词，而且指诸如方言（dialect）、使用域（register）或术语（terminology）等某一语言变体中使用的词和短语”[①]。弄清词与词汇的关系是正确运用联想法使词汇教学顺理成章的需要。实践证明：联想法能广泛应用于词汇教学中并能解决相关的许多问题，不失为一种得体、可行的方法，其效果自然是较为理想的；又因为它通常紧扣大纲，以与课本相关的某个实例（主要是“核心词汇”）为依据，因而有利于了解教学中的重点、难点，解决学习者可能会遇到的各种实际问题。调查的结果表明，联想法深受广大师生的欢迎。

联想的形式多种多样，其内容也丰富多彩，其中比较联想式适合于各门课程的教学。在词汇教学中，比较联想是指由视觉看到或（与）听觉听到的语言材料而引起对另一语言材料的回忆，并从中进行比较，找出它们之间相同、相似或相反之处，或对有关内容予以大体或细致的归纳，从而建立起相互间的某种联系。比较联想为深化词汇教学改革提供了可靠的理论依据，这可从词汇教学各个不同的环节反映出来，并不断显示出与众不同的个性或与某些方法相比更胜一筹的特点，尤其重要的是，它再现了教学的艺术与技巧，具有一定的时代性与学术价值。它的另一个特点是，从一开始就以一种成功的教学方法出现在人们面前，能适时、恰当、真切地对学习者给予鼓励，激发其兴趣，使其心理上有一种踏实感。所有这些都取决于方法的本身以及教者给人的印象。教者的确须“博学多才”，有善于处理各种疑难问题和对有关材料进行综合加工的能力，要使所授内容有明显的研究性，特别要强调“教学”形式生动活泼，体现重点突出、难点突破；做到纵横交错，以点带面，举一反三，具有技巧性；要融灵活性、适应性与技巧性于一体，戒视此法为教条，注意扬长避短，以科学的态度待之。只有这样，教法才会在实践中不断充实与完善并得以更新改进，不会仅拘泥于一种形式或滞留在一个水平上，必将由此带来一个探讨词汇教学法的新高潮。

在过去一个时期，“词汇教学”被看成是一个机械的名词，各种教学活动常常孤立地进行，毫无生气，如在教某个单词时，总是把形、音、义等分隔

① 陆国强．现代英语词汇学［M］．上海：上海外语教育出版社，1983：1，5，145，148，149，150．

开来，更无在此基础上从单词联想到词组、句子乃至篇章结构等可言。然而“词是语音、意义和语法特点三者统一的整体”①。教学中就该充分注意把握这一整体性；如今运用比较联想，词汇教学领域就有了一大片天地，从而使许多弱点得到了克服，出现了可喜的形势。从语音、词汇本身、翻译、语法等角度出发所开展的词汇教学活动正在兴起，令人鼓舞。现将具体应用情况举例说明。

1 从语音着手

从语音着手进行词汇教学是以往很少谈及的。可现在它却是应用比较联想法教学的新尝试、新成果；有趣的是，有人曾从 nature/' neit/（n.）（自然）到 natural/'ntl/（a.）（自然的）读音、词性、词义、词尾变化联想到了像 nation 到 national，从 politics 联想到 political 等 30 多对单词，并随即将它们活用于句中，而非视其为“嫁出去的女”。climb 虽是个不起眼的单词，但可按其语音特征即 b 在其中不发音（因为字母 b 在 m 之后，且又在单词之末端）的现象，联想到不发音辅音字母的 12 种规则，并以这些规则为线索把许多有关的词集中起来加以比较，找出其中的异同，缩短学习时所需的时间，获得事半功倍的效果。

2 从词汇着手

从词汇着手即透过词汇本身进行比较、联想，此法在词汇教学中使用得较普遍；如在教词类转换时利用构词法理论剖析研究并展开联想，从而可找出长期以来困扰人的四个问题：（1）动词转换成名词时字母的变化问题（如 explain—explanation 等）；（2）形容词转换成名词时字母的变化问题（如 high—height 等）；（3）名词转换成动词时字母的变化问题（如 blood—bleed 等）；（4）基数词转换成序数词时换词或字母的变化问题（如 one—first，nine—ninth 等）。

---

① 陆国强．现代英语词汇学［M］．上海：上海外语教育出版社，1983：1，5，145，148，149，150.

关于名词复数，存在许多特殊问题，若要使之得到解决，最好还是运用比较联想法，在这种情况下，一切都会变得轻而易举，如 German 的复数为 Germans，而 Englishman 的复数为 Englishmen，道理很简单，Germans 既非不规则复数，也非合成名词，后者既为不规则复数，又为合成名词。tooth 的复数为 teeth，toothbrush 的复数则为 toothbrushes，因为前者为不规则复数，而后者为规则复数，且强调的是“刷”而不是“牙”。在抽象名词前加不定冠词使其意义具体法，在以前的词汇教学中几乎处于受“冷落”的境地，然而比较联想法却使它变得为人瞩目。像 beauty（美）加 a 之后为 a beauty（一个美人，一件美的东西）等，据笔者平时所收集整理的资料来看，此类词的数目竟达 500 多个；有同样“遭遇”的某些在加 the 之后表达特殊意义的名词的数目更是有过之而无不及，同样引人注目，特别为翻译工作者所重视，这样 He is fond of the bottle（the cup）就不只是“他喜欢那只瓶（杯）子”而已，而有“他好酒”或“贪瓶（杯）中之物”之意。

动词与介词是英语中的两大词类，在英语的王国里无所不在、无时不有。

比较联想法自然要触之，像后跟动名词作宾语的及物动词，绝非只有语法学家才注意，越来越多的英语师生几乎迷上了它们，各级各类的招生考试也是每次必考，然而究竟有多少及物动词能跟动名词作宾语呢？诸家说法不一，有说 20 多个的，也有说 50 多个的，但据笔者查证它们竟有 70 多个，同时通过比较，可把它们分为三种类型：（1）常跟动名词的动词（如 avoid 等）；（2）跟动名词与跟不定式意义几乎无差别的动词（如 continue 等）；（3）跟动名词与跟不定式意义有差别的动词（如 stop 等）。

介词可谓英语中的“活跃分子”，其用法之多、之复杂，范围之广，也并非你我仅凭几言就能说清楚的，此处只想运用联想比较法探讨介词与其他词语搭配的规律，重点放在同义结构的联想与搭配上。陆国强教授说：“词的联想与搭配对英语学习来说十分重要，有助于扩大词汇量，并丰富表现力。但仅仅停留在词的联想与搭配上是不够的，而应该进一步发展为结构的联想与搭配。”[①] 如 interest 在使用过程中的同义结构有（1）be interested in；（2）

① 陆国强．现代英语词汇学［M］．上海：上海外语教育出版社，1983：1，5，145，148，149，150.

feel/show/have an interest in；（3）take/have great interest in；（4）interest sb. in，虽然这些结构的（3）与（4）在意义上有细微差别，但其中的介词始终是 in（be interesting to sb. 则属例外）；这样 succeed in/be successful in/one's success in 等在同义结构范围内跟相同介词也就不足为奇了。

3 从翻译着手

翻译既是门艺术，又是门科学。从基础阶段起就要注意培养学习者译的能力，这是造就一代翻译工作者的需要。在词汇教学中同样可从译的角度出发运用比较联想法（不要以为只有专门的翻译课才能这样做），如在将 back and forth 译为“前前后后”时，教学中有意把它说成“后后前前”，这样就很自然地使学习者明了“翻译的根本任务不是语言的转换，而是‘意思’‘信息’‘内容’的传达……等字硬译就是对号入座式的翻译是行不通的”。[①]也使他们注意到了英汉互译中的词序问题，并由此联想到了像 flesh and blood（血肉）/fire and water（水火）等词组的翻译。望文生义乃翻译之大忌，把 a bad sailor（晕船）译为“坏水手”的大有人在，当然把 busybody（爱管闲事的人）译为“忙人”，把 face the music（勇于承担责任）译为“面对音乐”，把 red-handed（当场）译为“红手的”也不乏其人。据此仍可运用联想法进行挖掘，总结出更多的同类现象，并把它们引入句中，而后过渡到篇章结构，最后力争实现语言与文化融为一体，为繁荣译事、为国际文化交流服务。总之，翻译的问题是一个复杂的问题，也不是三言两语能说清的，从词汇教学的角度来看，新措施、好办法层出不穷，近年来借助一词多译方式教学方兴未艾，人们普遍认为此法能趣味般地避免翻译的单一性，能使译文增色不少。这种靠运用同（近）义词语与结构得来的译文也反映出译者对原文较深层含义的理解或词与结构形式的选择、变换等。大家所熟知的“一个名叫李明的孩子”的 8 种英译与 pick up 的 23 种汉译即是如此。

---

① 杨英明．是等值不是等字：关于词语汉译英［J］．益阳师专学报（哲社版），1995（2）：128.

4　从语法或某词与他词搭配的角度去联想

语法联想的含义表明，词汇教学不是孤立地进行的，时而要涉及一些语法知识。曾有这样一题（答案为 B）即 China ____ the Third World.（A. belong to /B. belongs to/C. belonged to /D. is belonged to）部分学习者选择了 D，错了。因为 belong to 习惯上无被动式。教者可乘机把有类似用法的常见词、词组加以归纳、说明，一般说来有这几种情况：（1）带同源宾语的动词无被动式（如 fight a battle 等）；（2）带反身代词或相互代词的动词（如 think of oneself ，help each other 等）；（3）带不定式（短语）作宾语的动词（如 want 等）；（4）带动名词（短语）作宾语的动词（如 enjoy 等）；（5）表状态的动词（如 become 等）；（6）某些表相互作用的动词（如 owe 等）；（7）感官动词词组 look at，listen to 与感官动词中的 notice，watch ；（8）带含糊 it 的动词（如 go it，foot it 等）；（9）某些词组中的名词不能成为被动语态的主语（如 make fun of 中的 fun，take partin 中的 part 等）；但 take care of 中的 care 则可成为被动式的主语。从某个词联想到与之搭配而成的若干词组，具体可采用教者示范，习者仿效的方法进行。如归纳含 tell 的词组、含 get 的词组等，在此基础上还可以巧妙地将它们用于一篇短文中。

以上探讨了联想法中比较联想在词汇教学中的具体应用情况，此法究竟好不好，即优劣程度如何自然得留给大家去评。“教学有法，教无定法”，任何一种教学法，即使是最优秀的，也要注意恰当使用，要注意其适应性、灵活性，切忌把它当成教条。但是毋庸置疑，联想法既是一种教的方法，也是一种学的方法；采用此法利于学习者温故而知新，全面正确地掌握英语词汇，也利于激发其积极性、创造性，实现英语水平的不断提高。

从多元系统论看汉语歇后语的翻译

多元系统论（Polysystem Approach）是以色列学者埃文·佐哈尔（Even Zohar）于20世纪70年代提出的一种文学翻译理论，它为翻译提供了一套宽阔的理论框架，让译者可以在社会文化的语境中，对翻译的过程、产品和功能作描述性研究。自问世以来，多元系统论在国内外翻译界产生了深远的影响。埃德温·甘兹勒（Gentzler，2001：123）说过，对翻译研究来说，多元系统论在理论上的领先地位是显而易见的。先前的理论受着传统的束缚，用静止的眼光看待翻译问题，而埃文·佐哈尔则根据历史条件调整“对等”和“充分性”的定义，使翻译研究摆脱了传统的束缚。巴斯内特（Bassnett，1996：13）也总结说：由于许多学者采纳和改编了多元系统论，用来指导描述性研究，它“已改变了翻译分析的性质，并且大大拓展了翻译学的领域”。经过中外众多翻译家长期的探索和研究，该理论已得到充分的发展；特别是埃文·佐哈尔的同事吉迪恩·图里（Toury），他以多元系统理论为基础，研究出了一套面向目标系统的理论和方法框架，并将之用于以“翻译规范”概念为核心的描述性翻译研究中。随着科技的进步和文化交流的日益加深，以文化取向为翻译策略的原则越来越为研究者所关注。在翻译实践中，要把汉语文化中的歇后语转换成另一种语言形式，并保留其原有的意义、风格，绝非易事。笔者认为，在诸多的翻译理论中，多元系统论能全面地揭示歇后语独特的文化底蕴，能更好地指导汉语歇后语的翻译实践。

1 多元系统论的基本原则和实质

翻译是一种信息传递方式，把一个原来用甲语言表达的信息改用乙语言来表达，使懂得乙语言的人也获得同样的信息。因此，译文传达给接受者（听众或读者）的信息及收到的效果，应该与原文传达给原文接受者的信息及收到的效果基本相同，这就要求译者在翻译实践中从多角度考虑不同民族的文化背景。

多元系统论认为，各种社会符号现象，即各种由符号支配的人类交际形式（如语言、文学、经济、政治、意识形态），只有被视为系统而非由各不相干的元素组成的混合体时，才能让读者充分地理解和研究。社会符号系统并非单一的系统，而是由不同成分组成的开放的结构，是由若干不同的系统组成的系统。这些系统互相交叉，部分重叠，虽各有不同的行为，却又互相依存，并作为一个有组织的整体而运作。任何多元系统，都是一个较大的多元系统即整体文化的组成部分，因此必然与整体文化内的其他多元系统互相关联；同时，它又可能与其他文化中的对应系统共同组成一个“大多元系统”（mega-或 macro-polysystem）。也就是说，任何一个多元系统里的转变，都不能孤立地看待，而必须把它与整体文化甚至于世界文化这个人类社会中最大的多元系统中的转变因素联系起来研究。

甘兹勒（Gantzler，2001：119）进一步指出，多元系统有自我扩充的余地，同时又把文学研究与历史、社会和经济力量研究结合起来；使用“多元”这个字眼，正是为了让系统之间的关系不受限制，以便发展出更复杂的理论；它既可用来描述文学系统的内部关系，也适用于对文学系统的外部关系进行描述。在这里，甘兹勒的理论明确了多元系统论的运用原则，突出了影响语言文化的多层因素。在文化这个大多元系统里，各种因素都是支配翻译决定规范的主要来源，都能对翻译产生巨大影响，影响翻译的取材；同时译者为求得读者的接受，也设法迎合读者的主流意识、审美习惯和社会伦理。译者不是在真空中进行翻译，而是在特定的社会意识形态中进行翻译操作。显然，这种意识形态蕴含着深刻的文化内涵，操纵着文本的选择和翻译的过程、结果。因此，从本质上说，多元系统论是一种文化理论。

2 歇后语的文化内涵

歇后语是汉语习语中的一种独特语言形式，其结构在其他语言中几乎难以找到相应的表达形式。它具有生动形象、诙谐幽默、立意新奇等特点，是大众中广为流传、喜闻乐见的一种语言形式；而且，它在文学作品中的运用也极为频繁，常以其生动的比喻、丰富的联想、诙谐风趣的风格大大增强了作品的艺术感染力。

歇后语的特有文化内涵，深刻地反映出中西方截然不同的思维模式。正如美国前国务卿基辛格博士所说：东方人的思维模式是异中求同，西方人是在同中求异。对歇后语而言，其隐含性（implictness）特征使它的内涵意义、情感意义和联想意义显得格外重要。实质上，英汉语言正因为有同才可以在翻译中有异，即所谓“同中求异”。根据美国翻译理论家尤金·奈达的功能对等（functional equivalence）或动态对等（dynamic equivalence）学说，歇后语的翻译应力争忠实于原文，忠实表达原文的字面意义、形象意义和隐含意义三个方面，即“求同”。如果字面意义、形象意义和隐含意义在翻译中由于文化差异出现矛盾，其形象意义在目的语中可能找不到对应的形象，此时译者须从歇后语文化背景出发，使字面意义或形象意义服从隐含意义，并考虑其隐含意义的准确表达以及译入语接受者的感受，即“存异”。

从结构上看，汉语歇后语由前后两部分组成。前一部分为形象比喻，称为喻体；后一部分对前面的比喻做出解释和说明，揭示前一部分的实质意义，叫作喻义，前后两部分之间有很强的逻辑关系。从内容上看，它基本上是利用比喻和双关形式组成。例如：

刘备摔孩子——收买人心（以事解义）

蚂蚁戴眼镜——自觉脸面不对（以物解义）

外甥打灯笼——照舅（旧）（谐音双关）

狗撵鸭子——呱呱叫（谐意双关）

这两种形式的歇后语翻译，必须处理好源语（source language）读者与目的语（target language）读者之间的关系。Dagut 认为，源语中比喻具有可译性，但这并不取决于比喻的想象力（imagination）或创造性（originality），而是取决于目的语读者在文化经验和语义联想这两方面与源语读者的差异。歇后语的民族性，正是源语读者文化经验的反映。而源语中的双关语，一般认为是不可译的，因为一般不可能在目的语中找到相对应的谐音双关或谐意双关；同时语法结构上的歧义，目的语与源语也不可能有对应形式。因此，对双关语的处理，一般只能译意或个别“巧译”。但正如Foster所指出，“翻译出来的双关语，尽管译笔巧妙，但不是原来那个双关语，只是反映原作使用了双关语这一事实。源语中的那个双关语可能是无法翻译的”。

3 歇后语的翻译

具体说来，从文化的多元系统角度考虑，汉语歇后语的翻译可用以下四种方法处理。

（1）一些歇后语的比喻和喻义属一般事物和情理，其间的关系各民族都能理解，这类歇后语通常保留形象直译，这样既可传达源语的信息内容，又保留源语形象；既忠实于原文，又生动形象，便于译语读者所接受。例如：

狗咬耗子——多管闲事

A dog catching mice——meddles in cat's business

老虎吃天——无从下口

A tiger wanting to eat the sky——not knowing where to start

（2）一些歇后语的比喻和喻义虽属一般事物，其间的关系对汉民族来说可能不言而喻，但对英语民族来说却难以理解。这就涉及汉民族的思维方法、生活经验、宗教色彩等，故直译之后加意译，以显其喻。例如：

兔子的尾巴——长不了

The tail of rabbit——（lit）can't be long；（fig）won't last long

一根筷子吃藕——挑眼

Eating lily root with only chopsticks——（lit）picking it up by the holes；（fig）picking flaws

（3）一些歇后语具有强烈而浓厚的民族特色，往往涉及汉民族的历史文化、神话传说、经典著作，乃至封建迷信。对这些歇后语，往往意译还不能说明问题，必须加注说明，突出汉民族特殊的文化背景。例如：

三十晚上贴“福”字——倒着贴

Pasting up the character “fu” on the New Year's Eve——pasted upside down

Notes：This refers to the Chinese custom of pasting the character “fu”.（blessing upside down to elicit the remark “ni de fu dao le”，which means you good luck has arrived）

司马昭之心——路人皆知

This Sima Zhao trick——obvious to everyone in the street

Notes：Sima Zhao was a primeminister of Wei（220—265）who nursed a secret ambition to usurp the throne. The emperor of Wei once remarked：“Sima Zhao's intention is obvious to every man in the street.”

（4）一些歇后语的双关性不论是用谐音还是用谐意体现，都只能采取直译和意译法相结合的方法来处理，再指出双关所在。例如：

和尚打伞——无发（法）无天

A monk under the umbrella——WufaWutian without hair，without heaven——defying laws and divine　此例是谐音双关，“发”与“法”谐音，“法”是指法律，“天”是指天理。

棺材板上画老虎——吓死人

Painting a tiger on a coffin——frighten the dead/ frighten（ed）to death

此例是谐意双关，说明部分既有字面意义（应承比喻部分），又有引申义（歇后语的比喻意义），两种意义都用上构成双关。

综上所述，歇后语既然是中国文化的产物，就必然受中国文化的制约。从表面意义、形象意义到深层内涵和文化特征，中国文化均不同程度地限制了歇后语的可译性。因此，在歇后语的翻译过程中，译者应根据歇后语的特有语境，多个层面地考虑如何保证源语文化的隐含意义在译语文化中的准确转达。成功的歇后语翻译方法，应体现以下两方面：目的语与源语在意义上达到对等，即语义等值；目的语和源语的文化特点在译文中有所体现，即文化借用。

参考文献

[1] Bassnett, Susan. The Meek or the Mighty: Reappraising the Role of the Translator [M]. Roman A lvarez and M. Carmen-Africa Vidal (eds), Translation, Power, Subversion. Clevedon: Multilingual Matters, 1996: 10—24.

[2] Even-Zohar, Itamar. Polysystem Study [J]. Poetics Today 1. 1990.

[3] Even-Zohar, Itamar. Polysystem Theory [M]. (Revisedversion). Web: http://www. au. ac. il/ itamarez 1997.

[4] Gentzler, Edwin. Contemporary Translation Theories (Revised and Edition) [M]. Clevedon: Multilingual Matters, 2001.

[5] Dagut, M. B. Can Met Metaphor Be Translated? [J]. Babel, vol, 22No. 1 (1976) pp. 21—23

[6] Foster, L. Translation: An Introduction, In Aspects of Translation [M], edited by A. H. Simth, London: Seeker and Warburg. 1958.

[7] Nide, Eugene A.. Toward A Science of Translation [M]. Leiden: E. J. Brill, 1969.

[8] Nide, Eugene A.. Language, Culture and Translating [M]. Shanghai: Shanghai Foreign Language Education Press, 1993.

[9] Toury Gideon. In Search of a Theory of Translation [M]. Tel Aviv: The Porter Institute for Poetics and Semiotics [M], 1980.

[10] 陈德鸿，张南峰．西方翻译理论精选 [M]．香港：香港城市大学出版社，2000.

[11] 陈军．歇后语的文化内涵与翻译策略 [J]．浙江：温州大学学报，2001 (2)：58—60.

[12] 郭建中．汉语歇后语翻译理论与实践——兼谈“汉英歇后语词典” [J]．(亚洲翻译家论坛的发言稿节选)．中国学术期刊网 (Web：http//www. cnki. net)．电子出版社．1994—2006.

[13] 蒋磊．歇后语的分类与英译 [J]．河南：安阳师范学院学报，2001 (1)：

67—69.
[14] 李彦博. 歇后语小词典 [Z]. 通辽：内蒙古少年儿童出版社，2001.
[15] 谭载喜. 新编奈达论翻译 [M]. 北京：中国对外翻译出版公司，2000.
[16] 尹邦彦. 汉英常用熟语词典 [Z]. 南京：江苏教育出版社，1989.
[17] 张南峰. 中西译学批评 [M]. 北京：清华大学出版社，2004.

汉语声调与英语语调的差异及其对翻译的影响

世界上的声调语言比一般人想象的要多，不仅限于中国或者东南亚，还有其他一些地方的语言，比如挪威语、瑞典语、塞尔维亚语都是声调语言。“声调”也可以叫“字调”，主要表现在音的高低升降上。声音的高低是由于发音时声带的松紧造成的。声带紧的，在一定时间里音波颤动的次数就多，发出的音就高；声带松的，在一定时间里音波颤动的次数就少，发出的音就低。这种高低，在发音学上就叫“音高”。它是语言中常用的超音段的表达手段，除了音高外，超音段的表达手段还包括音强和音长。其中最重要的是音高，最复杂的也是音高。声调是汉语音节的重要组成部分，传统的汉语语音研究把每个音节（一般是每个汉字表示一个音节）分成声（声母）、韵（韵母）、调（声调）三部分（罗常培，1981）。声调虽是与音节中的声母和韵母是同等的组成部分，但是在语言的结构系统上却有着不同的本质。声母和韵母是组成章节的线性单位，声调则是音节的上加成素，具有超音段音位。和汉语相比较，英语也有音高的变化，但是英语的音高变化是以句子为载体的，英语的语音特征主要表现为语调，英语是语调语言。在英语的句子中，元音和辅音是线性语音单位，而语调则是句子的上加成素，具有超音段性质。

1 汉英调型调值的比较

汉英语各有自己的声调调型（tone patterns）和调值（tone value）。汉语有语调（句调）和声调（字调）。声调仅用于单字的朗读，它包括阴平、阳平、上声和去声四个声调。阴平（也可以叫第一声），起止点都在 5 度上，是高平调；阳平（也可以叫第二声），从 3 度升到 5 度，是中升调；上声（也可以叫第三声），从 2 度降到 1 度，再升到 4 度，是曲折调；去声（也可以叫第四声），从 5 度降到 1 度，是全降调。汉语的语调不是独立在声调之外的单调变化，而是声调与语调的复合体，它们是叠加的关系，句末的字调要受语调的影响，在语调的支配下，发生调域的扩大或缩小的变化。但由于汉语的每个音节都有固定的声调，语调就必然受到相当大的限制，只能把音高稍加改变，而不能把字调完全改变。英语没有字调。在英语单调变化及基频模式结构中起决定作用的是语调，其次是重音。按照奥康纳（J. D. O'Connor）和阿诺德（G. F. Anold）的观点，英语有七种基本调型：低降、高降、低升、高升、升降、降升和中平。下面我们采用赵元任的五度标记法进行比较（赵元任，1980）。

如图 1 所示，汉语的阴平声调只有一种，表现为高平调，调值是 55，这与英语中最高的平高相当，但英语中这种 55 平调的出现率不高，取而代之的是中平调和低平调。

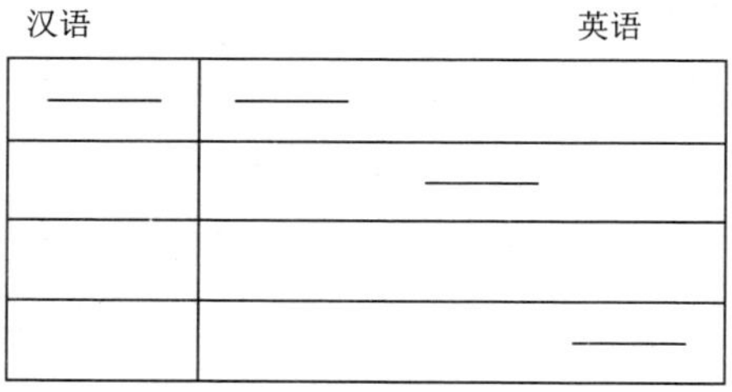

图 1

而在图 2 中，汉语的阳平调值是为 35 的高升调，而英语的三种升调的起点都比汉语的要低，这就造成了许多中国人在读英语调时起点都很高，听起来有种有些激动的感觉。

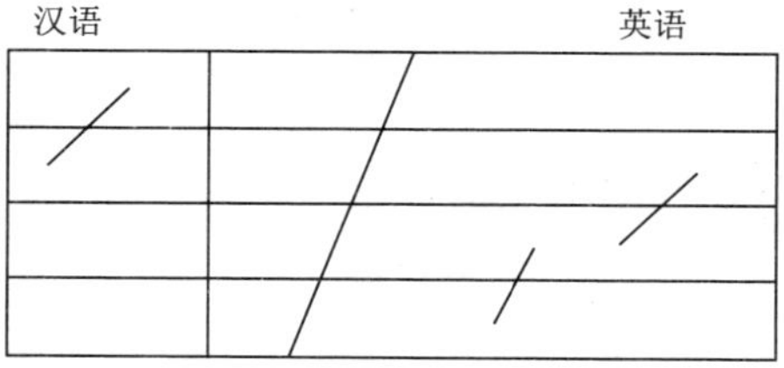

图 2

图 3 显示，汉语去声的调值为 51，而英语的降调有高降和低降之分。高降调类似于汉语的去声，只是起点音调比去声稍低。许多中国人在读英语时喜欢在句末用高降调，而不顾说话人当时的情绪或语体的差别，给外国人一种很奇怪的感觉。

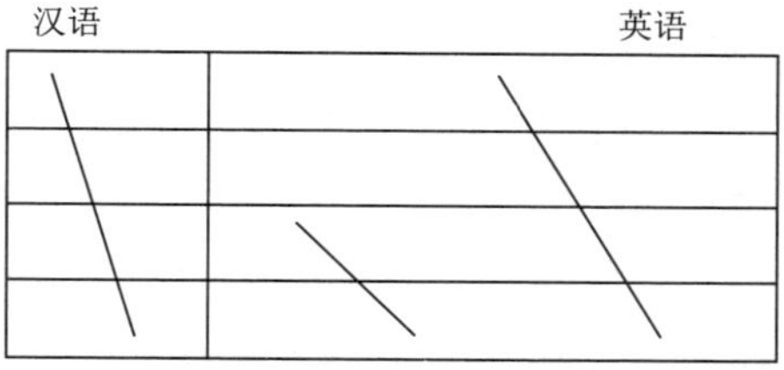

图 3

从图 4 可以了解到，汉语的曲折调也只有一种，其调值为 214；而英语却有三种曲折调：降升、升降、升降升。虽然汉语的上声和英语的降升调有些相似，但还是有差别的。汉语的上声的起点比英语高，而终点却比英语的低。

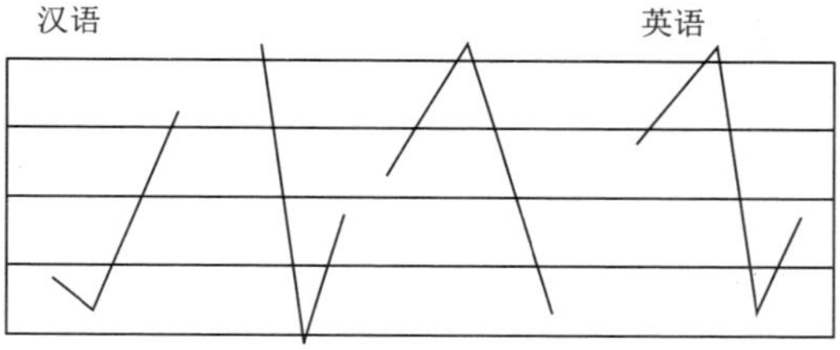

图 4

正确运用调型和调值能准确地表达自己的态度和情感。不同的调型能引起语义的变化。这种现象共存于汉英两种语言中。在语言中普遍存在着一种现象，那就是用降调表示肯定和完整，而用升调表示疑惑和不完整。(Danicoff, 1980) 不同的语调类型在句子中表达不同的含义。现就句末语调而言，谈谈四种语调的应用。

降　调	升　调	平　调	曲折调	
汉　英	汉　英	汉　英	汉　英	
平　叙	＋＋	——	——	——
疑　惑	——	＋＋	——	——
完　整	＋＋	——	——	——

续表

降　调	升　调	平　调	曲折调	
汉　英	汉　英	汉　英	汉　英	
未　完	——	＋＋	＋＋	－＋
命　令	＋＋	——	——	——
感　叹	＋＋	——	——	——
含　蓄	——	——	——	＋＋
肯　定	＋＋	——	——	——

汉语和英语的调型所表示的意义在很多方面都非常相似，下面再举几例进一步说明。

（1）平叙

我们去教室。

We go to ↘ school.

（2）疑惑

我们去教室？

We go to ↗ school?

（3）命令

你给我坐下

Sit ↘ down.

（4）感叹

这个女孩好漂亮啊！

What a ↘ beautiful girl!

（5）未完

他每次来我们家，（都是来借东西的。）

Whenever he comes to visit \↗ us，(he tries to borrow something.)

（6）含蓄

是，他很大方。

Yes，he is \↗ generous. (He is not generous actually.)

（7）肯定

我相信他会来。

I'm sure he will ↘ come.

把语调分配到话语中时，最困难的是调型和调值的问题。汉语的语调是以四种间字调为基本单元而建立起来的语调。其字调犹如连绵起伏的山脉，各个山峰的关系保持不变，不管处于波峰还是波谷；而英语的语调则如同那些大浪，但却是没有涟漪的大浪。

2　汉语声调的语言功能

前面已经讨论过了，声调是指音节发音的高低。声调是音节的构成要素，起区别意义的作用。汉语的音节结构简单，音节类型少，音节数目也要比其他语言要少。但是加上声调后，汉字音节的数目便大大增加了。当音节的声母和韵母相同时，它的意义会随着其声调变化而变化。比如“妈”mā、“麻”má、“马”mǎ、“骂”mà就是由于声调不同而形成的4个意义完全不同的词。

除了辨义功能外，汉语的声调还有修辞功能。中国古代的文学作品，特别是诗词歌赋都讲究声音的和谐。“平仄”在中国古代的诗词中起着重要的作用。一般来说，平声（阴平、阳平）和仄声（上声、去声）总是会有规律地交替出现，这就使得我们朗读起来有抑扬顿挫、流畅均匀的效果，就像正在唱一首歌一样。下面以王维的《山居秋暝》为例：

山居秋暝

空山新雨后，天气晚来秋。明月松间照，清泉石上流。

（平平平仄仄 平仄仄平平 平仄平平仄 平平平仄平）

竹喧归浣女，莲动下渔舟。随意春芳歇，王孙自可留。

（平平平仄仄 平仄仄平平 平仄平平平 平平仄仄平）

这首诗的平仄安排有序，既变化多样，又和谐对称，形成波浪式的韵律。使人在生理上有协调轻松的感觉，避免了听觉上的单调，给人以美的享受。

声调在一定程度上还具有抗干扰的功能。语言在实际话语中主要用来传递信息，而汉语的声调在传递信息的过程中具有较强的抗干扰能力。声调是使汉语特别适宜于物理通信的通信要素之一。声调主要涉及嗓音的基本音高，在不利的条件下，声调是最便于传送的。在恶劣的条件下，声母和韵母都很难传递出去，而声调却在提高语言的清晰度和可懂方面发挥着重要的作用。

3 英语语调的语言功能

语调和声调不同，声调指单个字的调子，所以也叫作“字调”，其作用在于区别词义，它表现在字音上；语调，也叫“句调”，则指贯穿整个句子的调子，作用在于表达整句的意思和感情，它表现在短语和句子上。缺少语调变化的陈述虽然能被听明白，但其内容却显得苍白无力。使用不当的语调会引起令人困惑的歧义（俞杰，1992）。英语作为一种语调语言（intonation language），其语调较之汉语来说，显得更为重要，涉及的问题也更为复杂。著名的语言学家 Fries 认为，在英语谈话中，“重要的不是你说的是什么，而是你怎样说”。（It is not just what you say，it is how you say it）（Fries，1962）。这里的“怎么说”就是指语调和口吻。Quirk 也说，如果“信息是口头传递的，在表达时就用韵律响亮音来标明重音；但是，即使这一信息是书面传递的，是由接受者默读的，作者仍应保证读者能够掌握一个内在的或“想象的”韵律响亮音来辨认出信息的重点（Quirk，1989）。英语语调的辨义作用在英语的一些话语中表现得很突出，这充分显示了英语作为语调语言的特点，习惯声调语言（tone language）的中国人颇易忽视这一特点，因而极易产生误解和曲译，造成口译的错误。

(8) A：Excuse me! But aren't you Mr. Green from America?

B：yes，I am.

A：I ↘ thought you ↗ were.

在例（8）中，I thought you were 的调型是降升调，这是预期性反应句“an expected response”，意为：I thought you were and you really are.

(9) A：Excuse me，but aren't you Mr. Green from America?

B：No，I am not.

A：I ↗ thought you ↘ were. I am very sorry.

在例（9）中，I thought you were 的调型为升降调。这是非预期的反应句，意为：I thought you but actually you are not.

(10) A：my brother is coming to visit me.

B：You don't ↗ say.（expressing surprise）

甲：我弟弟要来看我。

乙：真的？（表示惊奇）

（11）A：I don't think your father is going to be happy when he finds out that you failed the examination.

B：You don't ↘ say！（expressing sarcasm）

甲：我想你爸爸发现你考试不及格时他不会高兴的。

乙：是吗？（表示讽刺）

You don't say！是美国人的一句口头禅。有人曾因为不解其意而埋怨“美国人没有礼貌”。一位中国女士跟一位美国人谈及她的旅行的情况，当她谈到一些奇异的风俗时，该美国人对她说：You don't say！搞得她很不好意思，于是就改变了话题。但当他说到精彩的片段时，美国人又说：You don't say！所以他认为这个美国人非常没有涵养（罗斯，1997）。这位女士连 You don't say 的用法都不知道，就更谈不上通过语调来分析其中的内涵了。

（12）A：It's pretty difficult getting to work in this fog，isn't it？

B：You are telling ↘ me！

甲：在这样的大雾中开工很困难，是不是？

乙：你讲得不错。

You are telling me 在句中读降调，意为：I know what you say is true.

（13）A：I've just had a fortune left me，and I'm going to retire.

B：You are telling \ ↘ me！

甲：我得了一笔财产，我要退休了。

乙：你这是说着玩的！

You are telling me 在句中读升降调，意为：I don't believe you are serious in what you say.

（14）A：They don't admit ↘ any students.

B：They don't admit \ ↗ any students.

在 A 句中用的是高降调，表全部否定，它的意思相当于 They admit no students；在 B 句中用的是高降一升调，表示的是部分否定的意思，它相当于 They only admit students of a certain kind. 这就有一点像 I can't eat ↘ anything.（I can eat nothing）和 I can't eat \ ↗ anything.（I can only eat some things）

（15）A：She didn't go to Britain Because her ↘ English was poor.

B：She didn't go to Britain Because her \↗ English was poor.

A 句有两个声调群，主句和从句各一个。否定词 not（-n't）否定主句中的谓语动词 go，与 because 无关。以 because 引导的状语从句是一个完整的声调群，其调核音节 Eng-用的是高降调。整句意思是：She didn't go to Britain，the reason being that her English was poor；而在 B 句中，整个句子只有一个声调群，调核音节 Eng-用的是低降—升调，-n't 否定的不是主句的谓语动词 go，而是由 because 引导的状语从句，这种现象在语法上称作“否定转移”。整句意思是：She went to Britain，not because she wanted to improve her English but for some other reason.

再看看下面两个句子，从其书写可以很容易看出，它们是“限制性定语从句”与“非限制性定语从句”，但是在口语里，这两种定语从句所表示的意义是靠语调来区别的。

（16）A：The boys who are /ill can't come.

B：The boys，who are \ ill，can't come.

A 句中的 Who are ill 指“生病的男孩子”，以区别于“未生病的男孩子”。全句的意思是：Some of the boys are ill，so they can't come；B 句是非限定性定语从句，整句的意思是：All the boys are ill，so none of them can come.

由此可以看出，不同的语调用在相同的句子中能产生完全不同的意义。这就需要在口译的时候认真聆听说话人的语音语调，准确地把握其内在含义，再完整无误地表达出来。

语调除了有辨义功能外，还有强调功能。英语语调中最重要的是语调群（intonation group），在一个语调群中可能有多个音节，而其中可能会有一个音节发音最响，音调最高。这个音节便是调核（nucleus），调核在句中起着重要的作用，它一般位于句子的最后一个实词上，称之为常规调核（normal nucleus）。

（17）He's just finished his ↘ work.

The killer was ar ↘ rested.

我想去 ↘ 美 ↘ 国。

他的姐姐是 ↘ 研究生。

在以上的例句中，最后一个实词成了句子的焦点。是句子的调核。但人们在话语中常常根据需要改变调核的位置，以表达不同的思想。这就造成了调核不出现在句子的最后一个实词上。这类调核称作有标记调核。（marked nucleus）调核位置的不同会直接影响到句子的意义，如：

（18）a. ↘ John loves Mary.（爱 Mary 的是 John，而不是别人）

b. John ↘ loves Mary.（John 爱 Mary，而不是恨她）

c. John loves ﹨ Mary.（John 爱的是 Mary，而不是别人）

由此可以看出，强调不同的部分可以表达不同的效果，达到准确传递信息的目的。任何一种语言都可能使用各种聚焦手段，诸如语调聚焦手段，词汇聚焦手段等等把听话人的注意力吸引到话语的某一部分上，在使用这些手段时，各种语言会有差别，语调聚焦手段在声调语言中的使用就比非声调语言中要少。

语调的变化还表达了一个人的态度。我们每说一句话都表达了我们的思想，我们的情感等。虽然英语语调的态度功能几乎表现在每一个层次上，但它却主要表现在调核上，除此之外，还能表现在调头和调冠上。

调核型：这是表现情感状态的主要手段。

（19）I don't think I will ↘ go.（态度很坚决，几乎没有商量的余地）

I don't think I will ↗ go.（语气不很强，有改变所做决定的可能）

（20）A：When are you going to return the file?

B：a. You can have it back by ↘ five.（一般性表示）

b. You can have it back by ↗ five.（带慰藉口吻）

c. You can have it back by ˇfive.（带有含蓄信息：but no earlier 等）

调头型

（21）A. What is your opinion?

B. a. It's ↗ rather interesting.（高调头表示对此事表现出极大的兴趣）

b. It's ↘ rather interesting.（低高头表示对此事漠不关心）

（22）A：What's your opinion of this article?

B：a. It's ↗ quite original.（较生动、认真、热情）

b. It's ↘ quite original.（较淡漠、兴趣不大）

(23) A：It's going to snow，I guess.

B：a. Do you ↗ really think so?（较感兴趣或关切）

b. Do you ↘ really think so?（兴趣和关切程度较低）

调冠型

(24) How beautiful your sister is!（语气平平，一般的感叹口吻）

—How beautiful your sister is!（高调冠表示强烈的感情色彩）

(25) A：I still can't find it.

B：a. How extraordinary!

b. —How extraordinary!

例 b 使用高调冠，与低降调核形成音高的高低对比，从而产生较强的感情色彩。这种效果，在下面例句中的 b 句里，由于加上了低升型调头而更为明显。

(26) a. What a beautiful day!（一般的感叹口吻）

b. —What a beautiful day!（生动活泼）

汉语和英语是非亲属语言，前者属于汉藏语系，后者属于印欧语系；前者是声调语言，后者是语调语言。各民族的语言，既有共性，又有个性。共性来自人类共有的一个客观的大自然。由于交流对客观存在事物的认识的必要，人类就有了语言。人类的语言尽管千差万别，但语音都有共同的物理属性和生理属性，人类表达喜怒哀乐的方式也基本相同。汉语和英语的不同语言特点，生动地反映了文化的差异以及思维方式的差异。一个出色的口译人员，首先是能够达意，能根据说话人的语音语调正确地传达出意思；再者要善于传神，完美传递说话人的感情，真正起到“纽带”的作用。

参考文献

[1] Carlos Gussenhoven and Haike Jacobs，Understanding Phonology [M]. Edward Arnold Limited 2001.

[2] Danicoff，Schuckers and Feth. The Physiology of Speech and Hearing [M]. Prentice-Hall inc. 1980.

[3] Fries，C. C. . Teaching & Learning English as a Foreign Language [M].

Cambridge University Press, 1962.
[4] Gimson, A. C. An Introduction to the Pronunciation of English [M]. Edward Arnold, 1970.
[5] Gimson, A. C. A Practical Course of English Pronunciation [M]. Edward Arnold. 1975.
[6] Hallidy, M. A. K.. Intonation and Grammar in British English [M]. Mouton 1967.
[7] O'Conner and Arnold. Intonation of Colloquial English, Longman1973.
[8] Peter Roach. English Phonetics and Phonology [M]. Cambridge University Press, 2000.
[9] 杜灿昆．美国英语应用语音学 [M]. 上海：上海外语教育出版社，1985.
[10] 夸克．英语语法大全 [M]. 苏州大学《英语语法大全》翻译组，译．上海：华东师范大学出版社，1989.
[11] 罗斯．翻译常识浅谈 [M]. 大光出版社，1997.
[12] 罗常培．普通语言学纲要 [M]. 北京：商务印书馆，1981.
[13] 杨自俭，李瑞华．英汉对比研究论文集 [M]. 上海：上海外语教育出版社，1995.
[14] 俞杰．英语语调的辩义功能 [M]. 黄洁，俞妮娜，译．深圳：海天出版社，1992.
[15] 赵元任．一套标调的字母 [J]. 方言，1980 (2) .

中国古典诗歌英译

1 中国古典诗歌翻译中的文化因素

诗歌是一种特殊的文学作品，蕴含着丰富的文化信息，是一个民族文化的重要组成部分。因此，诗歌翻译是一种跨文化交流活动。中国古典诗歌之所以难译，是因为它不仅要传达出原作的表层含义，更要传达出原作所蕴含的深层次的语言文化，还要效仿具有西方自身特点的诗歌表达模式。

关于中西诗歌的特点，朱光潜先生曾这样说过："西诗以直率胜，中诗以委婉胜；西诗以深刻胜，中诗以微妙胜；西诗以铺陈胜，中诗以简隽胜。"[①]杨振宁先生也曾经说过："总的说来，中国的文化则是向模糊、朦胧及总体的方向走，而西方的文化则是向准确与具体的方向走。"[②] 杨先生一语道出了中西文化之间总体上的差别，反映出汉语所具有的模糊性、朦胧性和英语所具有的准确性及具体性的特点。英汉语言及中西文化之间的差异，势必给翻译尤其是诗歌翻译带来巨大障碍。"月"在中国古典诗歌中就具有深厚的文化色彩，很多诗人写下了不少咏月的诗作，像苏轼《中秋月》"银汉无声转玉盘"一句就将月亮比作"玉盘"；其在《水调歌头》中更是将人的"悲欢离合"与月的"阴晴圆缺"联系起来。而月亮所具有的这些文化因素是英语文化读者所不了解的。因此，在中国古典诗歌英译的过程中，译者不仅要克服英语与

① 朱光潜．朱光潜全集［M］．合肥：安徽教育出版社，1996.

② 杨振宁．杨振宁文集［M］．上海：华东师范大学出版社，1998.

汉语两种语言上的障碍，也要克服中西文化之间的差异，做到最大限度地传递原作所蕴含的文化信息，使译语读者更好地了解中华民族的文化传统，促进中西民族间的文化交流，进而促进世界文明的共同发展。

中国古典诗词用词简练，意境含蓄隽永，文化色彩浓厚，往往言有尽而意无穷，这就要求译者在翻译时必须深刻理解原作的意境，抓住原作的主旨，将原作所隐含的深层次的文化信息及其“言外之意”用符合译入语文化习俗的方式表达出来，以再现原作的精神实质，使译语读者能够很好地了解和接受原作所表达的文化信息。

2　诗歌翻译中的内容与形式

诗歌是一种美化语言，诗人注重诗歌的形式，更注重诗歌所表达的内容和所要传达的精神实质。诗歌的内容和形式是一个统一的整体，诗人采用一定的形式来传达诗作的内容。诗歌形式是诗歌内容的载体，诗歌内容要通过特定的诗歌形式加以表现。诗歌形式是诗歌传神达意之所需。但是，诗歌内容是诗歌的根本，是诗歌生命力的源泉。如果只有形式而没有实质性的内容，则诗歌便不复为诗歌。因此，诗歌的形式是为诗歌的内容服务的，诗歌的内容是居首要地位的，其形式居次要地位。“一首好诗，如果译者没有将其精髓和风貌和盘托出，就会影响该诗在所译语言中的档次，损害诗人在译本读者中的形象。一位杰出的诗人，很可能会因为译本的质量问题在另一批读者中无端降格。”① 在诗歌翻译过程中，不仅要注意原作形式在译语中的移植，再现原作的形式美，更要注重原作思想内容的移植，以再现原作的内容美和意境美。

吴钧陶先生说过：“译者的任务是在内容和形式上都尽可能忠实地向读者介绍原著。”② 如果在诗歌翻译中，过分强调再现原作的形式而忽视原作内容的再现，势必会造成因形害义。以白居易的《问刘十九》译文为例：

原文：绿蚁新醅酒，红泥小火炉。晚来天欲雪，能饮一杯无？

---

① 高嘉正．吃透原诗——古诗英译的首要之举［J］．上海科技翻译，1999（4）：24—27.

② 吴钧陶．杜甫诗英译一百五十首［M］．西安：陕西人民出版社，1985.

译文： I have "green ant" newly fermented wine,
My little stove of red earth is ready (for heating the wine);
Evening comes and the heaven threatens snow,
Can you not come and drink a cup or so with me?

(Jenyns 译)[①]

原诗虽然内容简单，但却充分表达出了诗人对朋友的感情，Jenyns 的译文刻意模仿原作的外在形式，结果却损害了原作艺术境界的传达。

在诗歌翻译过程中，我们应力求做到“内容”与“形式”相兼顾，但是当“内容”与“形式”的再现出现矛盾时，我们应“弃形保神”，把再现原文的内容放在第一位。

3 意象

意象是诗歌的灵魂和神韵所在。中国古典诗歌非常注重借物言志，通过特定的意象来表达诗人的思想感情。“意象，从本质上来说，是用具体的东西来表现抽象的东西，包括物象和寓意两部分。物象是可以由一种或多种感官感知的具体物体，寓意是一种抽象的思想感情。物象是意象构成中的客观部分，寓意是物象在一定的文学语境乃至整个文化环境中的引申，是意象构成中的主观部分。”[②] 诗歌意象的翻译并非易事，要想忠实地再现原作的意象，译者要通过各种方式了解作者，了解作者所生活的时代，了解其所处的社会背景以及诗人创作的意图。

同一词语在不同的语言文化中具有不同的象征和联想意义。“松”“荷”“梅”“兰”“竹”“菊”“柳”“月”“大江”“红豆”等都是中国古典诗歌所特有的意象，具有特殊的象征意义和文化内涵。像“松”的“挺且直”象征着“不屈不挠”的精神；“荷”的“出淤泥而不染”象征着不被周围世俗恶习所染的高贵品质；“红豆”则寄托着一种“思乡”之情；“月”象征着“家庭团聚”及对家乡的思念；“柳”与“留”谐音，在中国，古人就有折柳送别的文

① 张今．文学翻译原理［M］．郑州：河南人民出版社，1987：130.

② 黄俊娟．汉诗英译中之文化意象的误译分析［J］．华中师范大学学报（人文社会科学版），2006（5）：64—66.

化习俗，而英语文化则没有。由于语言及文化方面的差异，要实现中国古典诗歌英译中意象的绝对等值转移是不可能的。译作只是最大限度地与原作接近，但不等同于原作。因此，诗歌翻译时造成文化缺损是不可避免的。

中国古典诗歌所特有的意象，是造成汉语诗歌英译障碍的重要因素之一。英译中国古典诗歌，既要传达出原诗的含义，又要传达出原诗所特有的意象和深层次的文化信息，把原作的意象忠实地移植到译文中去，让目的语读者了解和接受译作。以李白的《静夜思》英译为例：

原文： 床前明月光，疑是地上霜。举头望明月，低头思故乡。

译文： **A Tranquil Night**

A bed，I see a silver light，
I wonder if it's frost aground.
Looking up，I find the moon bright；
Bowing，in homesickness I'm drowned.

（许渊冲译）[①]

明月当空，诗人沐浴在皎洁的月光下，抬头望月，其思乡之情便油然而生。诗人通过“月光”“霜”“明月”等意象，将自己的思乡之情表达得淋漓尽致，可谓中国古典诗歌中通过意象表达思想情怀的佳作。许渊冲先生的译文，一、三行末“light”与“bright”押韵。二、四行末的“aground”与“drowned”押韵。“I wonder if it's frost aground”忠实地再现了诗人的疑惑。“Bowing，in homesickness I'm drowned”更是成功地再现了原诗的主旨之所在——诗人的思乡之情。“silver light”“frost aground”“the moon bright”也成功地实现了对原作意象的移植。

“诗的境界营造靠的是意象，意象生境，由境生情。中国古诗句子虽然简短，但意象清晰，常常富情于景，借景抒情。”[②] 元代马致远的《天净沙·秋思》景中有情，情中有景，情景合一，不愧为借景抒情的佳作。枯藤、老树、昏鸦、小桥、流水、人家、西风、古道、瘦马，这一系列的意象淋漓尽致地表达出了天涯沦落人的凄苦之情。所谓“情因景而显，景因情而生”，即

① 冯庆华. 实用翻译教程［M］. 上海：上海外语教育出版社，2002.

② 郑燕红. 论中国古典诗歌对肯尼斯·雷克思罗斯创作的影响［J］.《外国文学研究》，2000（4）：62.

如此。

意象在给诗歌带来意蕴美的同时，也给诗歌翻译带来了障碍。译作不可能百分百地再现原作的意象，译者再现原诗意象的过程在某种程度上就是原诗意象在译诗中损失的过程。因此，译者的任务之一就是实现译诗意象与原诗意象最大程度的契合。

诗歌翻译是一门艺术，是一种再创作。语言文化间的共性是诗歌可译性的前提，而语言文化间的差异则是诗歌翻译的障碍。诗歌翻译，是对原作所承载的文化信息的传递。译者要忠实于原作，尽可能地保留原作的形式，更要再现原作的内容，保留原作的意象，传达原作的“神”。译诗是一项艰苦而又复杂的工作，需要译者充分发挥主观能动性。译者要严格要求自己，加强学习，培养良好的素质，发挥自己的想象力，提高自己的中英文水平，努力探索诗歌翻译的新境界。

试论英译中国古典诗歌的不可译性

中国古典诗歌究竟可译还是不可译？对此问题中外诗歌研究者议论纷纷，莫衷一是。有人认为完全可译，有些则认为绝对不可译。美国著名诗人弗洛斯特（Frost）就很支持绝对不可译之观点，他曾说，诗就是翻译中失去的东西（Poetry is what is lost in translation）。而笔者认为，单纯说诗可译还是不可译是犯了单向思维排中律的错误。在此笔者不想谈论非此即彼或非彼即此的排中律问题，但处理实际问题时，思维的单向性往往使人犯绝对主义的错误。譬如诗歌翻译中原诗的某些部分或某些方面是可译的，而有些是相对不可译的，（比如由于源语与的语文化差异造成的不可译性），而另外一些是绝对不可译的。译者应该存有非此又非彼，此中有彼、彼中有此的观点。换言之：利用马克思主义的辩证主义观点来处理诗歌翻译中的可译与不可译问题。正如卡特福特（J. C. Catford）所言："SL texts and items are more or less translatable rather than absolute or untranslatable."① （原文的文本和单位不是绝对意义上的能翻译或不能翻译的问题，而在一定程度上是可能翻译的，只是翻译的可能性有时很大，有时则不甚理想）

1 诗歌的可译与不可译因素及分类

翻译界名人辜正坤先生曾就诗歌的可译与不可译性提出过很有价值的理

① J. C. Catford，A Linguistic Theory of Translation：An Essay in Applied Linguistics [C]. Oxford University，1980：93.

论，他将诗歌的可译与不可译因素细分为四类：（1）全可译因素。（2）大半可译因素。（3）小半可译因素。（4）不可译因素。其中全可译因素包括诗歌的行数、某些人名、地名（音译法），一些等值词汇，短语等。还有基本情节（叙事诗），一些句法结构及诗的基本思想等。如果上述情形不能全译，或虽可译而不能工者，则多属于大半或小半可译因素，如很大一部分词汇、短语、句法形式、修辞手法等，也就是凡属语言本身的固有属性的东西（区别于他种语言）往往都不可译。以符号学的观点来看，则那部分依赖符号本身的结构才能产生艺术效果的东西往往是不可译的。① 比如白居易的《长相思》：

长相思	**Long Longing**
白居易	Bai Juyi
卞水流，	Waters of the Bian flow,
泗水流，	Waters of the si flow,
流到瓜洲古渡头。	Flow to the old ferry of Guachou.
吴山点点愁。	The hills in Wu bow in sorrow.
思悠悠，	My longings grow and grow,
恨悠悠，	My grievings grow and grow,
恨到归时方始休，	Grow until comes back my yokefellow。
月明人依楼。	We lean on the rail in moon glow. ②

该词的词牌名、作者名，地名（卞水、泗水、瓜洲、吴山）及词的行数为全可译因素，其余字词为半可译因素，而中国词的要求甚严，每个词牌字数多少，何处押韵，何处对仗，平仄更替等都有严格规定，这些在赵彦春的译文中没有也不可能反映出来，而赵认为其译诗与原诗同押一韵，笔者认为，汉语和英语属于不同的文字系统，其音韵系统也大相径庭，英语词与汉语词不可能同押一韵。

2 中国古典诗歌的不可译性

较早对可译性提出质疑的是文艺复兴时期的文学巨匠但丁，他认为“任

① 辜正坤．中西诗鉴赏与翻译［M］．湖南：湖南人民出版社，1998：236—237.

② 赵彦春．关于译论的讨论［J］．外语与翻译，2000（4）：36.

何富于音乐、和谐感的作品都不可能译成另一种语言而不破坏其全部优美和谐感”[①]。此后不断有人对可译性，尤其是诗歌的可译性提出过质疑。而对诗歌可译性的怀疑主要是针对诗歌音韵、形式、修辞手法等方面。下面笔者就诗歌翻译的理论研究及实践感受谈谈诗歌音韵、节奏、表达形式和特殊的修辞手法等方面的不可译性。

2.1 中国古诗词的音、韵律、节奏的不可译性

有人说诗是带有音乐的思想，此话不无道理，也可以说“音乐性”是诗歌区别于其他文学体裁的关键所在。音韵是韵体诗的文体学特征，符号学特征，是其音乐性的体现，也往往是诗人的一个重要的风格因素，而诗的节奏造成一种回环的美、韵律的美。韵脚有规律的重复，有助于加强诗歌的节奏和韵律，同时起到一定的联想与组织作用。尤其是一些意象并不突出的诗歌，通过音韵节奏加强诗歌的美感，增强诗的感情色彩，形成令人陶醉的美感。翻开《中国古诗词鉴赏词典》，吟咏起“君问归期未有期，巴山夜雨涨秋池。何当共剪西窗烛，却话巴山夜雨时”。打开英文诗歌经典，咏诵：“Shall I compare thee to a summar's day? /Thou art more lovely and more temperate / Rough winds do shake the darling buds of May/ and summar's lease hath all too short a date。”你难道不为诗歌的动人音乐美而深深陶醉吗？你难道不为作者创造的优美意境所深深打动吗？由此有些人提出，既然中英诗都有格律，何不用英语的格律诗翻译中国的格律诗呢？殊不知中英格律诗差别很大。中国律诗必须押韵，每首一韵到底，中间不能换韵，律诗要压平声韵押韵的位置。不论是五言律诗，还是七言律诗，逢双句押韵，二、四、六、八句押韵，即每联的对句押韵。第一句可以起韵，也可以不起韵，三、五、七句不可押韵。英语诗歌的节奏主要靠音部和韵脚，音部有抑扬格、扬抑格、抑抑扬格、扬抑抑格，由此构成一些固定的格式。如双偶体、王韵体、五步抑扬格体等。用英语的格律诗翻译中国的格律诗，译文读者读译诗体会到的美感与原文读者读原诗体会到的美感完全不同。要让译语国家的读者读译文就像源语国家的读者读原作一样产生同样的感受，那才叫忠实，而忠实则是公认的翻译基

① 谭载喜．西方翻译简史［M］．北京：商务印书馆，1991：231.

本准则。有译者的译作在韵律、节奏上达到了英语格律诗的要求，但意思却改变了。奈达曾说“所谓翻译，是指从语义到文体在译语中用最贴近而又自然的对等语再现原诗的信息”。(《奈达论翻译》) 而译作将原作的意思都修改了，更谈不上忠实了。例如：

登高	Climbing up
杜甫	Du Fu
风急天高猿啸哀，	The wind so swift and sky so wide，apes wail and cry，
渚清沙白鸟飞回。	Water so clear and beach so white，birds wheel and fly.
无边落木萧萧下，	The boundless forest sheds its leaves shower by shower，
不尽长江滚滚来。	The endless river rolls its waves hour after hour.
万里悲秋常作客，	A thousand miles from home，I' m grieved at autumn's plight，
百年多病独登台。	Ill now and then for years，lone I'm on this height.
艰难苦恨繁双鬓，	Living in times so hard，as frosted hairs I pine，
潦倒新停浊酒杯。	Cast down by poverty，I have to give up wine.

《登高》乃杜甫的神来之笔，人称“千古绝对”。仔细玩味，“一篇之中，句句皆律，一句之中，字字皆律”。不只“全篇句法”而且“用句用字”，“皆古今人必不敢道，决不能道者”。全诗通过登高所见秋江景色，倾诉了诗人常年漂泊、老年孤愁的复杂感情，慷慨激动，动人心弦。[①] 而译者试图用英语的抑扬格 (iambic) 翻译原诗，译诗共八行诗节，每行 10 或 11 个音节，押韵行式为 abababcc。译诗两行一韵，换四次韵，不符合原诗隔行押韵，同押一韵的格式。而凝重的押韵所产生的音韵效果，与原诗押平声韵产生的效果相差甚远。而译诗并未充分反映出作者孤独无依、悲愁交加的黯然情怀。译文读者读译作与原文读者读原作差别很大。当然，这篇译文还算是上乘之作。

2.2 中国古诗表达形式的不可译性

大凡诗人，都有超凡的表达能力。在创作诗歌时，不仅注意思想感情的抒发，还竭力追求“形美”。有些诗人甚至通过特殊形式展现诗歌的意境之

① 萧涤非，程千帆，等. 唐诗鉴赏词典 [M]. 上海：上海辞书出版社，1983：586—587.

美。英国一位诗人曾说，人们在读诗时，对诗语言本身的兴趣，甚至超过了对语言意义的兴趣。此言虽有过分强调形式之嫌，但也从另一侧面说明诗歌形式的重要性。而诗歌的意义寓于形式之中，二者合二为一，不可分割。翻译诗歌时，如只注重意义的传达，而忽略形美，诗歌与散文又有什么区别呢？如只注重形美而使“意美”大打折扣，更是因小失大，得不偿失。比如双声和叠韵在我国诗中用得很多，早在《诗经》就开始了。如《关雎》中有这样几行：

参差荇菜，
左右流之。
窈窕淑女，
寤寐求之。

第一行的“参差”（cen ci）是双声词，第三行的“窈窕”（yao tiao）是叠韵词。我看没有哪家翻译将这两个词译出又不失原词的“音乐美”的。

又如王勃的唐诗《送杜少府之任蜀川》“城阙辅三秦，风烟望五津”。次联为“工对”中的“地名对”，极壮阔、极精整。第一句写长安的城垣、宫阙被辽阔的三秦所“辅”（护持、拱卫），三秦指当时长安附近的关中之地。（雍、塞、翟三国）气势雄伟，点送别之地。第二句的“五津”指岷江的五大渡口，泛指“蜀川”点杜少府即将宦游之地；而“风烟”“望”又把相隔千里的秦、蜀两地连在一起，自长安遥望蜀川，视线为迷蒙的风烟所遮，含蓄地微表伤别之意，怕的是远行的朋友过分伤感。

像这样的特殊表达形式，其实并不可译，或者虽可译也不能表达原诗的意境之美。但“不过既要译诗，只好在不可能的范围内找出个可能来”①。有人译为：You'll leave the town walled far and wide /for mist-veiled land by riverside. 试问 Town walled far and wide 到底指哪座城市？中国古代的城市一般都有城墙环绕，难道这里一定指长安吗？而 mist-veiled land by riverside 就一定指蜀川吗？这样的翻译只能使读者如坠云雾，不知所云。

还有一例：

---

① 《中国翻译》编辑部．诗词翻译的艺术［M］．北京：中国对外翻译出版公司，1987：43.

赏花归去
暮　　　　马
已　　　　如
时　　　　飞
醒微力酒

这首诗俨然一方阵。初读时也许不解其奥妙。实际上这首诗是一首回文诗，写诗人饮酒后，微醉，然后跨马赏花，这首诗仅用了十四个字却起到了二十八个字的作用。篇幅减少了一半，但依然严格遵照七言律诗平仄、对仗、押韵等规则，充分展现汉字之奥妙。

赏花归去马如飞，去马如飞酒力微。

酒力微醒时已暮，醒时已暮赏花归。

这首诗句句采用顶真格，原句跟前句重复第三、四个字，但字意不同，诗人巧妙地运用了这首诗朗读时的四三节奏，使后句因朗读时的节奏上一字之差而构成不同组合。正因如此，全诗才回环往复，“续续相生，连跗接萼，摇曳无穷，情味愈出”，读起来声调和谐，婉转悦耳，极具音乐美感。古今中外没有哪位翻译能做到既能翻译原诗形式又能不失原诗音乐美的。

2.3　中国古诗形式的难译性

我们读不同诗家的作品，会有不同感受，而同一诗人的不同作品往往风格相似。例如，李白的诗风雄奇豪放、想象丰富，语言流转自然，音律和谐多变；刘禹锡的诗通俗清新，富有民歌色彩；崔涂的诗多羁愁别恨，情调抑郁低沉；而杜牧的诗写景抒情，清丽生动。

我们可以通过该诗人的遣词造句，行文运势，修辞手法选择，思想感情表露等方面判别不同诗人的创作风格，单从遣词造句上就有清淡、典雅、质朴、雄浑、纤细等差别，这就是诗人创作风格的体现。

当译者翻译原诗时如不能充分体现原诗的风格，就不能算作对原诗的忠实。例如，我们读李白的原作与译文读者读译诗时的感受会不尽相同，甚至大相径庭。读李商隐的“春蚕到死丝方尽，蜡炬成灰泪始干”，作者悠悠无尽的思念、刻骨铭心的柔情尽现眼底，没有哪家翻译能译出此诗而又保持我国读者读原作时所能体会到的韵味与情感。由此可见，原诗的风格很难在译作中充分展现出来。

总之，将一首古诗翻译成英文，要做到既保留原文音美、形美，又要保留原文意美，做到形神兼备是很难的。我们只能最大可能的做到形神兼似，也就是翻译的最高标准问题——要保持目的语（target language）与源语（source language）的最佳近似度。要最高程度地再现原诗的视象美、音象美、意象美，使得译文与原文一样：形美、音美、意美。如果三者不能同时兼顾，则应以达意为主。达意之后，再言其他。

参考文献

[1] 萧立明．新译学论稿［M]．北京：中国对外翻译出版公司，2001.

[2] 王佐良，丁往道．英语文体学引论［M]．北京：外语与研究出版社，1987.

[3] 张浩．英文诗歌经典［M]．北京：中国对外出版社，1998.

[4] 马红军．翻译批评散论［M]．北京：中国对外翻译出版公司 1998.

[5] 夏传才．诗词入门　格律作法鉴赏（修订版）［M]．天津：南开大学出版社，1998.

[6] 陈圣生．现代诗学［M]．北京：社会科学出版社，1998.

从汤姆大叔的变形
看边缘中的晚清翻译文学

斯托夫人的 *Uncle Tom's Cabin* 被林纾译介到中国之后，它的中译本《黑奴吁天录》立刻掀起了狂澜。当时国人正面临着“亡国灭种”的威胁，深重的民族危机感使译作与中国读者的“期待视野”顺利融合。有识之士从黑奴今日之苦况联想到了异日黄种灭种之痛：“盖非仅悲黑人之苦况，实悲我四百兆黄人将为黑人续耳。”（郭延礼，2001：272）由此激起了国人强国保种之心。译作强大的感召力得益于其对黑奴悲惨处境细致入微的刻画，尤其是主人公汤姆大叔的悲惨命运更是令读者唏嘘不已。

1　汤姆大叔的变形

1.1　从黑色基督到忠义老仆

汤姆大叔不仅对主人对朋友至仁至义，甚至对害死他的恶人都不怨不怒。人们不禁要问这种仁义的源头何在？按照中国传统的认知模式我们会将其归结于一个模糊的“善”。但细读原著我们就会找到汤姆之善的原动力。

The Marty 一章是原著的高潮，也是作者宗教诉求的集中体现。它记叙了汤姆大叔因拒绝告诉奴隶主出逃女奴的下落而惨死的悲剧。在作者看来，汤姆是为了遵循基督教的教义而死，虽死犹荣，是烈士。在原著中汤姆之死神圣得如同耶稣殉道。对常人避之不及的死亡他非但不恐惧反而当成一种荣耀：“I've got the victory! The Lord Jesus has given it to me! Glory be to His name!”（Stowe，2004：374）他对置他于死地的元凶也没有丝毫怨恨：“He an't done me no real harm, —— only opened the gate of the kingdom for me; that's all!" (ibid: 383) 汤姆临死仍坚守基督徒的美德——坚忍，宽容，虔诚。通过对这些美德浓墨重彩的渲染，作者强烈的宗教诉求已清晰凸现。为汤姆安排死亡的结局固然是要激起读者的同情心，更是原著宗教主题的升华，死亡对汤姆而言是救赎“原罪”升入天国的途径，是“求仁得仁”：“Bless the Lord! It is, it's all I wanted!”这样的结局甚至比汤姆重归故里、骨肉团聚更为圆满，她让汤姆喊出了“天堂比家乡更令人向往”（heaven is better than Kintuck.）自从耶稣殉道坦然受死以来，以大无畏的精神接受死亡被看成是标准的基督徒对死亡应有的态度。愿意为信仰而死被认为是一种无上的美德。死亡被看成是脱离肉身禁锢，回归本真状态的必经之路，也是通向永生的天梯。汤姆是以生命为代价来实现自己对信仰的忠诚，因此面对死亡他毫无惧色，对向他施暴的人不怨不怒。通过对汤姆之死的着力刻画，作者塑造了一位“黑色基督”。

但在译文中我们看不到这种神圣的铺陈，只有对惨状的渲染。汤姆之死被浓缩成“心胃之间，喜气充周，忽而气逆，奄然遂逝”（阿英，1945: 438)，短短十六个字，仿佛一张中医病理诊断书。而且，汤姆之喜也并非因为天堂近在咫尺，而是因为能在死前见到他心心念念的小主人，死而无憾。令人读罢不禁感喟：好一位义仆！中国文化对现世的特别关注使我们无暇对“死”作深度思考，也鲜有基督教中对“彼岸”的向往。因此在死亡问题上产生了极大的困惑与恐惧。而“忠义观”则成了化解对死亡恐惧的良方。忠义之士将“忠义”高置于生命之上，为了成就“义”他们可以凛然受死。汤姆宁死也不泄露出逃女奴的下落。这是典型的“舍生取义”。于是，道成肉身的黑色基督在中译本里变身为千古义仆。

黑色基督和忠义老仆，虽然体现的都是仁爱，但前者是基督教的宗教之爱，而后者却是儒家君子的立身之道。这种变形难道是译者担心中国读者宗教意识淡漠，理解力不够？但是通观译本，我们可以发现对某些宗教内容林纾却作了忠实译介。如“天主”“祷告”“礼拜”等，同样是宗教内容，为何林纾在翻译时会厚此薄彼呢？

1.2　诉求的差异：宽恕仁爱与强国保种

通过以上分析不难看出，在揭露蓄奴制度的黑暗之外，斯托夫人的根本诉求还是奉劝人们信奉基督教的教义——宽恕仁爱。除了汤姆这位黑色基督外，书中另一主人公哲而治的命运更清晰地体现了作者的宗教诉求。他的勇敢叛逆与汤姆的逆来顺受形成了鲜明对比。年少时他血气方刚，所作所为常被基督徒视为离经叛道——敢于为黑奴身受的苦难质问上帝。哲而治幼年失牯，饱尝艰辛根本不相信基督教的教义。他曾愤然说过："I can't trust in God. Why does he let things be so?"（ibid：15）为了保全妻孥，他毅然出逃，最终获得自由，骨肉团聚。他在法国求学四年之后，眼界学识大为开阔。他却在给友人的信中表明了志向：要放弃法国优越的生活回到非洲，献身于提高黑人国际地位的事业。在信中他一再强调自己身为基督徒的立场："As a Christian patriot，as a teacher of Christianity，I go to my country…"（ibid：396）昔日的叛逆也终于自觉地皈依上帝。这是使该书主题得到进一步提升的点睛之笔，再次彰显了上帝的威力。哲而治还反复表明非洲发展的驱动力是文明与宗教："Our nation shall roll the tide of civilization and Christianity…""I think that the African race has peculiarities，yet to be unfolded in the light of civilization and Christianity."（Stowe，2004：168）这封信的大多内容也遭到了删除。

在原著中斯托夫人还通过叙事者之口表达了对非洲美好未来的信心。她深信，非洲的崛起是神的旨意，因为非洲人民具有诸多为基督教所赞赏的美德："Certainly，they will，in their gentleness，their low docility of heart，their aptitude to repose on a superior mind and rest on a higher power，their childlike simplicity of affection and the facility of forgiveness. In all they will exhibit the highest form of peculiarly Christian life."为了坚定黑奴们对上帝的信仰，她甚至将他们所受的苦难都美化成神对他们的考验。"… as God chosenth whom he loveth，he has chosen poor African in the furnace of affliction，to make her the highest and noblest in the kingdom which he will set up."

> 设彼能自振作，将来成一繁华都会，正非泰西人所能梦见，较之今日服诸人鞭策之下，岂不为最高等之人，黑人性质，有过绝于人者，脱令夜黑路歧俯仰失措之际，勿论款黑人之扉，均以礼延接。以此推之，异日世界大同之会，起点必自此种人矣。（阿英，1945：336）

译文虽然也表达了对非洲美好未来的憧憬和信心，但却丝毫没有提及黑人具有的为基督教所赞赏的美德如“温和”“柔顺”“赤子般的单纯”“宽容”，而仅用“过绝于人者”这一模糊语来替换。更没有说今日黑奴所受的苦难是因为上帝想要考验他们。显然，对汤姆形象的有意误读，将哲而治的信大段删除，用模糊语替代原著提及的非洲人民的美德都是译者为了回避原著的宗教主题而采取的颠覆手段。这是因为译者译书的诉求与作者的创作诉求发生了冲突。

原作者倡导的宽恕仁爱固然动听，但当时中国缺少的并非这种“仁爱”。以“仁爱”为处世之本的谦谦君子们挡不住外国列强的铁蹄阵阵。从黑奴遭受的非人待遇，国人沉痛却无奈地承认了“弱国无外交”这一定势。痛定思痛，在审视中国传统文化根底时，有识之士总结出“尚文轻武”是我们在近代屡遭欺辱的原因：“吾华开化早，人人咸以文胜，流极所至，往往处于荏弱。”（陈平原，1989：270）因此，多译“西产英雄之外传”以振奋民心，抗击外辱是林纾译介的最大目的。而在原著中，对恶势力斯托夫人倡导的是一种非暴力抵抗，是在上帝引导下的消极抵抗。她所谓的胜利也是精神胜利。（原著中有一节描写汤姆经历了信仰危机最终却更坚定了对上帝的信心，标题即为“Victory”）这与中国当时的国情抵牾而且极有可能成为麻痹国人的精神鸦片。由此可见林纾对原著宗教主题的颠覆其实是保证其“强国保种”这一诉求能实现的手段。

2　边缘中的翻译文学

2.1　政治化改写

汤姆大叔的变形在晚清译界具有典型意义。林纾和他同时代的译者们一样，鲜有尊重原作的意识，根据自己的需要对其进行“暴力改写”（rewriting）或增或删，兴之所至还会凭空发一通议论。亡国忧虑催生了晚清的文学翻译高潮。士大夫们从“天朝上国”的美梦中被惊醒，开始放眼看世界，提出了“师夷长技以制夷”“中学为体，西学为用”等向西方学习的口号。维新志士遍寻救国良方，最终把希望放到了“文学”上。为了给积弱的社会一剂猛药，他们甚至不惜创造出文学救国的神话来："彼美、德、法、奥、意、日本各国政界之日进，则政治小说为功最高焉。"（陈平原，1989：21）而且他们认为能担负起改革社会这一重任的并非传统小说，而是那些"新小说"。因为传统小说的影响力虽大，却都是负面影响，甚至是"吾中国群治腐败之总根源""其弊足以毒害吾国家"。这样一来，中国文学多元系统中出现了真空，急需填补。师法来自欧美等强势文化的外国小说无疑就是捷径了："不能不以译本小说为开道之骅骝也。"（陈平原，1989：27）由此翻译小说便得以骎骎而入。

从当时国人对翻译小说的推崇来看，译者们对原著采取的这种随意的改写令人费解。一般来说，翻译策略主要取决于翻译文学在接受国文学多元系统中的地位。有关翻译文学的地位问题，多元系统理论的首创者伊文·佐哈尔有过阐述。他认为翻译文学通常居于接受国文学多元系统的边缘地位，但在下列三种情况下，它会跃至中心地位：（1）当接受国文学多元系统还没有形成，即文学还"幼嫩"，正处于创立阶段的时候；（2）当文学多元系统在世界大多元系统中处于边缘或者处于"弱势"时；（3）当文学多元系统出现转折点、危机或真空的时候。（Even Zohar，1978：121）根据多元系统假说，当翻译文学处于多元系统的中心位置时，译入语文化的传统规范往往会被打破，译者会看重译文的"充分性"（adequacy）而遵守出发语文化的规范；而当翻译文学处于边缘时，译者往往会套用本国文学中现成的模式，此时译者看重的是译文的"可接受性"（acceptability），会遵守目的语文化的规范。

既然翻译小说是为了填补中国文学多元系统的真空而引进的，根据多元系统理论，翻译文学在中国文学系统中应该取得中心地位，相应的翻译策略也应该是尊重原著"充分性"的"直译"。但晚清译界"意译"成风却也是个不争的事实。翻译文学的地位与当时通行的翻译策略发生了矛盾。造成这一悖论的原因何在呢？

2.2 政治功利化诗学观

追本溯源，我们恐怕还得从统摄所有文学活动的规范——诗学观上找原因。诗学观是一种文学态度，包含两个因素，一是所有文学手段的集合，如体裁，主题，原型人物，象征等；二是对文学的作用或应起作用的一种认识。（Lefevere，1992：26）中国传统诗学观对小说有两种态度：一种是极为轻浮随便的游戏态度，将其视为“游戏笔端，资助谈柄”的文字游戏；一种则是文以载道诗学观，引申孔子的“必有可观者”，强调小说可以“资政体，助名教，供谈笑，广见闻”。（袁进，1992：28）可以“劝善惩恶，幼存鉴戒，不可谓无补于世”。晚清社会的“亡国忧虑”促使小说的读者和作者摒弃“游戏消遣”的小说观。小说被当成一剂解中国社会燃眉之急的速效药被士大夫们罩上了光环。但“资政体，助名教”的大帽子一旦扣到了小说头上，小说也必须要向“政体”“名教”靠拢，否则仍是不入九流的“小道”。“政治化写作”“政治化的阅读和接受”成为当时的主流文学规范。也成了翻译所必须遵循的金科玉律。在“政治化改写”这一主流翻译规范的统摄下，译作必须经过政治化过滤方能与读者的期待视野融合，顺利进入中国的话语范畴。林译小说的成功也部分归因于他善于用政治来包装自己的译作。连书中提到的儿女私情也要为其披上政治化的外衣。比如他在序言中表明自己译《雾中人》就不是出于对主人公抱得美人归的羡慕，而是民族危机感使然：“畏庐居士之翻此书，非羡黎恩那之得超瑛尼，正欲吾中国严防行劫及灭种者之盗也。”（陈平原，1989：167）

3 结语

正如雨果所言，翻译是一种“暴力行为”（an act of violence against itself)。晚清深重的民族危机感促使译者们对原著进行“暴力改写”以增强其颠覆力，配合主流阶层的政治活动。晚清文学翻译高潮在轰轰烈烈的学习西方的外表下，骨子里还是传统诗学观在起主导作用，在功利主义诗学观的统摄下，翻译小说作为一种“政治需要”的产物，并未在社会上确立其独立的文学地位。在盼望用翻译小说来扭转乾坤的知识分子笔下，翻译小说成为救世神符。但沉重的政治期望却排斥了它作为艺术的独立价值。因此，此时翻译尽管数量之盛，规模之大空前绝后，但仍改变不了翻译文学的边缘地位。当时的译者们也一直处于这样一种矛盾状态中：他们明确了学习外国小说的新主导方向，但却始终处于封建传统旧文学观念的笼罩下，小心翼翼地恪守本质上还是传统的翻译规范。在这种新旧矛盾的相持中，终于爆发了中国文学新变革——五四文学革命。

参考文献

[1] Even-Zohar, Itamar. Papers in Historical Poetics [M]. Tel Aviv: Porter Institute for Poetics and Semiotics, 1978.

[2] Hermans, Theo. Translation in Systems: Descriptive and System-oriented Approaches Explained [M]. Shanghai: Shanghai Foreign Language Education Press, 2004.

[3] Lefevere, André. Translation, Rewriting, and the Manipulation of Literary Fame. [M]. London & New York: Routledge, 1992.

[4] Lefevere, A. ED. Translation/History/Culture: a Sourcebook [C]. Shanghai: Shanghai Foreign Language Education Press, 2004.

[5] Stowe, Harriet B. Uncle Tom's Cabin. [M]. 西安：世界图书出版西安公司，2004.

[6] Toury, Gideon. 2001. Descriptive Translation Studies and Beyond, [M]. Shanghai: Shanghai Foreign Languages Press. 2001.

[7] 阿英．晚清文学丛钞域外文学译文卷第 2 册 [M]. 北京：中华书局，1945.

[8] 阿英．晚清文学丛钞域外文学译文卷第 3 册 [M]. 北京：中华书局，1945.

[9] 阿英．晚清小说史 [M]. 北京：人民文学出版社，1980.

[10] 陈平原．二十世纪中国小说史第 1 卷（1879—1916 年）[M]. 北京：北京大学出版社，1989.

[11] 陈平原，夏晓虹．二十世纪中国小说理论资料 [M]. 北京：北京大学出版社，1989.

[12] 郭延礼．中国近代翻译文学概论 [M]. 武汉：湖北教育出版社，1998.

[13] 鲁迅．鲁迅全集第 10 卷 [M]. 北京：人民文学出版社，1981.

[14] 袁进．中国小说近代变革 [M]. 北京：人民文学出版社，1992.

[15] 张佩瑶．从话语的角度重读魏易与林纾合译的《黑奴吁天录》[J]. 中国翻译，2003 (2)：15—20.

翻译专业硕士生提高科技翻译水平中的问题与对策

我国实行改革开放政策以来，科技翻译工作的重要性越来越为人们所认识到。对外开放的目的之一就是要引进先进的科学技术，促进我国社会主义现代化建设。而要引进国外的科学技术就得要靠科技翻译。科技翻译工作已成为贯彻落实党的对外开放政策，加快社会主义建设的重要手段。

改革开放以后中国出现了第四次翻译高潮。这次翻译高潮无论在规模上、范围上，还是在质量水平上以及在对中国社会发展的贡献上都是前三次翻译高潮所无法比拟的。历史上，中国最大的翻译事业曾是佛经翻译，但如今中国最大的翻译事业却落在了科技翻译上。科技英语（English of Science and Technology，简称 EST）是一种用英语阐述科学技术的理论、技术、实验和现象的英语体系。科技翻译对我们的国际资讯流通，甚至对国民的知识追求与素养提升都极为重要。科技文章文体的特点就是清晰、准确、精练和严密。如果为追求译文的流畅而牺牲准确度，这样不但会造成科技信息的丢失，还可能引起读者的误解。

翻译硕士专业学位，即 Master of Translation and Interpreting，简称 MTI，是经国务院学位委员会批准实施的全国专业学位教育。MTI 的培养目标是培养德、智、体全面发展，能适应全球经济一体化及提高国家国际竞争力的需要，适应国家经济、文化、社会建设需要的高层次、应用型、专业性的口笔译人才。截至目前，已有二百余所学校开设了翻译硕士专业，翻译人才作为对外交流的主要媒介，其社会需求价值不断提升，高素质，翻译能力强的翻译人才已经成为当今社会不可或缺的力量。从 MTI 的教学观念来看，科技翻译属于MTI教学范畴，以下就来针对翻译专业硕士生提高科技翻译水平的问题展开讨论。

1 科技翻译简介

科技翻译与其他类型翻译的主要区别在于那些科技术语，虽然这类术语在一篇文章当中只占5%到10%。其特征，即其语法特征和其他语言变体相结合。科技翻译中，技术报告具有版式特征；但也包括说明书、通知、命令和广告等形式，这类材料更着重于称呼，更乐于采用第二人称。

1.1 科技文体

科技文体可以泛指一切论及或谈及科学和技术的书面语和口语，其中包括：科技著述、科技论文和报告、实验报告和方案；各类科技情报和文字资料；科技实用手册和操作规程；有关科技问题的会谈、会议、交谈的用语；有关科技的影片、录像等有声资料的解说词，等等。

一片好的科技文章，力求平易和精确，通常不用感情语、含蓄语、象声语及隐喻，有的生动活泼、畅晓易懂的科技性语言除外。科技文章的一般特征：无人称；语气正式，概念准确，名词多；文体质朴，少修辞；逻辑性强，连词多；专业术语多，表达各专业不同。把这类文章议成英语时，译者应尽量剔除那些不合于科技文章的特征。一名称职的科技翻译工作者，他的工作任务之一就是改变原文中不良的措辞并使隐喻变得语义显豁。

1.2 科技术语

术语（Terminology）是在特定学科领域用来表示概念的称谓的集合，在我国又称为名词或科技名词（不同于语法学中的名词）。考虑到科技术语具有的基本特征：专业性、科学性、单义性、系统性、本地性等。科技翻译首先遇到的问题就是科技术语的翻译问题，难点通常在于新术语。所以翻译一篇艰深难懂的科技文章，最好的办法是在阅书过程中画出其关键词，然后在《大英百科全书》或有关的词书里查阅这些关键词的确切含义。目前虽然有各种各样专业词典可以参阅，但词典上有些滞后的中译名也不十分贴切妥当，而且随着科技的高速发展，新科技术语如雨后春笋，层出不穷，所以词典永远落后于现实。在这种情况下，就需要译者发扬首创精神，选取适当的译名，必要时也可以加注释，但不可多用，否则会给读者造成很大负担。当然，新译名要经过长期考验，其生命力强者，必然获得公认，否则会被淘汰。

1.3 科技作品的翻译特点

科技语篇的目的是准确地表达出自然界和社会生产活动中的各种现象，并阐明这些现象的意义及规律性。在翻译科技作品时，要注意以下特点。

一是客观性。翻译科技作品时应用准确简洁的语句表达严谨而深刻的内容，翻译工作者必须抱着尊重事实的态度，不可随意改动数据，回避不易翻译的文字，不可加进译者的主管臆断或妄加评论。

二是规范性。科技作品有其学术上的自身要求，翻译中所使用的名词术语，都是各门学科的专门用语。规范的科技用语，早已形成并流行，得到学术界的公认，其含义和词语形式，一般也不再起变化。

2 科技翻译培养目标、要求以及存在的问题

翻译行业是智力、知识密集行业，对人才的专业化水平要求高。应用型人才区别于研究型人才，具有一定复合型和综合性特征，能将专业知识和技能应用于所从事专业的社会实践，使知识转化为生产力，转化为产值。合格的 MTI 毕业生应具有扎实的语言功底，掌握一定的人文知识和相关专业知识，熟练应用翻译工具，具备较强的翻译实践能力。

2.1 科技翻译培养目标要求

MTI 以市场为导向，市场需要什么就培养什么，是职业化的培养。国务院学位委员会发布的《翻译硕士专业学位设置方案》对本专业的培养目标设定为“具有专业口笔译能力的高级翻译人才”，“翻译硕士专业学位获得者应具备较强的语言运用能力、熟练的翻译技能和宽广的知识面，能够胜任不同专业领域所需的高级翻译工作”。目标和要求概括为：高层次、应用型、专业性。欧盟“欧洲翻译硕士” （EMT）项目专家组提出专业译员六大能力

(EMT Expert Group，2009)：语言能力、跨文化能力、信息挖掘能力、主题知识能力、技术能力、翻译服务能力。从事科技翻译需要一支庞大的翻译队伍，这个翻译队伍要有成千上万的人，人少了是不够的。MTI学位的设立就可以很好地满足这种需求，并且通过科技翻译实践培养越来越多的多语种的科技翻译人才。为了造就这样一支庞大的过硬的科技翻译队伍，有必要弄清楚科技翻译工作者应该具备的能力及素养。科技翻译工作是一种创造性劳动，不是靠懂点儿外语和查查词典就能胜任得了的。首先，搞好科技翻译工作需要较高的中外文水平，熟练地掌握科技翻译技巧，并有广博的科技知识和某方面的专业知识。然而，要想成为一名优秀的科技翻译工作者，在科技翻译工作中担负起党和国家赋予自己的神圣的历史使命，仅有这些基本功也是不够的，还必须在思想作风和道德水准上给自己提出更高的要求。

职业翻译的工作常处于语言、专业、技能、知识、语境的复合叠加和混合状态，因此科技翻译者不仅需要具备深厚的专业英语知识，还应该具备以下三个方面的知识和技能。第一，学会检索。文献检索是图书馆情报专业的一门主课，它涉及文献类型、检索工具、检索方法等多方面的内容。文献检索就是在已经建立的检索系统中用检索工具查找课题需要的文献。学会检索就好比找到了一把打开知识宝库的钥匙。第二，熟悉文类。文本类型是译者选择翻译策略的依据，不同类型的原文需要采用不同的翻译策略。了解原本的文体特征，便于知晓其与疑问文本类型的异同，有利于译者在翻译时借鉴。第三，学会译写不同文本。由于读者汲取新知识、了解更多新信息的时间有限，因此，译文的简约化、凝练化已成为新趋势。译者经常提供的不是全译稿，而是节译、改译或编译稿。科技翻译的目的是为科研服务，目的和功能是应用文体翻译的依据和依归。翻译的功能目的论认为，原文和译文是两种独立的具有不同价值的文本，各有不同的目的和功能，作者通过源语文本提供信息，译者则将源语的语言和文化信息有条件地传递给目的语的接受者等。

2.2 MTI教学中提高科技翻译水平中存在的问题

科技英语翻译和普通英语是不同的，它有自己的特色，尤其是专业性强这一特点更为突出。这类译文要求准确性高，我们在翻译中对科技语篇的处理要谨慎从事，力求准确无误，稍有疏忽，将会铸成大错。此外，又因科技翻译属于 MTI 教学范畴，以下针对 MTI 专业学生在提高科技翻译水平中存在的问题展开讨论。

首先，对科技专业熟悉度较低。当前我国科技情报人员主要是由学外语和专业技术两方面人组成。而科技英语的翻译工作是这两部分人从事情报研究的基本手段。而专业和英语又是搞好科技英语翻译工作的基础。尤其是对专业性很强的科技英语来说，翻译时只懂外语、不懂专业，与只懂专业、不懂外语，都是一样搞不好翻译的。

其次，不能充分地认识到当前科技英语翻译中存在的新词、新概念的不断出现与工具书短缺之间的矛盾。而且随着科技的高速发展，新科技术语如雨后春笋，层出不穷，科技英语越来越专业化、形象化和简明化，所以词典永远落后于现实，因此这一矛盾会越来越突出，而且会长久地存在。

此外，MTI 专业学生普遍汉语水平较低也是提高科技翻译水平中的一大问题。在翻译时，寻找合适恰当的译文语言材料，把自己理解的原文内容表达出来，其中，表达的好坏一般取决于理解的深度和对译文语言的掌握程度。因此，理解正确并不等于表达一定正确，在进行翻译时，有时甚至还会犯低级错误，对汉语知识和文化掌握不牢固，这大大地降低了译文的质量和可读性等。

3　翻译专业研究生提高科技翻译水平的对策

3.1　学好专业和外语

针对科技翻译的特点，译者要想提高翻译水平，就一定不能忽视对科技专业的学习，因此，在 MTI 教学及学习过程中，如果能把理工科大学的基础课学下来，那么就不仅可以保证高质量地完成翻译任务，甚至可以纠正一些技术性的错误，而且在外语上也大有好处。能把一个词或词组的含义真正理解因而在不同场合都能翻译得恰到好处。总之，专业水平高就可避免犯死译和逻辑性的错误。反过来专业知识还可以使译者对外文的词和词组甚至整个句子的真正含义吃得更透。

3.2 充分发挥主观能动性

针对当前科技英语翻译中存在的新词、新概念的不断出现与工具书短缺之间的矛盾问题，译者应该调动自身的积极因素，充分发挥主观能动性来弥补和缩小这两者之间的差距，做到勤思考，在没有充分根据之前，绝不轻易落笔；勤查阅，遇到问题时，一定要查阅权威的英英词典、工具书或者各类专业的原版书刊资料；勤商讨，有些新词已有原文的定义，但找不到相应的确切的中文术语时，就应该走出去，向专家们请教，共同商定等。

3.3 重视汉语能力的提升

在翻译时，如果对汉语知识和文化掌握不牢固，就会大大地降低译文的质量。因此要熟练掌握英汉两种语言。精通原作语言是透彻理解的前提，熟练地运用译文语言是确切表达的条件，无论缺少哪一方面都会影响译文质量。翻译硕士（MTI）专业学位培养单位在进行课程设置时，应适当开设一些有助于提高学生母语修养的课程，学者本身也应当时刻注重提升自己的汉语水平及文化素养，只有这样才能更好地理解原文，从而翻译出地道优美的高质量译文。

3.4 注重培养一定的政治素养

自然科学文献是讲述客观事物的科学道理和客观规律的。但有些英语科技文章或报刊常常鼓吹自身的政治观点，甚至攻击、诽谤我国的国家制度和政策，伤害我们的民族感情。对这些内容，应当加以说明。再如，用词的褒贬关系到政治立场和感情。同一个“leadership”，有时译为“领导”，而有时译为“罪魁祸首”。因此，科技语篇翻译者应当具有一定的政治素养等。

科技翻译所涉及的题材是如此的多种多样，其语域又常常不同，且科技文章往往又都写得不顺，所以要对科技翻译做适当概括并非易事。英语科技语篇翻译能力的培养和提高不是一蹴而就的，针对目前提高科技翻译水平中存在的问题，翻译专业硕士生应该注重提高自身的科技专业及英语水平，在翻译时充分发挥自身的主观能动性，培养单位及教师不仅要培养学生从事科技语篇翻译所应当具备的素养，还要引导学生注意和遵循科技作品的翻译特点和翻译原则，更要在翻译过程中谨慎细致。这需要老师和学生共同的努力，从各方面来促进翻译能力的提升。

参考文献

[1] 方梦之，毛忠明．英汉——汉英应用翻译教程［M］．上海：上海外语教育出版社，2004.

[2] 冯志杰．汉英科技翻译摘要［M］．北京：中国对外翻译公司，2004.

[3] 李延林，晏心怡．汉语表达能力是翻译硕士生应培养的核心能力［J］．文史博览，2016（2）：65—66（CN 43—1433/K；ISSN 1672—8653）．

[4] 李延林，晏心怡．试谈汉外笔译硕士生口译能力的培养［J］．现代语文（语言研究），2016（3）：145—146＋147（CN 37—1333/G4；ISSN 1008—8024）．

第二部分

语言与语言应用

英语插入语纵横谈

插入语（Parentheses）作为英语语法中的一个名词术语，对于20世纪80年代末以前的英语学习者来说，可谓无人不知，无论谁只要被问及都能说上一些。可是到了20世纪90年代，特别是近几年来，这一术语很少被人提及，一些书刊也不予理会。因此，大部分英语学习者对此不知。有鉴于此，笔者特来谈谈这种语法现象。

插入语是一种附加成分，在句中处于次要地位，但它却不能离开句子的主体而独立存在。尽管在语法上与全句的主体部分无半点联系，但在语义上却有着千丝万缕的联系。从交际的角度来看，插入语是非有不可的，也是自然独立存在于交际者思维之中的，首先它表示说话者有意加强说话的分量或严密性或灵活性，强调说话者的态度，表明所述内容的主观性或客观性或可靠性；其次它表示说话者有意引起听话者一方的注意，使其对所述内容坚信不疑。下面拟分三个方面谈谈。

1　关于插入语的表意功能

由于插入语表意功能十分丰富、细腻，符合口头和笔头交际的各种需要，因此其重要性是不可与“次要”同日而语的。一般而言较常见的表意功能有如下一些。

1.1　表示说话者的态度或看法

例如：

1. It was late in getting to the station, but fortunately for me, the train was late too. 我到站迟了，幸而火车也晚点了。

2. It was his last romance. His last but one, to do him justice. 这是他的最后一部传奇小说。平心而论，这是他的倒数第二部。

1.2 表示说话者的估计或推测

例如：

1. Perhaps he was mistaken. 也许他弄错了。

2. It will result in success, I suppose. 我猜想，此事会成功。

1.3 表示补充说明

例如：

1. This road is, I admit, very hilly。我承认此道很崎岖。

2. He left there last year, that is (to say), in 1995. 他去年离开了那里，也就是说，1995 年。

1.4 表示应答之声

例如：

1. Ah, yes, you shouldn't have helped him, shouldn't you? 啊，对了，那时你本不应该帮他，不是吗？

2. Oh, no, you needn't tell this to him. 哎呀，不行，你不必把这件事告诉他。

1.5 表示引起对方注意、观察或思考

例如：

1. New York, as you know, is situated on the Hudson River. 如你所知，纽约位于哈得逊河河畔。

2. I must be off now, you see. 你知道，我该动身了。

1.6 表示肯定或强调

例如：

1. I am not guessing——I really know. 我不是猜——我确实知道。

2. He's a teacher, to be sure. 他的确是名老师。

1.7 表示材料说明

例如：

1. The trees in that area, it is said, are mostly more than thirty feet tall. 据说那一地区的树大都有 30 多尺高。

2. Talking of ice-cream, have you ever eaten it? 说到冰激凌，你可曾吃过？

1.8 表示列举

例如：

1. To illustrate, it is estimated that the changing of 1 gram of uranium to lead would supply as much as burning of 6, 000 tons of coal. 例如，据估计一克铀变成铅将提供燃烧 6 000 吨煤所产生的能量。

2. We now need two hours to think about that, say from four to six. 我们现有需要用两个小时来考虑那件事，比方说从 4 点到 6 点。

1.9 表示顺序

例如：

1. I like you to do two things. First, phone the office and tell them I'll be late. Secondly, order the taxi to be here about an hour. 我希望你给我做两事。第一，给办公室打电话，告诉他们我晚些时候去。第二，叫出租汽车大约一小时后到这里来。

2. You should give him some help. In the first place, send her for a doctor. In the second place, send him some money. 你该给他一些帮助。首先，派她去叫医生；其次，给他送些钱去。

1.10 表示话题转换

例如：

1. By the way，when does he come to see you? 顺便问问（且说），他何时来看您？

2. By the by（e），have you finished your homework? 顺便问一下，你完成作业了吗？

1.11 表示增补或引申

例如：

1. He rejected my command，and what is more，insulted me before the whole company. 他拒绝接受我的命令，而且当众侮辱我。

2. The task is very difficult，besides，time presses. 任务艰巨，而且时间紧迫。

1.12 表示概括或总结

例如：

1. In a word / To sum up，don't get swollen-headed because of victory. 总之，不要被胜利冲昏了头脑。

2. Generally speaking，English is easy to learn but difficult to master. 一般说来，英语易学难精。

1.13 表示转折或对立

例如：

1. It's very cold，he didn't wear his overcoat though. 尽管天气很冷，他却未穿大衣。

2. Why do you think we can't change your note? On the contrary，we can. 你干吗认为我们无法换散你的钞票？相反，我们能把它换散。

1.14 表示让步或委婉语气

例如：

1. Anyhow，she has so far overcome all the difficulties. 不管怎样，她还

是克服了一切困难。

2. You'll get caught in the rain，I am afraid. 我觉得你会淋雨的。

1.15 表示结果或等同

例如：

1. They didn't listen to the teacher in class. As a result，they failed in this examination. 他们因上课未听老师讲，结果此次考试未及格。

2. My brother was taught to read by mother，and similarly，so was I. 我哥是由我妈教读书的，同样的，我也是。

1.16 表示时间的过渡

例如：

Tom was now undergoing many hard-ships. His brother in the meantime was having an easy time. 汤姆正遭受着苦难。与此同时他兄弟却安闲自在。

2 关于插入语的位置

2.1 句中

一般说来，插入语在句中的位置比较灵活，可置于句首或句中，也可置于句末，如下面例句中表强调、推断等的 surely 就是如此。

(1) Surely you don't believe that！你必不会相信那个吧！

(2) You surely don't mean to be cruel. 你不至于是要去做残暴的事。

(3) You don't want to hurt his feelings，surely！我当然希望你不要伤他的感情。

当然，并不是所有的插入语都有这三种位置。例如有的只可置于句首，有的只可置于句末，而且常用逗号将其与句子主体部分分开。例如：

(1) Wrong：Have you，talking of football，seen the Indian team play?

Wrong：Have you seen the Indian team play，talking of the football?

Right：Talking of football，have you seen the Indian team play? 说到足

球，你看过印度足球队踢球吗?

(2) Wrong: He, to say nothing of English, knows French.

Wrong: To say nothing of English, he knows French.

Right: He knows French, to say nothing of English. 他懂法语，更不用说英语了。

2.2 标点附近

插入语也可置于两个逗号、两个破折号之间或一个破折号之后，或置于圆括号或中括号里，或置于冒号之后。例如：

(1) All of them, nevertheless, insist upon continuing the experiment. 尽管如此，他们全体仍然坚持继续实验。

(2) If you are wrong——and I am sure you are in the wrong——you must apologize. 如果你错了——我相信你是错了——你必须道歉。

(3) Miss Jane (She is Mrs John now) is here. 琼斯小姐（她现在是约翰夫人）在此。

(4) There comes a bus (made in Shanghai) ——very beautiful——filled with many passengers. 一辆上海造的公共汽车来了——此车很美丽——里面坐了许多乘客。

(5) He treated you badly: still, he's your brother and you ought to help him. （纵然）他虐待过你，但是他是你的兄弟，你应该帮助他。

2.3 其他

也有不用任何标点符号标明插入语位置的，往往不易识别出来。例如：

(1) I suppose I could easily get another copy now; but it would not be to me what that other was, with it memory of dust and oil. 我想我如今可以轻而易举地弄到另一套，但是我认为那是代替不了原来那一套的，我就会想到那风尘仆仆辛勤劳动的情景。

(2) Who do you think is the best singer in your class? 你看你班上谁最会唱歌?

3 关于插入语的表现形式

插入语可由词语、短语、句子来充当。

3.1 由词语、短语充当

主要有以下 11 种类型。

3.1.1 感叹类词语

（1）Time is what we want most，but，alas，many people use worst. 时间是我们最需要的东西，可是，唉，许多人使用得最糟。

（2）“Oh，dear me！I am sorry to hear that”，said the literary gentleman in a shocked tone. “啊呀！听到这个消息，我很难过”，文人很震惊地说道。

注：能作插入语的感叹词语还有 Oh dear，my gracious，my goodness，eh，lord，good lord，my lord，good heavens，heaven 等。

3.1.2 形容词类词语

（1）True，they（the cottages）were far too near. 说真的，它们（这些农舍）相距太近了。

（2）Even more important，he's in charge of the project. 尤其重要的是，他负责这项工程。

3.1.3 副词类词语

（1）The price is too high，and moreover，the house isn't in a suitable position. 价格太高，而且房子的位置不如人意。

（2）He said he would come，and sure enough he did come. 他说他来，果然他真的来了。

注：能作插入语使用的副词类词语还有 very frankly，anyhow，actually，otherwise，briefly，certainly，generally，furthermore，likewise，truly，besides，consequently，finally，however，possibly，really，seriously，wisely，probably，incidently，rather，indeed，obviously，theoretically，therefore，firstly 等。

3.1.4 动词或动词短语

（1）You may learn to play the piano in，say，three years. 就说三年吧，你可以学会弹钢琴。

（2）Depend upon it，they are not bad. 的确，他们还不坏。

3.1.5 不定式短语

（1）To use a metaphor，the writer here close to get out of the room by the fire——escape when the door was open. 比方说，就好像房门开着，作者却偏要从太平梯出去一样。

（2）To be sincere，you have done your best. 说实在话，你已尽了自己最大努力。

注：能作插入语的不定式短语还有 to be（more）exact，to be brief，to put it briefly，to be sure，to make / cut a long story short，to put it plainly，to say nothing of…，to say the least（of it），to speak frankly，to put it mildly，to tell（you）the truth，to speak generally，to be precise，to sum up，to conclude，to start with，to begin with，to do one justice，to make matters worse，to be frank，to illustrate，to put it frankly，to be short，to put it in another way，to change the subject，to be fair，to wit（＝namely，that's to say），to boot（＝waht's more）等。

3.1.6 "否定词（形容词或副词）＋不定式"短语

（1）He had been，needless to say，a very good student. 不用说，他是个成绩优异的学生。

（2）Imperialism is，so to speak，digging its own grave. 帝国主义可以说是在自掘坟墓。

注：能作插入语的此类短语还有 so to say，not to speak of …，not to say，not to mention …，strange to say，curious to say，as to say（也就是说）等。

3.1.7 "no＋名词"短语

（1）John will no doubt telephone us if he comes to town. 如果约翰到城里来，无疑会给我们打电话的。

（2）He has been ill these days，and no wonder he didn't come to school yesterday. 这些日子他病了，难怪他昨日没来上学。

3.1.8　表示顺序的词语

（1）The characters chiefly noted in American English by all who have discussed it are，first，its general uniformity through the country；second，its impatient disregard for grammatical，…在美语中，这些文字首先引起所有那些对它进行过讨论的人注意的是，第一，全国总的一致；第二，对语法的不屑一顾……

（2）In the first place he doesn't want to，and in the second place he cannot afford to，and in the last place he gives it up. 首先他不想买，其次他买不起，最后他放弃了。

3.1.9　分词短语

（2）Granted that，you have made some progress，you shouldn't be conceited. 假定你取得了一些进步。

（2）Judging by appearances，Mr. Bowmore looked like a man prematurely wasted and worn by cares of a troubled life. 从外表上看，鲍莫尔先生是一个被担忧生活困境折磨得过早衰老的人。

（3）"——We may well be proud that vast country has，strictly speaking，only one language." 我们很有理由自豪的是，严格说来，这么一个大国竟统一使用一种语言。

注：能作插入语的分词短语还有 allowing for…（考虑到），judging from…，broadly speaking，comparatively speaking，generally speaking，taking everything into consideration，taking everything into account，talking of …，frankly speaking，usually speaking，putting it mildly 等。

3.1.10　含 or 的词语

（1）He's twenty，more or less. 他二十岁左右。

（2）Do what I tell you，or else you'll be sorry. 照我的话去做，否则你要后悔的。

注：能作插入语的这类词语还有 or so，or rather，or someting，or thereabouts 等。

3.1.11 介词短语

(1) in-phrases.

① In fact, I sent out a special commission to inquire into the matter privately…事实上，我们派出了一个特别委员会去秘密地调查此事，……

② In my opinion, he's not right. 据我看，他不对。

注：能作插入语的这类介词短语还有 in one's view, in reality, in practice, in theory, in effect, in brief, in the point of fact, in particular, in general, in conclusion, in all probability, in the same way, in one's turn (也), in a sense, in the contrast, in addition, in any case, in nine cases out of ten, in the meantime, in spite of that, in a consequence, in truth 等。

(2) for-phrases

① You can't depend on her: for instance, she arrived late for an important meeting yesterday. 你不能相信她：比如，昨天一次重要会议她迟到了。

② I didn't care much for his speech: for one thing, the subject was not particularly interesting, for another thing, his delivery was bad. 我不大喜欢他的发言：一则题目不太有趣，二则他讲得不好。

注：能作插入语的这类短语还有 for example, for that matter, for the most part, for my part, for that reason, for the first time, for one (举一个例子), for better for worse, for all that 等。

(3) by-phrases

① In science, read, by preference, the newest books; in literature, the oldest. 在科学上最好是阅读那些最新的著作；在文学上则最好阅读那些最古老的著作。

② This one is really cheaper by comparison. 比较起来，这个确实比较便宜。

注：能作插入语的这类短语还有 by any contrivance, by / from all accounts (据大家所说), by any means, by the way / bye 等。

(4) as-phrases

① As a general / good rule, water consumption increases rapidly with industrial development. 水的消耗量一般随着工业的发展而迅速增长。

② As a matter of fact，I was the one who broke the glass. 实际上，我就是打碎玻璃杯的那个人。

注：能作插入语的这类短语还有 as a rule，as a matter of course，as a whole，as a starter，as usual 等。

（5）at-phrases

① It's going to be warmer tomorrow——at least，so the weather forecast says. 明天天气会暖和一点——无论如何，天气预报是这么说的。

② His manners are cold，but he is at heart a kind man. 他的言谈举止有些冷淡，但实际上他是个好心肠的人。

注：能作插入语的这类短语还有 at its starting，at bottom，at best，at worst，at any rate，at most，at first 等。

（6）on-phrases

① He is，on the whole，a satisfactory student. 总的说来，他是个令人满意的学生。

② "Are you serious?" "upon my word，I am，" exclaimed his acquaintance. "这话当真吗？""当真，我向你保证。"他的新朋友大声地说道。

注：能作插入语的这类短语还有 on the other hand，on the contrary，on an average，on one side，on sb. 's part，either off or on（总之），on balance（总的说来）等。

（7）to-phrases

① To my thinking，he is of a musical turn. 照我看来，他有音乐天才。

② So now，the house，to his mind，had a most pleasing and comfortable appearance. 因此，在他看来，这座房子有一种使人愉快和舒适的外貌。

注：能作插入语的这类短语还有：to my / his（ect）estimate，to a man（全体一致地），to / by / from all appearances（事实上），to my knowledge，to my way of thinking，to the best of my belief（在我看来），to the best of my recollection / memory（就我记忆所及）等。

（8）if-phrases

① There are few，if any，mistakes. 几乎没有什么错误（或就是有错误也不多）。

②She is，if anything，more rapacious than he. 要说稍有区别的话，她只不过比他贪婪罢了。

注：能作插入语的这类短语还有 if ever，if possible，if necessary，if at all 等。

（9）其他类词语。例如：

① All in all，the pilot of an airplane must have many abilities and years of experience before he can be appointed. 总之，驾驶员在任职以前必须具备各种能力和多年经验。

② I know I was in love，from the very first. 我从一开始就知道自己在恋爱了。

注：其他词语还有 first and foremost（首先），above all（尤其重要的是），first of all 等。

3.2 由分句、从句或简单句充当

主要有以下 6 种情况。

3.2.1 "I（you）+V." 型

（1）Whatever you and Mrs Forester fix upon，will be quite right，I am sure. 我相信，凡是你和福雷斯特夫人所决定的都错不了。

（2）My conduct may，I fear，be objectionable. 我唯恐我的举止也要不得的。

注：（2）能作插入语的这类简单句有 I admit，I discover，I imagine，I hope，I remember，I suppose，I believe，you know，you see，I say，you guess，I consider，I doubt，I dare say 等。（2）此类简单句置于特殊问句中时，初学者往往难以识别出来。例如：

a. How much do you guess that vase costs? 你猜那只花瓶要花多少钱?

b. How many passengers do you suppose the boat takes ? 你看那只小船可载多少乘客?

c. What was the correct number did you say ?（插入句也可置于句末）

3.2.2 "as+I（you，we，etc）+V…" 型

（1）As it happened，I had not money enough with me，but sufficient at home. 碰巧（恰好），我身上未带足够的钱，可家里就多了。

（2） A compound，as we know it，results from the chemical union of two or more elements. 就我们所知，化合物是由两个或两个以上的元素化合（而）成的。

注：能作插入语的这类从句有 as I / you can see，as we have been saying，as anybody can see，as I take it，as matters stand，as luck would have it，as fate would have it，as it would happen，as I see it，as dictionaries go 等。

3. 2. 3 "it ＋ modal-V…" 型

（1） The work，it must be stressed，must be finished ahead of time / schedule. 必须强调的是，此项工作必须提前完成。

（2） It is a good place，it should be said，that you can live in. 应该说，这是你安居的一个地方。

3. 2. 4 "as it (etc.) be" 型

（1） As things now are，we can't put the plan into practice. 照目前情况，我们还不能将计划付诸实施。

（2） As it is，we need to improve our teaching method right now. 事实上，我们需要马上改进教学方法。

（3） He is my best friend，my second half，as it were. 他是我最好的朋友，可以说是第二个自己。

3. 2. 5 "it be＋ adj，etc." 型

（1） Miss Matty did grudge burning these letters，it is evident. 显然，马蒂小姐很不愿意烧这些信。

（2） They，it is said，have learned three foreign languages. 据说他们学会了三门外语。

3. 2. 6 "and what＋ link-v/V＋…" 型

（1） His mother was ill，and what makes the matter worse，he himself was dismissed. 他母亲害了病，使事情更糟糕的是连他自己也丢了饭碗。

（2） He didn't tell the news to me，and what is worse，he told lies. 他没

有把消息告诉我，更糟糕的是，他说了谎。

注：能作插入语的这类分句还有 and what is more important，and what is better，and what is more，and what is rarer 等。

参考文献

[1] 部分英美文学作品.

[2] 薄冰，等. 英语语法手册 [M]. 北京：商务印书馆，2004.

[3] 各类英汉词典.

[4] 天津大学化工精仪系外语教研组. 科技英语阅读手册 [M]. 北京：石油化学工业出版社，1975.

[5] 徐立吾. 当代英语实用语法 [M]. 长沙：湖南教育出版社，1980.

英语感叹句纵横谈

众所周知，人类是有感情的，在各种不同的环境下，常要表现出各种各样的感情来。正如《礼记·礼运》上说：“何谓人情？喜怒哀乐惧爱恶欲七者，弗学而能。”可见，从古时起，人们在频繁的交往中，早已发现了这七情的存在。如今我们常说的感叹句就是这七情的具体体现和理论的升华。根据许多语法家的说法，笔者认为，凡是表示喜悦、赞叹、惊奇、痛苦、厌恶、犹疑、懊恼、可惜、迷惑、反感等情绪或加强说出某种事实、希望、命令等，说话时带有强烈感情的句子都应叫作感叹句。由此可知，感叹句是起源最早而且日常生活中用得极广的一种句式，掌握它有助于交流思想、表达感情。就英语而言，它作为一个民族的语言，当然也具备上述这些特征。它的一切词，都有感情的效能，其效能往往会因说者、听者以及说话时的情形和声调等而有种种不同。如丈夫出门半年然后回来的时候，那位亲爱的妻子嘴里喊出的一声“Oh，Johnny!”可以把千言万语都说不尽的心思诉说出来，这种意思大概最老练的演说家也没有这种本事能用语言表达出来的。有时候“救世军”的会员说得舌敝唇焦也不能感化过来的醉汉，或许听到了这一声“Oh，Johnny!”反而可以清醒了。因此，在使用表示感叹的词或句时，如果恰到好处，就能准确地把你丰富的感情表达出来。怎样才能做到这一步呢？笔者认为了解英语中一些表达感叹的方式是非常必要的。感叹的方式有许许多多，概括起来有如下一些。

1 由表达不同情绪的感叹词语引导感叹句

此项所说的感叹词的来源又分为以下几种情况：

1.1 采用纯感叹词

这种感叹词又称为本来感叹词，一般在其前后有标点，与句中其成分分离。有些感叹词直译则无意义。例句：

（1）Hello，didn't yor hear me? 哎呀！你难道没有听到我说话吗？

（2）Ah! I've got you there! 啊，我可将你拦住了！

（3）Bosh! What a fine thing! 噢，这多好的东西啊！（反语，意指“不好的东西”）

（4）Hurrah，for our captain! 好哇！队长说得对！

（5）That's your business——Oh，it is，is it? 那是你的事儿——啊，我的事儿，是吗？

（6）Hsiao Chang'll catch up with you——Oh，he will，will he? 小张赶上你啦——哼，他赶上行吗？

[注]：（5）（6）中的 oh 与后面部分关系密切而构成一种特殊的句型。主要用于听到对方的意见，感觉意外，表示不同意或不服气的场合。

1.2 采用名词或与名词相当的词语

注意这里所说的名词因用于感叹句同时又与纯感叹词不同，因此又叫作语体感叹词。在语法上除纯感叹词和拟声词以外表示感叹的词都叫作语体感叹词。例句：

（1）Oh，boy，that's something! 啊！天啦！可真不错！

（2）Nonsense! I don't believe a word of it! 废话！我一句都不相信！

（3）The villain!（＝What a villain!）这坏蛋！

（4）The nuisance!（＝What a nuisance!）这讨厌的家伙！

（5）Dear me. I didn't know you were so sharp-tongued! 哎呀！哪知道你嘴巴这么厉害！

（6） My Goodness（或 Oh dear），why should you be so stubborn！天啦，你怎么这样固执！

（7） So Jim says “Hello”，you（代词）！

（8） The sun！太阳出来了！

（9） Capital idea！好主意！

（10） Good-bye to poverty！贫穷——永别了！

1.3　采用主谓结构或动宾（或逻辑动宾）结构

（1） I say（或 say），what are you boys doing here？喂，你们这些小家伙在这里干什么？

（2） Mercy on us！We are in a fix！天啦！我们真是进退两难！

（3） I am blasted，if I know！如果我知道，我就该死！

（4） Bless me＝God bless me＝Bless my soul＝Well，I'm blest！哎呀！我的天啊！

（5） Well，I'm sure！哎呀！可惊讶！

注：在口语里用 I am sure 做反语，等于 I am surprised，试比较：Well，to be sure！哼，真可惊！

（6） Right you are！

注：口语里常说此句，等于 you are right 说得对！或看得对！

1.4　采用介词短语

（1） By Jove，it is true！我敢起誓，这是真的！

（2） Upon my word！You must put on ten pounds during the vacation. 我敢担保（真的）！你在假期中一定增加了十磅体重。

（3） Upon my honour，I will return it to you before I go. 以我的名誉担保，在我走以前把它还给你。

1.5　采用拟声词

这里所说的拟声词用在感叹句里，又叫作本体感叹词。例句：

（1） Directly I could just barely hear a “me-yow！me-yow！” down there. That's good！say I，"me-yow！" as soft as I could.

(2) All of a sudden，bang！bang！bang！goes three or four guns——the man had slipped around through the woods and come in from behind without their horses！

1.6 采用副词或与副词相当的词语

(1) No！why，what have you lived on！…

(2) A little more to the right，so！再往右一点，好！

(3) Will you let me have your light?——Sure！(＝Yes/Certainly)

(4) There！you see！嘿！你瞧！

(5) Why，that's quite easy！喔！很容易嘛。

注：Why 由疑问副词转换成感叹词，使用得极其普遍，常表示抗议与吃惊。至于到底有多少种用法，请参阅《英语辅导》1984 年第 1 期第 2 页。

(6) Now，run along！

(7) Do you like Chinese tea? Oh，not half！("非常喜欢"或"喜欢极了")

(8) Who is this old man?——Who is he，indeed！(＝I am surprised at your asking！或 Is it necessary for you to ask?)

注：indeed 用于讲话者对所讲事情表示有兴趣，吃惊或开玩笑。

(9) I'm sick of you too——so there！我也厌恶你——就是这样！(意指"你敢怎么样"，表示挑战)

(10) A：The militia have started arresting the spies.

B：Well，they have it coming！

甲：民兵开始逮捕间谍。

乙：哼，真该。

1.7 采用形容词或相当于形容词的词语

(1) Excellent！It's the best film I've ever seen.

(2) "Good！Sit down，please." said the teacher.

(3) I've got that good job I wanted，you know.（此句为英美人在得到好

工作时常说的一句话）其答语是：

Great! Tremendous!

当然可以用其他方式：

What wonderful news! / Lucky you! / Good luck!

1.8　采用动词或动词短语

（1）“Come，come；get him his change，Tod，get him his change.” said the owner.

（2）Come，now，don't be so foolish!

注：此句中的 now 也应归于感叹词一类，它常与 come 连用，即 come now。此外 come 还可与 then，but 连用，或重复 come，如例 1）。

（3）Nothing doing! 不行！

（4）I hear a sound，listen!

（5）Hurry up! or you'll be late!

（6）Fancy! He that stammered in his boyhood now actually beats his brother in oration! 真奇怪！他小时候说话结结巴巴，现在演说起来居然超过他的哥哥了！

2　用各种句子来表达感叹

在这里所说的句子是按说话者的语气来分的。一般是下面几种句子。

2.1　采用祈使句

（1）Never say die! 不要悲观！

（2）Stop fooling about! 不要做愚蠢无益的事！

（3）Be a man! 拿出大丈夫的气概来！（或拿出点勇气来！＝Be a sport!）

（4）Watch（或 Mind）your step! 走路小心！

（5）Come this way! 这边走！（相当于 Please step this way! 或 Will you walk this way?）

（6）Forget about it! 把那件事忘掉吧！（不要把它记在心上!）

(7) Do stay with us! 千万跟我们在一起!

(8) Bid him wait!（古文体）=Tell him to come!（现代文体）

(9) Have him come!（美国人常说）=Get him to come!（英国人常说）

(10) You can say that again! 说得好!（真妙!）

2.2 采用陈述句

(1) It served him right! 活该他这样!

(2) He is at it again! 他又在搞了!（it 代表什么根据上下文而定）

(3) The day is ours! 胜利是我们的!

(4) You have hit it! 你猜对了!（或你说中了!）

(5) He is punctual——over the left! 他可准时啦——准时个屁!

(6) That's just like him! 他就是干那种事情（或说那种话）的人!

(7) A lot you care!（讽刺语）你真太关心了。

2.3 采用判断句

(1) So that's your little trick! 原来是你要的小花招!

(2) He is so good-natured and so hard-working! 他是那么善良! 那么勤劳!

2.4 采用疑问句

(1) Isn't that clear!

(2) Don't the flowers smell sweet!

(3) Aren't they late in getting back!

3 用各种句型构成的感叹句

3.1 用 how 构成的感叹句

其句型是：How +形容词或副词（即被强调部分）+主语+谓语+其他。例句：

（1） How shamelessly Johnson tried to worm himself into the favour of the multi-millionaires! 约翰逊是多么无耻地想赢得亿万富翁们的欢心啊！

（2） How great a labor he had undertaken!（直接感叹句）＝I know how great a labor he had undertaken!（间接感叹句）

（3） How odd! 真奇怪！真特别！（odd 强调违反正常情况，兼有稀奇的意味）

（4） 在口语里为了强调起见，常将本句型改为“How＋形容词或副词＋谓语＋主语＋其他”的形式。例句：

How impressive was the play! 这出戏多动人啊！

其实，how 还可以感叹动词或全句，句型为：How＋陈述句。例句：

（5） How we did our lessons yesterday!

3.2　用 What 构成的感叹句

其句型是：What ＋名词（即被强调部分）＋主语＋谓语＋其他。值得注意的是这个句型中的名词是被感叹的中心词，它可以带自己的修饰语——形容词或与形容词相当的词语。当被感叹的名词为可数名词的单数形式时，须用“What a（或 an）＋名词＋主语＋谓语＋其他”的形式。例句：

（1） What a smell! 多难闻的气体啊！

（2） What nonsense! 无稽之谈！

（3） What hypocrites those colonialists are! 这些殖民主义分子是什么样的伪君子啊！

（4） What wonderful times we live in! 我们生活在多么了不起的时代啊！

（5） What sport! 多么愉快！

和 how 一样，为了强调起见，常将本句型改为：“What＋名词＋谓语＋主语＋其他”的形式。有的语法家也称它为惟感叹句。例句：

（6） What a fool am I!

其实，What 所构成的疑问句可转换为感叹句。例句：

（7） What had the poor and lower-middle peasants suffered before liberation! 新中国成立前，贫下中农受了多少苦啊！

有时 What 可独立使用而表示感叹。例句：

（8）What！——To preach before a king. I never see such a girl like you！

3.3 用“May＋第二、三人称语＋动词原形＋其他”形式构成感叹句

（1）May the Association enjoy a long and prosperous and useful career！祝协会有一个长久、兴盛和有益的发展！

（2）May you succeed！（＝I hope 或 wish you may succeed！）

（3）Long may he live！祝他长命百岁！

有时 may 可用 might 来代替，但现在比较少用。例句：

（4）Rather might they live in friendship for the future！但愿他们将来友爱地生活在一起！

3.4 用“Long live＋第三人称主语”构成感叹句

（1）Long live our socialist motherland！社会主义祖国万岁！

（2）Long live our great，glorious and correct Communist Party of China！

3.5 用“（表祝愿的）名词＋to＋名词或代词”构成感叹句

（1）A long life to you！祝长寿！

（2）Salute to the teachers！向老师们致敬！

（3）A toast to your health and success！

3.6 用“O＋that＋主语＋虚拟式谓语＋其他”构成感叹句

（1）O that（＝How I wish that）he would succeed！但愿他成功！

（2）O that I could see him！但愿我能见到他！

有时句型中的 O 可省去。例句：

（3）That it should ever come to this！事情竟然会到这种地步！

或代之以其他的感叹词。例句：

（4）Ah，that I had but known！

（5）Oh！that she could come back to life again！

但也有省去 that 而保留 O 再将句子作部分倒装的情况。例句：

（6）O had I wings！我长上翅膀该多好啊！

3.7　用“Would（that）＋主语＋虚拟式谓语＋其他”构成感叹句

（1）Would（That）it were otherwise！要是事情不这样该多好啊！

（2）Would you were with us！您跟我们在一起该多好啊！

（3）Would I were as strong as you！

3.8　用“副词虚助词＋with＋名词（或代词）”构成感叹句

（1）Down with imperialism！打倒帝国主义！

（2）Down with your money！立刻付现！（down＝put down 之意）

（3）Away with him！带走他！

（4）On（Off）with your shoes！穿上（脱掉）鞋子！

（5）Up with it！把它竖起来！

3.9　用“副词虚助词＋代词主语＋谓语＋其他”构成感叹句

（1）Off you go！去你的吧！

（2）Here we are at the station！

（3）Here it is！（此句之意应根据上下文而定）

（4）试比较：Here's how！（祝酒时用）祝您身体健康！

若本句型的主语为名词，应将句子作全部倒装。例句：

（5）Away melted the whole crowd！瞧，整群的人都离开了！

（6）There comes the bus！

3.10　用“甲：（陈述句或祈使句等）＋乙：重复甲句中的一部分或某个实词或甲的全部”

（1）（The owner）“Come，come；get him his change，Tod；get him his change.”

Tod answered：“Get him his change！It's easy to say，sir；but look at the bill yourself.”

（2） A：Have you been to Changsha? ——B：Been to Changsha! I'll say I have!

（3） Give me your book，please. ——B：Give you my book! why?

（4） A：Are you going to visit the museum tomorrow? ——B：To visit the museum! That's not my idea of rest (The museum! That's not my idea of rest.)

注：回响感叹句是应口头交际而产生的一种感叹句，英文原名是 Echo Exclamations，但它并非是真正的感叹句，它仅作一种修辞手段。用于当乙听到甲的谈话，对其中一些地方感到惊奇或迷惑，如（3），怀疑或不赞成如（4），或反感如（1），等等，于是便重复提了出来。朗读回响感叹句须用升降调或高降调。

3.11 用“If only（或 but）＋主语＋虚拟式谓语＋其他”构成感叹句

（1） If only I could arrive in time! 但愿他准时到达！

（2） If only it would clear up soon! 但愿天气赶快放晴！

与本句型意思相同的句型还有几个。下面的两个句子能使你看到与本句型意思相同的句型，注意其构成形式：

（3） I wish it were true! 但愿如此！

（4） Let's hope so! 但愿如此！

3.12 用“To think＋that 从句（主语＋虚拟式谓语＋其他）”构成感叹句

（1） To think that you should fail! 想不到你竟会失败！

（2） To think that such a magnificent building was completed in ten months! 这样宏伟的建筑，竟然只用十个月的时间就完成了！

（3） To think you are (or：were) so rude to us! 谁知你对我们这样无礼！

在英语中也有不用本句型而表示“想不到……！”感叹句的情况。例句：

（4） I never expected my village would have changed so much! 想不到家乡变化这么大！

(5) Fancy his saying such a thing! 想不到（或奇怪）他会说出这样的事来！

3.13 用“主语（It）＋be quite too＋形容词”构成感叹句

(1) It is quite too delightful! 太愉快了！

(2) It was quite too（或 too too）bad! 太糟了！

3.14 用“How too＋形容词＋其他”构成感叹句

(1) How too terrible! 多可怕呀！

(2) How too delightful your journey must have been! 你这次旅行一定太愉快了吧！

3.15 用“As if＋从句（主语＋虚拟式谓语＋其他）”构成感叹句

(1) As if anyone would believe him! 好像会有人相信他似的！

(2) As if I haven't had enough of it! 好像这一套我还没有吃够！

注：本句型引导的感叹句表示惊讶、不满、气愤、怀疑等口气。

3.16 用“How＋形容词或副词＋of＋代词＋不定式（短语）”构成感叹句

(1) How nice of you to come!

(2) How silly of me (to ask him such a question)!

3.17 用“That is＋（修饰词）名词”构成感叹句

(1) That's the boy!（＝Atta boy!）好嘛！

(2) That's just the thing! the very thing! 那对我正好！非常合适！

3.18 用“动词 be＋主语＋ever＋表语”构成感叹句

主要用于美国口语里：

(1) Was he ever delighted! 他高兴极了！

(2) Were they ever surprised at the news!

听到这消息他们极为惊奇!

3.19 用"名词或形容词短语+that+主语+动词 be"构成感叹句

(1) Traitors that they were! 他们真是叛徒!

(2) Thoughtful man that you are, Mr Smith! 史密斯先生,您真是个有心人!

3.20 用"名词(或代词)+动词不定式短语"构成感叹句

(1) I to be so foolish! 我竟这样的愚蠢!

(2) This fellow here to interrupt us! 这家伙在这儿竟敢打扰我们!

(3) He to deceive us! 他竟欺骗我们!

3.21 用"主语+'ve been and +过去分词+(其他)"构成感叹句

(1) You've been and bought a bike! 你竟买了辆新单车!

(2) See what you've been and done! 看你竟干了些什么!

其实,用 and 也可以表示感叹。例句:

(3) A friend, and betray us thus! 作为一个朋友,竟这样地出卖我们!

4 介绍一些特殊的感叹句

在英语中有许多感叹句为英、美两国的人民常使用,表现比较特殊,甚至难从字面上理解,兹举例如下。

(1) Don't be so wet! 别那么蠢!

(2) That idea's really wild! 那主意真妙极了!

(3) Wake up! 听着(注意)!

(4) The very idea! 真是怪想法!

(5) You are right, by thunder! 哎,你是对的!

(6) Thumbs up！呱呱叫！(或好哇！)

(7) Oh，come！Tell me another！算了吧！哪有这种事！

(8) Stuff and nonsense！胡说八道！(或废话！)

(9) Enough of that！够了够了！

(10) That's the stuff！这正对路！(或做得对！或说得对！)

(11) Upon my soul！老天！

(12) Some friend you are！你算什么朋友！

(13) Make it snappy (或 Look snappy)！赶快！

(14) No sir！当然不！

(15) Good show！好极了！(或干得好！)

(16) I should think not！当然不！

(17) I should think so！当然！

(18) It serves him right！活该！

(19) I'll see you dead (in hell) before that happens！我决不答应！

(20) You don't say (so)！(表示有几分惊奇) 是吗？

(21) Right you are！是！(我愿意！或我同意！)

(22) All hands to the pump (s)！(困难时) 大家上！

(23) Out with it！说出来！

(24) A (fat) lot I care！我才不介意呢！

(25) Hold it！就那样！(别动！)

(26) Hear！Hear！好哇！好哇！

(27) I have (got) it！我有办法了！

(28) Go on (with you)！你尽管胡说八道好啦！

(29) That's flat！就这样决定了！

(30) My eye！(表示反对和惊讶) 喔唷！(天哪！)

(31) Easy does it！慢慢做！

(32) I am drenched to the skin！我浑身湿透了！

(33) That does it！好了！(够了！)

(34) I'll be damned if I will！我决不会！

(35) Well，I'll be damned！我太惊奇了！

(36) Chuck it (in)! 停止!(或住手!)

(37) Bottoms up! 干杯!

(38) Hold your horses! 别匆忙做出决定!(或从事某项活动)!

(39) Go it! 加油!

(40) He's gone, and a good job too! 他走了，也是一件大好事!

(41) Hard lines! 倒霉!

(42) Look lively (alive)! 快些! 快干!

(43) Nothing doing! 不行!

(44) You can say that again! 说得好!(真妙!)

上述4个方面较全面地研究了英语感叹句的表现形式与意义。事实证明感叹句这一在众多相关语法著作中似无关紧要的部分在英语王国的表现形式多种多样，十分丰富。感叹句所表达的感情涉及人类的七情，这七情表明感叹句可用于人类交际的各种场合，其内容与所在的场合密不可分，因而具有一定的规约性。

参考文献

[1] 费致德. 现代英语惯用法词典 [Z]. 北京：商务印书馆，1981.

[2] 雷馨. 英语分类句型 [M]. 北京：商务印书馆，1979.

[3] 李延林. 大学英语四级考试词汇及惯用语手册 [S]. 长沙：国防科技大学出版社，2001.

[4] 张道真. 实用英语语法 [M]. 北京：商务印书馆，1979.

[5] 张丽娟. 实用英语口语句型 [M]. 大连：大连理工大学出版社，2000.

关于英语主谓协调一致的若干规则

目前，关于主谓应如何协调一致的规则，在相当大的范围内似乎无一致界定，其表现是，对同一条规则有各种不同的说法，有的尽管是一家之言，但却被引入了部分练习与考试题中，在最佳答案的问题上争论不休、互不相让，甚至日趋尖锐对立，令人莫衷一是、无所适从，尤其是考生一个个还心存疑团。鉴于此，笔者特从教学与考试这一角度谈谈主谓协调一致的若干规则，希望于学习者、考生有益。不当之处请方家指正。兹分述如下。

(1) 当 either… or，neither… nor，not only …but，or 连接两个由名词或代词充当的主语时，按就近原则确定谓语的单复数形式。例如：

Either you or he is responsible for this.

Does Li Ming or his parents get up very early every morning?

Not only she，but I am satisfied with her words.

(2) 当主语之后附带有由 as well as，as much as，rather than，more than，no less than，along with，together with，with，but，except，besides，in addition to，not，like，including 等引述的内容时，谓语动词是用单数还是用复数始终依主语而定，丝毫不受附带部分的影响。例如：

She as well as her brothers has learned that their parents will be back home soon.

Everyone except you was present at the meeting.

An iron and steel works，along / together with some satellite factories，is to be built here.

(3) 当“every，each，no，many a，more than one +单数名词”作主语

时，谓语动词用单数。例如：

Eveny man and (every) woman has attended the meeting.

No boy and no girl is willing to go with her.

More than one man has tried it.

（4）当 anyone，anybody，someone，somebody，everybody，no one，nobody，each，one，everything，nothing，anything，something 作主语时，谓语动词用单数。例如：

I won't tell anybody who wants to know it.

Any one of them is fit for this work.

Each one / One of us has done something good for her.

但“one of …”作先行词时，从句谓语动词用复数，若“one of …”被 the 或 the only 所修饰，从句谓语动词用单数。例如：

He is one of us who know Russian.

He is the (only) one of them that is familiar with German.

（5）集体名词 committee，class，family，team，audience，group，couple，army，crowd，enemy，public，majority，jury，village，staff，government，party，band，council 等作主语指整体时，谓语动词用单数，若就其中每个个体来考虑，则谓语动词用复数。例如：

The committee is mainly / chiefly / mostly made up of learned men and women.

The committee are playing an important role in this work.

The audience consists of twenty men and thirty women.

（6）当“none of ＋名词或代词复数”作主语时，谓语动词可用单数也可用复数；若“none of ＋不可数名词或 it（指代不可数名词）”作主语时，谓语动词只用单数形式。例如：

None of us are / is interested in this matter.

None of them are women.（此处谓语动词用复数，因为表语为复数名词）

None of the food / it is fit for us to eat.

（7）“either 或 neither of＋名词或代词复数”作主语时，谓语动词用单数，neither 与 either 单独作主语时也是如此。例如：

Neither / Either of us is staying here till tomorrow.

Neither / Either believes what he has said about that.

（8）当 any，some，most，number，population，proportion，variety，part，half，all，the rest，the remainders，a large percent of 等之后谓语动词的形式取决于它们之后的词语，若后跟可数名词或代词复数，谓语动词用复数形式，若后跟不可数名词时，则谓语动词用单数形式。例如：

Any work is for him，I think.

Are any of the students very successful in passing the final examination?

A large proportion of the texts are original works.

A large proportion of cotton is shipped abroad.

All（=Everything）is going well.

All are for your constructive suggestions.

值得注意的是：population 之后动词用单数，如果表语为复数名词，则谓语动词用复数。例如：

The population of China is larger than that of America.

比较：One third of the population are women.

number 之后谓语动词的单复数依它的限定词是 a 还是 the 而定，限定词为 a（或省去 a 而使用 numbers of）时，谓语动词用复数，否则用单数。例如：

A number of / Numbers of the workers work hard.

比较：The number of the workers is amazingly enormous.

variety 之后谓语动词的变化常依所跟的名词而定，但同时具有类似于 number 的用法特征。例如：

A (great) variety of flowers were shown there.

There are varieties of vegetables on the market there.

The variety of flowers shown there is enormous.

（9）"分数或百分数+of+整体性名词或代词"作主语时，谓语动词的单复数依整体部分而定，若整体部分为复数形式，谓语动词用复数，否则就用单数。例如：

Two-thirds of them are being used now.

Two-thirds of the water is polluted by the chemical works.

Seventy-five percent of the surface of the country is covered by water.

Seventy-five percent of them are young girls.

(10) “one and a half＋复数名词” 与 “this kind of ＋复数名词” 之后的谓语动词用单数。例如：

One and a half apples is left for you two to eat next day.

This kind of men, I daresay, is very dangerous.

比较：Men of this kind, we think, are very dangerous when life is hard and rough.

(11) 加、减、乘、除之后的动词常用单数表示（“等于”），但也可用复数表示。此种观点已普遍为人所接受。例如：

Two added to (/and / plus) two is / are equal to / equals) / give (s) / make (s) four.

Three from (/taken from / subtracted from) six leaves / is three (＝six minus three is three). Fifty divided by five is ten (＝Five into fifty is ten).

Two multiplied by / times two is four.

但表示换算关系时，谓语动词只用单数。例如：

Fifty dollars is enough for him in a week.

(12) 动名词短语或不定式短语作主语时，即使其中有复数名词、代词，谓语动词仍用单数形式。例如：

To help them and you is my duty.

Making model ships is easier than making model planes.

(13) a lot of, lots of, a heap of, heaps of, a load of, a large quantity of, large / great quantities of, plenty of, enough 等后的谓语动词单复数视其所跟的名词、代词是否在可数名词复数或不可数名词之列。例如：

Enough of the stamps have been collected.

When enough of the work has been done, they got very pleased.

A heap of / Heaps of books are lying on the radio.

Heaps of / A heap of sand is carried away by the truck.

(14) “a (large) portion of, a pair of, a series of, a piece of, a kind of＋

名词”等后谓语动词用单数形式，若其中表示量的名词为复数意义，则谓语动词用复数形式。例如：

There is a kind of machine in this factory.

A series of radios is being sold now.

A pair of trousers is on the bed.

比较：Pairs of trousers are on the bed.

(15) what，who，which 之后谓语动词的单复数视其意义而定。例如：

What he says and does has nothing to do with me.（从句中 says and does 笼统地指其为人）。

比较：What he says and does don't agree.（从句中 says 与 does 表示言行不一致）

This is my room. Which is yours?

比较：These are our rooms. Which are yours?

注意：一般情况下单个主语从句作主语谓语动词用单数。例如：

That he has made great achievements is known to all.

(16) people，police，cattle，poultry，militia，clergy，vermin 等作主语时，谓语动词用复数。例如：

The cattle are at grass / at feed.

The militia are all out drilling for the National Day parade.

(17)“the ＋形容词”指一类人时，动词用复数，但表示抽象概念时，动词用单数。例如：

The young are to respect the old / the aged.（指一类人）

Sometimes the accurate become the rapid.（指一类人）

The agreeable is not always the useful.（表抽象概念）

注意：两个表抽象概念（意义）的名词作主语时，谓语动词也用单数。例如：

Truth and honesty is the best policy.

Bread and butter is healthy food.

(18) 单复数同形的 Chinese，Japanese，swine，fish，sheep，deer，means，species（种类），series（系列），works 等作主语时，谓语动词的单复数须依修

饰语与内容而定。例如：

The Chinese people are a great people.

比较：The Chinese is his uncle.

The species are numerous.（种类繁多）

比较：This is a curious species of fish.

The bellows need（s）/ want（s）/ require（s）mending.

（19）以-ics结尾的名词如果指学科，谓语动词用单数，但若此类词意义发生改变表示有关方面的活动、情况、见解、原理等意思时，谓语动词用复数。例如：

Economics is my favorite subject.

比较：The economics of national growth are of the greatest importance to all modern government.（国家发展的经济原理对现代各国政府是最重要的）

Politics is taught in all the schools here.

比较：Politics（= Political activities）have interested him and his colleagues.

（20）用and连接主语时的主谓一致应注意两方面：

① 连接两个名词（含专有名词）或两个代词作主语时，谓语动词用复数。例如：

Both Li Ming and Tom are good students in the same university.

Both he and she are workers.

② 连接两个名词指同一人或同一物或概念时，谓语动词用单数，此时第二个名词前无冠词。例如：

The hammer and sickle is flying over the roof.

A statesman and poet was present at the lecture.

比较：A statesman and a poet were present at the lecture.

（21）trousers，spectacles，glasses，pants（女装裤子），shorts，briefs，socks，stockings，shoes，gloves，scissors，pliers（钳子），pincers（钳子）等作主语时谓语动词用复数，但若被a pair of 修饰则谓语词用单数，即谓语动词依pair是否单复数而定。例如：

My blue trousers have been worn out.

A pair of gloves is on the desk.

比较：Three pairs of gloves have been taken away.

关于“this / that / the pair of shoes”的指代问题，曾有过较多错误的选择，其中最常见的是误选 it 来指代，而实际上应用 them，如

This pair of shoes is too big for me，please put them over there and show me another pair.

另外，像 riches（钱财），surroundings（环境），alms（施舍金），contents（目录）等词之后谓语动词，据笔者所知应使用复数形式。例如：

She doesn't think that riches have wings.

The surroundings here are usually quiet.

(22) 在句型“There + be …”中，be 的形式依据最近的主语定。例如：

There is a book and two pencils on the desk.

比较：There are two books and a pencil on the desk.

(23) 先行词 it 或强调词 it 作主语时，谓语要用单数动词。例如：

It is necessary for us to study English well.

It was they who knocked at the door a moment ago.

(24) 由 such、介词短语引出的倒装句的动词在形式上须与主语一致。例如：

Such are the facts.

Such is what he has done.

On the wall were famous paintings before 1981.

There comes this bus you've been anxiously waiting for.

(25) company 后谓语动词即可用单数也可用复数。如 The company is / are holding its / their annual meeting. 但其前若有“and”或“&”时则用复数式谓语动词。如 Jean Robinson and company do / make wonders.

(26) 人名、国名、书名、杂志名、报纸名称等作主语时，谓语动词用单数。例如：

James is from England.

比较：The James are very diligent.

The United States is an advanced capitalist country.

The Canterbury Tales is what I want to read.

The New York Times is published in the U. S. A.

以上是在多年的教学实践中，根据各类入学与过级英语考试及有关辅导丛书而作，较全面地反映了考试专家、传统语法学家在主谓如何协调一致问题上的看法，尽量避开了一家之言。众所周知，理论应该具有时效性、针对性与适应性，更具有真理性，对实际具有深刻的指导作用，是前进道路上的指路明灯，这谁也不会否认。但一旦理论离开了实际，甚至与实际发生了矛盾而不能充分发挥其自身的作用时，这样的理论即使最好也得扬弃。现在有些人搞语法研究、写文章总不爱去做一些具体的工作，或像赶时髦的女人更换衣装偏爱追求新名词、新术语、新提法，把一些本来就简单的问题弄得玄而复杂，从字里行间流露出作者对读者的不负责与不合作。文章是写给人看的，不是“撑门面”的；那种与读者玩“捉迷藏”式的文章不是好文章，也不是如今文坛上提倡的。因此，作者必须与一定层次的读者群达成协调，写出既定读者能读懂的文章，以便为其实际工作提供理论依据，促进各项事业的发展。

妨碍高等院校外语人才培养的三种因素

自我国加入WTO之后，在许多重大领域与国际接轨步伐的加快，加之，全国普通高等院校招生考试并轨，市场机制越来越健全，市场化程度越来越高。因此，大学生们将面临的是如何提高自身素质，适应市场需要，如何抓住机遇、迎接挑战。

就工科院校外语院系的学生而言，总的说来还需要进一步加强自身素质的培养与建设。(因为当今社会所要求的是高素质的外语人才）据笔者调查，外语学生在毕业后大多数属于单一型的职业者，其综合技能较难适应市场要求，不易在激烈的竞争中立足，更难求得将来在各自岗位上的自身发展或成为有所建树、对社会有较大贡献的行家。那么，工科院校外语人才素质培养中应克服的因素是什么？依我们浅见，主要有如下三个方面。

第一，学生母语水平不高。从较长一个时期以来的外语教学情况来看，由于多数师生普遍将其思维模式囿于一种旧有的模式或旧有的职业圈内，因而不可避免地片面强调如何学好外语，而不管母语学习；即使开设了现代汉语课程，学生并未用心去学，他们总感到该课程与将来的职业无关，纯属“多此一举”，结果大多数外语学生轻视母语学习，在有的地方甚至成了一种根深蒂固的“顽症”，且已成了恶性循环，从而影响了外语人才素质的高质量培养。

其实，任何一门职业对人才的要求都是较高的；其应遵循的标准是人为的、相对而言的，离开了这一范畴又是无止境的。青年时代的毛泽东同志就这样说过：“才不胜今人，不足为才；学不胜古人，不足为学。”[①] 可见做个有才学的人是不容易的。工科院校外语院系的学生毕业后要么就是进公司，要么就是教书。进公司者更要面向市场，迎接市场的挑战，要担负起更大的责任，要能尽快地把科技转化为生产力、转化为金钱和物质，但是他们往往显得不能担此重任、独当一面。说到进学校当教师，他们似乎又有许多的困难与担心，教书育人不是说说而已，而是要付诸实践，面对许许多多的家长（包括公司领导）、许许多多的学生（包括公司接受培训的职员），更要面对社会（包括对口行业），接受党和人民的考验，接受市场的检验。毫无疑问，教师是人类灵魂的工程师，其小小的墨水瓶里装着春秋、大海、蓝天和宇宙等一切。这就决定了教师必须具有渊博的知识，教师应把自己知道的一切授予学生并为其指点迷津，还要鼓励他们做胜过自己老师的高徒，而不是只满足于当一种人云亦云、步人后尘的“匠”型职业者，或是仅为养家糊口的谋生者。要做于将来社会有所贡献的、能在各条战线独当一面的人才，就不能在学生时代就将其发展目标禁锢于所在专业与既定的职业圈内，而必须找到自己的短处，常集他人之长补自己之短，注意防止知识的单一化。现在有许多老专家、老教授就深为工科院校外语院系学生们的母语能力与水平担忧，专家教授们认为社会要发展、文化要交流，既要输出本国文化之精华，又要引进与吸收外国文化之优秀部分，其过程十分复杂，任务也相当艰巨，酸甜苦辣都有。要译介中外文化就得有扎实的母语功底帮助译者进行理解与表达，人的思维语言是母语，也只可能是母语，如译者在译介中国古典名著时就得通古汉语，在译介外国文学作品时就得有较强的汉语表达能力，否则译写是无从下手的。难怪，钱歌川教授说：“大家都说翻译者须通两种语文，这似乎是起码的条件，否则是无从下笔的，不过两种语文的通法各有不同，即他对外国语文的知识，必须有判断能力（critical），而他对本国语文的知识则必须注重应用（practical）。”[②] 说得更精确一点就是，只有诗人才能译好诗，只有通古文者才能译好古文，只有散文家才能译好散文，等等。从近代到现代所有翻译家的情况来看，他们个个都是精通母语的。因此，笔者建议在工科院

① 毛泽东与杨昌济交往的故事（二）[J]．湖南统一战线．1993（5）：11.

② 钱歌川．翻译漫读．北京：中国对外翻译出版公司，1980（1）．

校外语院系增开古代汉语与汉语作文课。(也可将这些课程列入活动课)在此说句题外话，在工科院校的文学院或中文系的英语(或其他语种)兴趣者中开设笔译课，也许将来会有更多的市场实用型人才、翻译家产生。只有这样才能使学生们充分利用母语与外语各自的长处，克服母语水平不高的毛病，繁荣市场经济与翻译事业。

第二，外语专业生科技翻译能力较差。众所周知，科技翻译在中国入世后显得尤为重要，各方面的情况表明，我国还缺乏足够的从事科技翻译的专门人才。我们认为这一局面由来已久。首先，传统的工科院校统招模式决定了外语专业生大都只能从高三文科毕业生中招收。其次，对外科技交流活动所涉及的面尚待全面铺开，结果使得过去一些工科院校、外语专业生担心科技翻译的用武之地。最后，工科院校外语院系从事科技翻译研究的专家屈指可数，有的工科院校的外语院系根本就找不到一位这方面的专家。因而，缺少招收科技翻译专业生与开设该门课程的必备条件。从目前大部分工科院校外语院系所开设的翻译课程来看，科技翻译课程尚无，学生们所使用的仍是几本讨论社科翻译的课本，从事科技翻译研究的教师依然缺乏，从而外语专业生们无法接触到科技翻译，也无法满足社会对此类人才的需求。笔者以为要改变目前这种翻译人才的培养模式及科技翻译人才的缺乏状况就得在翻译课程设置、招生对象、师资培训、教材建设上很下功夫。笔者建议高等院校外语院系同时开设社科翻译与科技翻译课程，并在招生时适当招收一些英语成绩好理科成绩又不错的学生学习外语；至于师资培训与教材建设也必须同时跟上，我们认为这不用愁。《中国科技翻译》编辑部作为科技翻译的领头雁可以充分利用自身的优势组织具有权威性的师资培训与编写教材。

第三，学生缺乏同声传译的能力。同声传译是外语教学中实践性极强的一门课程，对于培养一代 21 世纪工科院校新型的高素质的外语人才帮助很大。但是同声传译这门课程除了极少数几所重点大学外语院系的翻译专业开设外，其他工科院校的外语院系就根本未开设，师生们连想也未曾想过这样一件事，更谈不上有什么临场经验，结果遇上社会上大型的经济与贸易洽谈等需要同声传译人才时，仓促应战，应战之中力不从心，既把握不住传译的速度，又抓不住传译的关键，不是气喘吁吁、词不达意，就是顾此失彼，译语错误多、语气不当或令人啼笑皆非。总之，传译者的表现不是成功的。这样唯一的办法就是向专门的翻译机构求助，等到找不到同声传译者时，于是有人便说："外语教师多又多，同声传译无一个。"此类话语的确有损工科院校教师的形象和外语专业者的声誉。但它说明了工科院校外语院系的外语教学必须深化改革，要随时根据社会（市场）需要在经过论证之后调整课程设置，外语人才的培养要向高素质型、市场型转轨，要变过去的封闭式教学为开放型教学，要把课堂搬到社会与市场中去，向社会学习、向市场学习。若不是这样，将来出现的问题也许会令我们彼此十分尴尬，有时甚至会使我们无处求到同声传译者。据我们所知，目前在许多中小城市一般很难找到专门的翻译公司，更不用说要去找同声传译人才了，即使有的地方有如此专门的翻译机构，也多冠之以"××资料翻译公司"，那就是说你最多只能从那里找到进行资料翻译的笔译者，而要找到同声传译者是很不容易的。

我们曾闻某单位有位同声传译人才，结果不知怎的竟让数百里外的某国家单位知道了，很快就让其"抢"去了，还给以优厚的科研、生活待遇。由此可见，同声传译人才是十分受人青睐的，社会也是相当需要的。从另一个侧面反映出：我们周围的很多地方同声传译人才太少了，甚至叫人感到无处可寻；也说明对于培养外语学生的同声传译能力，我们还缺乏足够的重视水平，改革的步子还迈得不大，还缺少一种时代使命感。从目前外语教学的格局来看，某些工科院校外语院系在课程设置方面一般沿袭过去已有的模式，即使开设了口语课，也未顾及同声传译训练，因为有人认为口语课就如同同声传译课，口语好就是同声传译行。如果认为口语课能代替同声传译课，那是不正确的。这是因为从本质上讲，口语课尽管和同声传译课一样均通过口头表达来完成，但口语课使作为交际者一方的学生处于一种相对轻松自由的氛围中，没有必要通过第三者来转换的双语限制，也没有对每句话时间的长短给予一种约束；而同声传译课属翻译课，它一开始就使学生感到了正式的外交、外贸等的洽谈场合，气氛相对来说较紧张，传译者是以第三者的身份出现，在把甲种语言口头地转换成乙种语言时必须慎之又慎，要尽可能准确无误地表达出来，不可任意改变双方话语的意义，要对交际者双方洽谈的效果负一定的责任。因此，我们建议在工科院校外语院系指令性地开设同声传译课，这样就能克服学生缺乏同声传译能力这一弱点，使他们的外语水平进一步提高，同时还能不断地为他们拓宽就业门路。

总之，人才得之不易，既要善于发现人才，又要善于培养人才；十年树木，百年树人，培养人才不是一朝一夕就能速成之事，它是一项伟大而又长远的工程，是百年大计、千年大计。培养人才要从培养青出于蓝而胜于蓝的开放型创新人才目标开始，并不断地更新人才意识、树立正确而又科学的人才观，营造良好的人才成长环境，把普及教育和精英教育相结合，制定良好的培养目标与培养措施，创造出培养服务于不同范围、不同层次的人才培养模式，并根据社会、市场的发展需要随时更新这种模式，这是因为人才培养模式与所培养的人才类型成正比，模式不同所培养的人才也有差异，人才培养模式的规范性与可操作性表明它首先依据了一定的理论和思想，为人才培养构建了一固定的框架与活动程序，与此同时把培养社会的、市场的人才培养建立在学校的人才培养这一基础之上，并在人才培养的过程中，为整个过程中的各环节制定人才培养的评估措施以保证人才培养的质量。只有这样，才能克服工科院校外语人才培养的重重障碍，培养出无愧于我们这个时代的创新人才。